Kristina Trahms

Maulkorbzwang und Leinenpflicht?

Ein Rechtsratgeber für Hundehalter

Ulmer

Inhalt

Vorwort

Die Welt ist klein geworden – zu klein für den „besten Freund des Menschen", so erscheint es derzeit. Auch wenn sich die Öffentlichkeit mittlerweile wieder anderen „Krisen" zugewandt hat, so bleibt in „Hundekreisen" das Thema weiterhin aktuell. Die täglichen Spaziergänge sind für Halter von Hunden bestimmter Rasse und bestimmter Größe bei weitem nicht mehr so entspannt wie früher, und auch bislang freundliche Nachbarn oder Bekannte erwiesen sich mit Änderung der Gesetzeslage als Hundegegner. Gleichwohl setzt sich dieses Buch nicht mit den zahlreich geführten Diskussionen zum Thema „Mensch – Hund – Beziehung" auseinander. Hierzu haben sich bereits Initiativen und Vereine gebildet, die den Kampf gegen das „Kampfhunde – Chaos" aufgenommen haben und sich mit bewundernswerter Energie um eine Rückkehr zur Normalität bemühen. Dieses Buches soll dem Hundehalter eine vollständige und erläuterte Zusammenstellung aller aktuellen Landeshundeverordnungen an die Hand geben. So kann sich jeder über die an seinem Wohnsitz geltenden gesetzlichen Regelungen einen fundierten Überblick verschaffen. Darüber hinaus hat er – im Falle eines Umzuges oder einer nur vorübergehenden Reise in ein anderes Bundesland – die dort geltenden Bestimmungen ebenfalls griffbereit. Der Leser muss sich dabei nicht auf die Lektüre der nicht ganz leicht zu verstehenden Gesetzestexte konzentrieren, sondern kann unmittelbar auf die sich anschließenden Erläuterungen zurückgreifen. Anmerkungen und Hinweise der Ministerien an die für die Durchführung der gesetzlichen Bestimmungen zuständigen Behörden, die sich nicht aus dem Verordnungstext ergeben, sind dort ebenfalls eingearbeitet worden. Die Kenntnis des konkreten Inhalts der Landeshundeverordnungen erleichtert zudem den Umgang mit den Behörden.

Darüber hinaus soll dieses Buch aber auch ein zuverlässiger Ratgeber für alle im Zusammenhang mit dem Hund auftretenden Rechtsprobleme sein. Auseinandersetzungen wegen unserer Vierbeiner hat es auch schon vor dem Erlass der Landeshundeverordnungen gegeben. Allerdings haben sie durch die Ereignisse der Vergangenheit an Schärfe und Emotionalität gewonnen. Der zweite Teil behandelt daher alle in irgendeiner Weise mit dem Hund zusammenhängenden möglichen Streitigkeiten und stellt anhand einschlägiger Gerichtsurteile die derzeitige Rechtsprechungspraxis dar. Berücksichigt wurde die Gesetzeslage und Rechtsprechung bis Juni 2001.

Düsseldorf, Sommer 2001
Kristina Trahms

Die gesetzlichen Grundlagen
der Hundehaltung

Einleitung

Es existiert kein in sich abgeschlossener Gesetzestext, der die Hundehaltung in Deutschland regelt. Die hierfür relevanten Normen sind in einer Vielzahl von Gesetzen und Verordnungen enthalten: Deswegen fällt es nicht nur dem juristischen Laien schwer, den Überblick zu bewahren und Änderungen nicht zu verpassen. Neben den einschlägigen Rechtsnormen ist zudem die Kenntnis einiger wichtiger Gerichtsentscheidungen erforderlich, da die vielen Gesetzesvorschriften letztlich erst durch bereits entschiedene Rechtsfälle konkretisiert und damit „zum Leben erweckt" wurden. Im Laufe dieses Buches werden deshalb einige relevante Urteile angeführt. Der Leser erhält damit einen Überblick über die Rechtsprechung auf diesem Gebiet.

Bislang existierten Gesetze und Verordnungen, die das Dasein des Hundes innerhalb der Gesellschaft regelten, doch Hand aufs Herz: Welcher Hundehalter hat sich vor der Anschaffung seines Vierbeiners damit auseinandergesetzt? Seit Mitte 2000 sieht dies anders aus. Die Anschaffung der gewünschten Hunderasse ist zum Teil gar nicht mehr oder nur unter erschwerten Bedingungen möglich, und auch der Alltag mit dem „besten Freund des Menschen" hat sich für viele Hundehalter einschneidend verändert. Die bedauerlichen Übergriffe von Hunden auf Menschen in der Vergangenheit haben hierzulande eine regelrechte „Hundehysterie" ausgelöst, welche die Bundesländer dazu veranlasste, unverzüglich neue Hundeverordnungen zu verabschieden. Auch wenn dieses Thema mittlerweile nicht mehr täglich durch die Presse geht, bleibt doch eine deutliche „Anti-Hunde-Haltung" in der Gesellschaft zurück, die bestimmten Hunderassen sowie deren Haltern das Leben sehr schwer macht.

In der Mehrzahl der Bundesländer existierten bereits Verordnungen zum Schutz der Bevölkerung vor gefährlichen Hunden. Daraus wird deutlich, dass dieses Problem bereits in der Vergangenheit gesehen und geregelt wurde. Aber es fehlte zumeist an einer wirksamen Umsetzung und Kontrolle. Das Problem der Überwachung gesetzlicher Bestimmungen wird sich aber auch in Zukunft stellen. Der Inhalt der alten Länderverordnungen ist sehr unterschiedlich. Dies macht deutlich, wie schwierig es nach wie vor ist, sowohl wirksame, als aber auch angemessene, mit der Hundehaltung an sich verträgliche Regelungen zu finden. Ob dies den Ländern mit den neu erlassenen Verordnungen gelungen ist, wird wohl zu Recht bezweifelt.

Die Hundeverordnungen der Länder im Überblick

Die Länderverordnungen werden in alphabetischer Reihenfolge dargestellt. Der Verordnungstext wird vorangestellt. Im Anschluss werden die wesentlichen Bestimmungen übersichtlich dargestellt und erläutert. Viele Bundesländer haben mittlerweile so genannte Durchführungsverordnungen erlassen, mit deren Hilfe die Verordnungen in der Praxis umgesetzt werden sollen. Von einem Abdruck dieser zum Teil sehr umfangreichen Regelungen wurde aus Platzgründen abgesehen. Gleichwohl ist ihr Inhalt in den Erläuterungen berücksichtigt und verarbeitet worden. Unklarheiten oder konkrete Fragen sollten mit den örtlich zuständigen Behörden geklärt werden. Die Handhabung ist von Kommune zu Kommune teilweise sehr unterschiedlich.

Begriffe, die für alle Landeshundeverordnungen von Relevanz sind:

▐▶ **Hundehalter** ist, wer einen Hund im eigenen oder im Interesse Dritter auf Dauer aufgenommen hat. Dies wird in der Regel derjenige sein, der den Hund regelmäßig betreut, versorgt und erzieht. Hundehalter ist dagegen nicht, wer einen Hund nur vorübergehend in Pflege genommen hat. Vergleiche hierzu ausführlich im 2. Teil, Seite 148 ff.

▐▶ **Hundeführer** ist, wer – ohne Halter zu sein – sich mit einem Hund außerhalb dessen Unterbringung aufhält (zum Beispiel spazieren geht) und für die Dauer dieser Zeit auf ihn aufzupassen hat.

▐▶ Unter einem **befriedeten Besitztum** ist ein räumlicher Bereich zu verstehen, der nach außen hin durch Zäune, Absperrungen oder Vorrichtungen abgegrenzt ist und zu dem Dritte ohne Einwilligung des Grundstücksbesitzers keinen Zutritt haben. Beispiele: Privatgrundstücke und -gärten, Wohnungen, Terrassen, aber auch Werksgelände oder Ähnliches.

▐▶ Eine **Kreuzung** bestimmter Rassen liegt vor, wenn ein Elterntier einer der benannten Rassen angehört. Kann die Abstammung eines Hundes nicht anhand von Papieren belegt werden, entscheidet das äußere Erscheinungsbild (Einordnung anhand des Phänotyps). In Zweifelsfällen werden Zuchtwarte eingetragener Zuchtverbände zur Beurteilung herangezogen.

▐▶ In allen Verordnungen wird der Begriff „**Maulkorb**" untechnisch verstanden, das heißt auch eine andere, das Beißen verhindernde Vorrichtung wird dem Erfordernis gerecht (zum Beispiel das Kopfhalfter).

Baden-Württemberg

Polizeiverordnung des Innenministeriums und des Ministeriums Ländlicher Raum über das Halten gefährlicher Hunde vom 3. August 2000.

§ 1 Kampfhunde

(1) Kampfhunde im Sinne dieser Verordnung sind Hunde, bei denen aufgrund rassespezifischer Merkmale, durch Zucht oder im Einzelfall wegen ihrer Haltung oder Ausbildung von einer gesteigerten Aggressivität und Gefährlichkeit gegenüber Menschen oder Tieren auszugehen ist.

(2) Die Eigenschaft als Kampfhund wird aufgrund rassespezifischer Merkmale bei Hunden der folgenden Rassen und Gruppen sowie deren Kreuzungen untereinander oder mit anderen Hunden vermutet, solange nicht der zuständigen Behörde für den einzelnen Hund nachgewiesen wird, dass dieser keine gesteigerte Aggressivität und Gefährlichkeit gegenüber Menschen oder Tieren aufweist:
- American Staffordshire Terrier
- Bullterrier
- Pitbull Terrier.

(3) Die Eigenschaft als Kampfhund kann im Einzelfall besonders bei Hunden der folgenden Rassen sowie deren Kreuzungen untereinander oder mit anderen als den von Absatz 2 erfassten Hunden vorliegen, wenn Anhaltspunkte auf eine gesteigerte Aggressivität und Gefährlichkeit gegenüber Menschen oder Tieren hinweisen:
- Bullmastiff
- Staffordshire Bullterrier
- Dogo Argentino
- Bordeaux Dogge
- Fila Brasileiro
- Mastin Espanol
- Mastino Napoletano
- Mastiff
- Tosa Inu

(4) Die Ortspolizeibehörde stützt die Entscheidung, dass die Vermutung nach Absatz 2 widerlegt worden ist, oder die Feststellung nach Absatz 1 oder Absatz 3, dass die Eigenschaft als Kampfhund vorliegt, regelmäßig auf das Ergebnis einer Prüfung. Zuständig für die Prüfung ist das Landratsamt als Kreispolizeibehörde, in Stadtkreisen das Bürgermeisteramt; es stellt eine Bescheinigung über das Prüfungsergebnis aus. Die Prüfung wird von einem im öffentlichen Dienst beschäftigten Tierarzt und einem sachverständigen Beamten des Polizeivollzugsdienstes durchgeführt; eine weitere sachkundige Person kann hinzugezogen werden. Die Feststellung der zuständigen Behörde eines anderen Bundeslandes über die Eigenschaft als Kampfhund steht bei Hunden, deren Halter sich nur vorübergehend im Geltungsbereich dieser Verordnung aufhalten, der Entscheidung nach Satz 1 gleich.

§ 2 Gefährliche Hunde

Als gefährliche Hunde im Sinne dieser Verordnung gelten Hunde, die, ohne Kampfhunde gemäß § 1 zu sein, aufgrund ihres Verhaltens die Annahme rechtfertigen, dass durch sie eine Gefahr für Leben und Gesundheit von Menschen oder Tieren besteht. Gefährliche Hunde sind besonders Hunde, die
1. bissig sind,
2. in aggressiver oder gefahrdrohender Weise Menschen oder Tiere anspringen oder
3. zum unkontrollierten Hetzen oder Reißen von Wild oder Vieh oder anderen Tieren neigen.

§ 3 Erlaubnispflicht für das Halten von Kampfhunden

(1) Das Halten eines Kampfhundes, der älter als sechs Monate ist, bedarf der Erlaubnis

der Ortspolizeibehörde, soweit das Bundesrecht nichts anderes vorschreibt.

(2) Die Erlaubnis darf nur erteilt werden, wenn der Antragsteller ein berechtigtes Interesse an der Haltung nachweist, gegen seine Zuverlässigkeit und Sachkunde keine Bedenken bestehen und Gefahren für Leben, Gesundheit, Eigentum oder Besitz nicht entgegenstehen. Die Erlaubnis darf ferner nur erteilt werden, wenn der Hund bereits vor Durchführung der Prüfung nach § 1 Abs. 4 eine unveränderliche, möglichst ohne technische Mittel lesbare Kennzeichnung trägt, aufgrund derer der Halter ermittelt und der Hund unverwechselbar identifiziert werden können. Die Erlaubnis kann befristet und unter dem Vorbehalt des Widerrufs erteilt sowie mit Bedingungen und Auflagen verbunden werden. Auflagen können auch nachträglich angeordnet, geändert oder ergänzt werden. Mit der Erlaubnis kann die Auflage verbunden werden, dass der Hund außer von dem Antragsteller nur von bestimmten, namentlich zu benennenden Personen geführt werden darf, die die für den Halter erforderliche Zuverlässigkeit und Sachkunde besitzen. Die Erlaubnis ist in der Regel vom Nachweis des Bestehens einer besonderen Haftpflichtversicherung abhängig zu machen. Versagungsgründe, die sich aus anderen Vorschriften ergeben, bleiben unberührt.

(3) Wird eine Erlaubnis nach Absatz 2 nicht erteilt, hat die Ortspolizeibehörde die zur Abwendung der Gefahren für Leben, Gesundheit, Eigentum oder Besitz erforderlichen Maßnahmen zu treffen.

(4) Wer zum Zeitpunkt des Inkrafttretens dieser Verordnung Kampfhunde hält, bedarf für die Haltung dieser Hunde abweichend von Abs. 1 keiner Erlaubnis, wenn er bis zum 12. September 2000 der Ortspolizeibehörde unter Angabe seiner Personalien die

Haltung sowie Rasse, Anzahl, Alter und Kennzeichnung (Absatz 2 Satz 2) der Hunde schriftlich anzeigt. Fehlt eine solche Kennzeichnung, ist sie mit der Registrierung anzuordnen. In den Fällen des Satzes 1 ist die Haltung von der Ortspolizeibehörde zu untersagen, wenn Bedenken gegen die Zuverlässigkeit oder die Sachkunde des Halters oder auf andere Weise nicht abwendbare Gefahren für Leben, Gesundheit, Eigentum oder Besitz bestehen. Absatz 2 Satz 7 und Absatz 3 gelten entsprechend. Die Sätze 1 bis 4 gelten entsprechend für Nachkömmlinge der in Satz 1 genannten Hunde, wenn sie bis zum 18. Oktober 2000 geboren wurden.

(5) Die Ortspolizeibehörde stellt über die Erlaubnis nach Absatz 1 und über die Anzeige nach Absatz 4 eine Bescheinigung aus.

§ 4 Besondere Halterpflichten, Leinen- und Maulkorbzwang

(1) Kampfhunde, Hunde der in § 1 Abs. 2 und 3 genannten Rassen und ihrer Kreuzungen sowie gefährliche Hunde sind so zu halten und zu beaufsichtigen, dass von ihnen keine Gefahr für Menschen, Tiere oder Sachen ausgehen kann, besonders kein Entweichen des Hundes möglich ist. § 3 Abs. 4 Satz 3 gilt entsprechend.

(2) Kampfhunde und gefährliche Hunde dürfen außerhalb des befriedeten Besitztums nur Personen überlassen werden, die die Gewähr dafür bieten, dass der Hund sicher geführt wird, und die für den Halter erforderliche Zuverlässigkeit besitzen.

(3) Außerhalb des befriedeten Besitztums sind Kampfhunde und Hunde der in § 1 Abs. 2 und 3 genannten Rassen und ihrer Kreuzungen, die älter als sechs Monate sind, sowie gefährliche Hunde sicher an der Leine zu führen. Unabhängig vom Alter des Hundes ist am Halsband eine Kennzeichnung anzubringen, aufgrund derer der Hundehal-

ter ermittelt werden kann. Unbeschadet der Kennzeichnung nach Satz 2 sind gefährliche Hunde zusätzlich entsprechend § 3 Abs.2 Satz 2 zu kennzeichnen.

(4) Kampfhunde, die älter als sechs Monate sind, und gefährliche Hunde müssen außerhalb des befriedeten Besitztums einen das Beißen verhindernden Maulkorb tragen.

(5) Beim Führen von Kampfhunden und von Hunden der in § 1 Abs. 2 genannten Rassen und ihrer Kreuzungen außerhalb des befriedeten Besitztums muss der Halter oder der von diesem mit dem Führen Beauftragte eine beglaubigte Kopie der Bescheinigung über die Erlaubnis oder Anzeige nach § 3 Abs. 5 oder des Prüfungsergebnisses nach § 1 Abs. 4 mit sich führen und Polizeibeamten oder sonst zur Kontrolle Befugten auf Verlangen zur Prüfung aushändigen.

(6) Für Hunde der in § 1 Abs. 2 und 3 genannten Rassen und ihrer Kreuzungen, die keine Kampfhunde sind, können im Einzelfall von der Ortspolizeibehörde Ausnahmen von Absatz 3 Satz 1 zugelassen werden, wenn Menschen, Tiere oder Sachen nicht gefährdet werden. Sie können zeitlich und örtlich sowie auf bestimmte Personen beschränkt, befristet oder unter dem Vorbehalt des Widerrufs erteilt sowie mit Bedingungen und Auflagen verbunden werden. Auflagen können auch nachträglich angeordnet, geändert oder ergänzt werden.

(7) Wer die Haltung eines Kampfhundes oder eines gefährlichen Hundes aufgibt, hat Namen und Anschrift des neuen Besitzers unverzüglich der bisher zuständigen Ortspolizeibehörde anzuzeigen. Ebenso sind das Abhandenkommen eines Kampfhundes oder eines gefährlichen Hundes und der Ortswechsel des Halters der bisher und der nunmehr zuständigen Ortspolizeibehörde unverzüglich anzuzeigen.

§ 5 Zucht und Ausbildung

(1) Kampfhunde im Sinne von § 1 dürfen nicht gezüchtet oder gekreuzt werden; sie dürfen auch nicht zur Vermehrung verwendet werden. Kampfhunde sind dauerhaft unfruchtbar zu machen; der Nachweis ist der Ortspolizeibehörde vorzulegen.

(2) Die Haltung oder Ausbildung von Hunden mit dem Ziel einer gesteigerten Aggressivität und Gefährlichkeit gegenüber Menschen oder Tieren bedarf der Erlaubnis des Landratsamts oder des Bürgermeisteramts des Stadtkreises, soweit das Bundesrecht nichts anderes vorschreibt. Die Erlaubnis darf nicht erteilt werden für die Haltung oder Ausbildung von Kampfhunden und Hunden der in § 1 genannten Rassen sowie deren Kreuzungen. Die Erlaubnis darf nur erteilt werden, wenn der Antragsteller die erforderliche Sachkunde besitzt, gegen seine Zuverlässigkeit keine Bedenken bestehen und die Ausbildung Wach- oder Schutzzwecken dient. § 3 Abs.2 Satz 3, 4, 6 und 7 gilt entsprechend.

(3) Wer zum Zeitpunkt des Inkrafttretens dieser Verordnung Hunde mit dem Ziel einer gesteigerten Aggressivität und Gefährlichkeit gegenüber Menschen oder Tieren ausbildet, bedarf abweichend von Abs. 2 Satz 1 keiner Erlaubnis, wenn er bis zum 12. September 2000 der zuständigen Kreispolizeibehörde unter Angabe seiner Personalien diese Tätigkeit schriftlich anzeigt. In den Fällen des Satzes 1 ist die Ausbildung von der zuständigen Kreispolizeibehörde zu untersagen, wenn der Anzeigende nicht die erforderliche Sachkunde besitzt, gegen seine Zuverlässigkeit Bedenken bestehen oder die Ausbildung nicht Schutzzwecken dient. Unberührt bleiben Regelungen aufgrund anderer Rechtsvorschriften zur Zucht oder Ausbildung.

§ 6 Verordnungen nachgeordneter allgemeiner Polizeibehörden; weitere Maßnahmen.

Weitergehende Verordnungen nachgeordneter allgemeiner Polizeibehörden bleiben unberührt.

§ 7 Diensthunde, auswärtige Hunde

(1) Diese Verordnung gilt nicht für Diensthunde des Polizeivollzugsdienstes und von Gemeindevollzugsbediensteten, des Strafvollzugs, der Bundeswehr, des Bundesgrenzschutzes und der Zollverwaltung, soweit diese im Rahmen ihrer Zweckbestimmung ausgebildet oder gehalten werden.

(2) Soweit sich Kampfhunde, Hunde der in § 1 Abs. 2 und 3 genannten Rassen und ihrer Kreuzungen sowie gefährliche Hunde nur vorübergehend im Urlaubs- und Durchreiseverkehr in Baden-Württemberg aufhalten, gelten hierfür die Pflichten zur sicheren Beaufsichtigung und Überlassung des Hundes nach § 4 Abs. 1 und 2 sowie der Leinen- und Maulkorbzwang nach § 4 Abs. 3 Satz 1 und Abs. 4.

§ 8 Ordnungswidrigkeiten

(1) Ordnungswidrig im Sinne von § 18 des Polizeigesetzes handelt, wer vorsätzlich oder fahrlässig

1. entgegen § 3 Abs. 1 einen Kampfhund ohne Erlaubnis hält oder einer nach § 3 Abs. 2 mit der Erlaubnis verbundenen vollziehbaren Nebenbestimmung zuwiderhandelt,

2. entgegen § 3 Abs. 2 Satz 2 den Hund nicht kennzeichnen lässt oder entgegen § 3 Abs. 4 Satz 2 eine vollziehbare Anordnung über die Kennzeichnung nicht befolgt,

3. einer vollziehbaren Untersagung der Haltung eines Kampfhundes nach § 3 Abs. 4 Satz 3 oder eines gefährlichen Hundes nach § 4 Abs. 1 Satz 2 zuwiderhandelt,

4. entgegen den Anforderungen des § 4 Abs. 1 einen Kampfhund, einen Hund der in § 1 Abs. 2 und 3 genannten Rassen und ihrer Kreuzungen oder einen gefährlichen Hund nicht sicher hält oder beaufsichtigt,

5. entgegen § 4 Abs. 2 einen Kampfhund oder einen gefährlichen Hund einer Person überlässt, die nicht die Gewähr dafür bietet, dass der Hund sicher geführt wird, oder die nicht die für den Halter erforderliche Zuverlässigkeit besitzt,

6. entgegen § 4 Abs. 3 Satz 1 einen Kampfhund, einen Hund der in § 1 Abs. 2 und 3 genannten Rassen und ihrer Kreuzungen oder einen gefährlichen Hund nicht sicher an der Leine führt,

7. entgegen § 4 Abs. 3 Satz 2 einem Kampfhund, einem Hund der in § 1 Abs. 2 und 3 genannten Rassen und ihrer Kreuzungen oder einem gefährlichen Hund das vorgeschriebene Halsband mit Kennzeichnung nicht anlegt,

8. entgegen § 4 Abs. 4 einem Kampfhund oder einem gefährlichen Hund nicht einen das Beißen verhindernden Maulkorb anlegt,

9. entgegen § 4 Abs. 5 keine beglaubigte Kopie der Bescheinigung über die Erlaubnis oder Anzeige nach § 3 Abs. 5 oder des Prüfungsergebnisses nach § 1 Abs. 4 mit sich führt,

10. entgegen § 4 Abs. 7 der Anzeigepflicht bei Aufgabe der Haltung oder Ortswechsel nicht nachkommt,

11. entgegen § 5 Abs. 1 einen Kampfhund züchtet oder kreuzt oder zur Vermehrung verwendet,

12. entgegen § 5 Abs. 1 Satz 2 Halbsatz 1 einen Kampfhund nicht dauerhaft unfruchtbar macht,

13. entgegen § 5 Abs. 1 Satz 2 Halbsatz 2 der Ortspolizeibehörde den Nachweis der Unfruchtbarmachung nicht vorlegt,

14. entgegen § 5 Abs. 2 einen Hund ohne die erforderliche Erlaubnis hält oder ausbil-

det oder eine mit der Erlaubnis verbundene vollziehbare Nebenbestimmung nicht erfüllt,

15. einer vollziehbaren Untersagung der Ausbildung nach § 5 Abs. 3 Satz 2 zuwiderhandelt,

16. entgegen § 6 Abs. 3 Satz 1 einer voll ziehbaren Anordnung der Ortspolizeibehörde zuwiderhandelt.

(2) Die Ordnungswidrigkeit kann nach § 18 Abs. 2 des Polizeigesetzes in Verbindung mit § 17 Abs. 1 und 2 des Gesetzes über Ordnungswidrigkeiten mit einer Geldbuße geahndet werden.

Überblick

Die Polizeiverordnung unterscheidet zwischen „Kampfhunden" und sonstigen „gefährlichen Hunden". Für Hunde beider Kategorien wurden verschärfte Haltungsbestimmungen eingeführt. Die Haltung von „Kampfhunden" ist darüber hinaus erlaubnispflichtig. Verschärfungen für die Haltung aller anderen Hunde enthält die Verordnung nicht. Ausgenommen von ihrem Anwendungsbereich sind Diensthunde im Sinne von § 7 Abs. 1. Darüber hinaus wird in den Verwaltungsvorschriften klargestellt, dass die Verordnung für Blindenführund Behindertenbegleithunde ebenfalls nicht gilt.

Gemäß § 3 Abs. 3 besteht die Möglichkeit einer Tötungsanordnung für Hunde.

„Kampfhunde"

Drei Hunderassen gelten nach der Verordnung prinzipiell als besonders gefährlich und aggressiv und damit als „Kampfhund". Es handelt sich hierbei um den American Staffordshire Terrier, den Bullterrier und den Pitbull Terrier. Die Eigenschaft als „Kampfhund" wird bei diesen drei Rassen sowie bei Kreuzungen untereinander oder mit anderen Rassen **widerlegbar** vermutet („**Kampfhund kraft Vermutung**"). Der Hund gilt zunächst einmal generell als gefährlich und aggressiv, es sei denn, diese Vermutung kann widerlegt werden. Dies ist nur möglich durch das erfolgreiche Ablegen einer Verhaltensprüfung, vergleiche Seite 14.

Die Eigenschaft als „Kampfhund" gilt zudem bei weiteren neun Rassen sowie deren Kreuzungen untereinander oder mit anderen Rassen, wenn sich Anhaltspunkte auf eine gesteigerte Aggressivität und Gefährlichkeit gegenüber Menschen und Tieren nach entsprechender Verhaltensprüfung bestätigt haben („**Kampfhund kraft Rasse und Feststellung im Einzelfall**"). Es handelt sich hierbei um folgende Rassen: Bullmastiff, Staffordshire Bullterrier, Dogo Argentino, Bordeaux Dogge, Fila Brasileiro, Mastin Espanol, Mastino Napoletano, Mastiff, Tosa Inu.

Daneben kann aber auch jeder andere Hund als „Kampfhund" im Sinne des Verordnung gelten, sofern er eine gesteigerte Aggressivität und Gefährlichkeit aufweist (so genannter **abstrakter Kampfhundebegriff** gemäß § 1 Abs. 1). Unter gesteigerter Aggressivität ist die über das natürliche Maß hinausgehende Kampfbereitschaft, Angriffslust, Schärfe oder eine vergleichbare Eigenschaft zu verstehen. Eine gesteigerte Gefährlichkeit ist gegeben, wenn aufgrund körperlicher beziehungsweise verhaltensbedingter Merkmale (zum Beispiel Beißverhalten) erhebliche Verletzungen durch den Hund zu erwarten sind. Als Beispiel für diese Kategorie wird in der Verwaltungsvorschrift der so genannte „**Bandog**" genannt. Unter den Begriff des „Kettenhundes" sollen Kreuzungen großer Hunde (Schulterhöhe über 45 cm, Körpergewicht über 30 kg) fallen, die kein einheitliches Erscheinungsbild aufweisen. Die entsprechende Zuordnung eines Hundes dürfte auch in Anbetracht dieser Definition kaum möglich sein.

„Gefährliche Hunde"

Gemäß § 2 gelten darüber hinaus solche Hunde – unabhängig von der Rasse – als gefährlich, die bissig sind, in aggressiver oder gefahrdrohender Weise Menschen oder Tiere anspringen oder unkontrolliert Wild/Vieh/andere Tiere hetzen oder reißen. Damit knüpft der Begriff „Gefährlichkeit" ausschließlich an ein *Verhalten* des Hundes an, das bereits konkret gefährlich geworden ist und deshalb die Prognose der fortbestehenden Gefährlichkeit begründet (**verhaltensbedingter Begriff des gefährlichen Hundes**). Zu einem entsprechenden Vorfall muss es dabei nicht gekommen, er muss aber jederzeit möglich gewesen sein.

„Bissigkeit" liegt regelmäßig vor, wenn der Hund einen Menschen oder ein Tier gebissen hat, dieses Verhalten

keine Reaktion auf einen Angriff war und es sich auch sonst um kein bewusst herausgefordertes Verhalten handelte. Das Anbellen einer Person, das Zerreißen einer Sache oder der Zubiss auf Befehl reichen hierfür nicht aus.

„Anspringen in aggressiver oder gefahrdrohender Weise" ist gegeben im Falle eines kämpferischen Angriffes durch den Hund, wobei die Sicht des Angesprungenen entscheidend ist. Hochspringen zum Begrüßen und Beschnuppern ist keine aggressive oder gefahrdrohende Verhaltensweise. Entscheidend soll letztlich sein, ob sich der Angesprungene in seinem körperlichen oder seelischen Wohlbefinden beeinträchtigt sieht.

Ein Hund neigt zum „unkontrollierten Hetzen oder Reißen", wenn er wiederholt ein Tier nicht nur kurzzeitig verfolgt und dieses tot gebissen oder versucht hat, es tot zu beißen. Ein einmaliger Vorfall reicht für diese Annahme noch nicht aus.

Die Verwaltungsvorschrift nennt damit zwar eine Reihe von „typischen Geschehensabläufen", räumt aber im Weiteren ein, dass immer der einzelne Vorfall einschließlich sämtlicher Begleitumstände zu betrachten und zu würdigen ist. Bleibt die rechtliche Einordnung zweifelhaft, kann auf Kosten des Halters ein Gutachten angefordert werden, im Rahmen dessen die Gefährlichkeit des Hundes überprüft wird.

Die Haltung eines „gefährlichen Hundes" ist zwar nicht erlaubnispflichtig, gleichwohl obliegen Haltern dieser Hunde die besonderen Pflichten gemäß § 4, vergleiche Seite 16.

Verhaltensprüfung für „Kampfhunde"

Hunde der in § 1 Abs. 2 aufgezählten drei Rassen müssen ab einem Alter von sechs Monaten einer Verhaltensprüfung unterzogen werden. Hunde der in § 1 Abs. 3 aufgelisteten neun Rassen müssen dagegen eine Verhaltensprüfung erst dann absolvieren, wenn konkrete Anlässe oder Anzeichen dahingehend bestehen, dass der Hund eine gesteigerte Aggressivität oder Gefährlichkeit besitzt. In der Verwaltungsvorschrift wird ausdrücklich darauf hingewiesen, dass bereits geringfügigste Verhaltensauffälligkeiten eine Prüfung rechtfertigen.

Die erfolgreich abgelegte Prüfung ist im Alter von 15 bis 18 Monaten zu wiederholen. Zur Begründung wird angeführt, dass die erste Prüfung altersbedingt noch nicht ausreichend aussagekräftig sei. Für die Prüfung wird eine Gebühr von derzeit DM 300,- erhoben. Zuständig sind die Landratsämter beziehungsweise die Bürgermeisterämter.

Der Halter muss die Haltung eines „Kampfhundes" bei der zuständigen Ortspolizeibehörde anzeigen. Neben der Registrierung der Angaben von Hund und Halter wird ein Prüfungstermin für die vorgeschriebene Verhaltensprüfung festgesetzt. Voraussetzung für eine Teilnahme ist ein wirksamer Impfschutz gegen Tollwut. Ferner darf sich der Hund in der Vergangenheit nicht bereits als gefährlich erwiesen haben.

Geprüft werden: Grundgehorsam und Unterordnung/Anbinden des Hundes und Entfernen des Hundeführers/Verhalten des Hundes gegenüber Fahrzeugen/Verhalten des Hundes gegenüber fremden Personen/ Verhalten des Hundes gegenüber Tieren/ Verhalten auf akustische und optische Reize.

Die Dauer der Prüfung soll 60 Minuten nicht überschreiten. Zeigt der Hund während der Prüfung Anzeichen einer gesteigerten Aggressivität oder Gefährlichkeit (zum Beispiel Beiß- oder Angriffsversuche), gilt die Prüfung als nicht bestanden. In Zweifelsfällen können ergänzende Prüfungen angeordnet werden. Die endgültige Entscheidung über das Bestehen oder Nichtbestehen liegt im Ermessen des Prüfers.

Bei erfolgreicher Prüfung erhält der Halter die Bescheinigung, „dass sein Hund aufgrund des in der Prüfung gezeigten Verhaltens zum Zeitpunkt der Prüfung mit hoher Wahrscheinlichkeit nicht die Eigenschaft als Kampfhund besitzt". Aus der Formulierung wird deutlich, dass sich diese **Unbedenklichkeitsbescheinigung** auf den Zeitpunkt der Prüfung beschränkt. Erlangt die Behörde zu einem späteren Zeitpunkt gegenteilige Erkenntnisse, kann eine erneute Prüfung angeordnet werden.

Die besonderen Halterpflichten gemäß § 4 bleiben auch bei erfolgreicher Prüfung bestehen, vergleiche unter Seite 16.

Erlaubnispflicht und -voraussetzungen für die Haltung von „Kampfhunden"

Wer in Baden-Württemberg einen „Kampfhund" halten möchte, unterliegt der Erlaubnispflicht, sofern der Hund älter als sechs Monate ist. Die

Erlaubnispflicht entfällt für Hunde, die eine Verhaltensprüfung bereits erfolgreich abgelegt haben oder von vornherein nicht als „Kampfhund" eingestuft wurden. Gleiches gilt im Übrigen auch für Halter, die sich mit ihrem Hund nur vorübergehend (längstens drei Monate) im Durchreise- oder Urlaubsverkehr in Baden-Württemberg aufhalten.

Vorausgesetzt wird zunächst ein **berechtigtes Interesse** an der Haltung von „Kampfhunden". Dieses besteht regelmäßig nur dann, wenn es durch Hunde ohne Kampfhundeigenschaft nicht angemessen befriedigt werden kann. Weitere Ausführungen existieren nicht, so dass mit der jeweils örtlich zuständigen Behörde zu klären ist, ob zum Beispiel die simple Liebhaberei für diese Rassen ausreichend ist oder – wie in einigen anderen Bundesländern – die Bewachung eines befriedeten Besitztums. Lediglich die vorübergehende Haltung von „Kampfhunden" in Tierheimen stellt ausdrücklich ein anerkanntes berechtigtes Interesse dar.

Von der **persönlichen Zuverlässigkeit** des Halters ist in der Regel auszugehen, es sei denn, einer der in den Verwaltungsvorschriften aufgeführten Tatbestände wurde verwirklicht. Insoweit können die identischen Kataloge von Straftaten und Ordnungswidrigkeiten der übrigen Bundesländer herangezogen werden. Außerdem wird die Vorlage eines polizeilichen Führungszeugnisses verlangt.

Für den Nachweis der **Sachkunde** ist eine entsprechende Prüfung erforderlich, für die wiederum zunächst die Feststellung der Zuverlässigkeit des Halters Voraussetzung ist. Die Sachkundeprüfung besteht im **Theorieteil** aus folgenden Inhalten:

- Tierschutzrechtliche Vorschriften
- Bestimmungen des Zivil-, Polizei-Ordnungswidrigkeiten- und Strafrechts
- Tiergerechte Hundehaltung
- Grundkenntnisse der Verhaltensweisen von Hunden
- Entwicklungsphasen von Junghunden
- Erziehung und Ausbildung
- Hundepflege
- Bewältigen von Alltagssituationen/Gefahrensituationen.

Daneben ist ein **praktischer Teil** zu absolvieren, der sich in folgende Übungen unterteilt:

- Unterordnung des Hundes
- Leinenführigkeit mit und ohne Ablenkung
- Leinenführigkeit im Straßenverkehr
- Vermeiden von gefährlichen Situationen.

Sachkundenachweise aus anderen Bundesländern werden in Baden-Württemberg anerkannt, sofern sie den dortigen Anforderungen genügen.

Wurde die Prüfung in beiden Teilen mit zumindest „ausreichend" bestanden, ist für die Erlaubniserteilung weiter erforderlich, dass von dem Hund keine Gefahr ausgeht. Darunter ist ein „sicherer Gewahrsam" des Tieres zu verstehen, das heißt die Haltungsbedingungen müssen ein Entweichen des Hundes sowie den Zutritt Unbefugter verhindern.

Schließlich muss für die Hunde eine **Haftpflichtversicherung** abgeschlossen werden, und sie sind per **Mikrochip** zu kennzeichnen.

Haltungsvoraussetzungen für „Kampfhunde" und „gefährliche Hunde"

Die Hunde sind grundsätzlich ausbruchsicher zu halten. Außerhalb ihrer Unterbringung dürfen sie nur von **volljährigen, körperlich geeigneten Personen** geführt werden. Damit soll besonders das Ausführen dieser Hunde durch Kinder und ältere, gebrechliche Personen unterbunden werden. Außerdem besteht für diese Hunde ab einem Alter von sechs Monaten außerhalb des befriedeten Besitztums **Leinen- und Maulkorbzwang**. Es darf nur soviel Leine gelassen werden, dass keine Gefahr vom Hund ausgeht. Auf öffentlichen Wegen oder in Mehrfamilienhäusern dürfen höchsten 50 cm gewährt werden, im Übrigen maximal zwei Meter. Eine Befreiung vom Leinenzwang besteht in den Hundeauslaufgebieten. Weitere Ausnahmen sind im Einzelfall möglich, nicht jedoch vom Maulkorbzwang. Die Bescheinigung über die Haltungserlaubnis ist stets mitzuführen. Ferner müssen die Hunde am Halsband eine **Kennzeichnung** tragen, anhand derer der Halter ermittelt werden kann. Mangels weiterer Angaben wird die Steuermarke insoweit ausreichend sein.

Wer schließlich einen „Kampfhund" oder „gefährlichen Hund" abgibt, muss dies der zuständigen Behörde anzeigen. Diese Meldepflicht besteht auch für Züchter und Tierheime.

Absolutes Zuchtverbot und „Zwangssterilisation"

Hunde der in § 1 aufgeführten zwölf Rassen dürfen nicht gezüchtet oder gekreuzt werden. Darüber hinaus ist in § 5 Abs. 1 normiert, dass diese Hunde dauerhaft unfruchtbar zu machen sind. Diese „Zwangssterilisation" wurde jedoch durch eine vorläufige Entscheidung des Verwaltungsgerichtshofes (VGH) Baden-Württemberg gestoppt (Beschluss vom 18.12.2000, AZ: 1S1763/00). Die dauerhafte Unfruchtbarmachung von „Kampfhunden" wurde bis zur endgültigen Entscheidung über die Rechtmäßigkeit der Verordnung für unzulässig erklärt, da anderenfalls mit der „Zwangssterilisation" vollendete Tatsachen geschaffen würden, bevor das Gericht endgültig über die Rechtmäßigkeit der Polizeiverordnung entscheiden kann. Eine abschließende Entscheidung lag bei Drucklegung dieses Buches noch nicht vor.

Erlaubnispflicht für die Ausbildung zu Wach- oder Schutzzwecken

Die Verordnung berücksichtigt in § 5 Abs. 2, dass zu bestimmten Zwecken auch künftig gesteigert aggressive und gefährliche Hunde benötigt werden. Insoweit wurde ebenfalls eine Erlaubnispflicht eingeführt. Halter beziehungsweise Ausbilder dieser Hunde müssen deren Haltung mit dem Ziel einer Ausbildung zu Wach- oder Schutzzwecken anzeigen sowie die entsprechende Erlaubnis beantragen. Aber hier gilt das Erfordernis der Zuverlässigkeit und Sachkunde. Nicht unter die Erlaubnispflicht fällt die sportlich-züchterische Schutzhundeausbildung. Die Erlaubnis darf nicht erteilt werden für „Kampfhunde" und Hunde der aufgelisteten zwölf Rassen.

Bayern

Verordnung über Hunde mit gesteigerter Aggressivität und Gefährlichkeit vom 10. Juli 1992.

§ 1

(1) Bei den folgenden Rassen und Gruppen von Hunden sowie deren Kreuzungen untereinander oder mit anderen Hunden wird die Eigenschaft als Kampfhund stets vermutet:
- Pitbull Terrier
- Bandog
- American Staffordshire Terrier
- Staffordshire Bullterrier
- Tosa Inu

(2) Bei den folgenden Rassen von Hunden wird die Eigenschaft als Kampfhund vermutet, solange nicht der zuständigen Behörde für die einzelnen Hunde nachgewiesen wird, dass diese keine gesteigerte Aggressivität und Gefährlichkeit gegenüber Menschen oder Tieren aufweisen:
- Bullmastiff
- Bullterrier
- Dog Argentino
- Dogue de Bordeaux
- Fila Brasileiro
- Mastiff
- Mastin Espanol
- Mastino Napoletano
- Rhodesian Ridgeback

(2) Dies gilt auch für Kreuzungen dieser Rassen untereinander oder mit anderen als den von Absatz 1 erfassten Hunden.

(3) Unabhängig hiervon kann sich die Eigenschaft eines Hundes als Kampfhund im Einzelfall aus seiner Ausbildung mit dem Ziel einer gesteigerten Aggressivität oder Gefährlichkeit ergeben.

Landesstraf- und Verordnungsgesetz

Artikel 37 Halten gefährlicher Tiere

(1) Wer ein gefährliches Tier einer wildlebenden Art oder einen Kampfhund halten will, bedarf der Erlaubnis der Gemeinde, soweit das Bundesrecht nichts anderes vorschreibt. Kampfhunde sind Hunde, bei denen aufgrund rassespezifischer Merkmale, Zucht oder Ausbildung von einer gesteigerten Aggressivität und Gefährlichkeit gegenüber Menschen oder Tieren auszugehen ist; das Staatsministerium des Innern kann durch Verordnung Rassen, Kreuzungen und sonstige Gruppen von Hunden bestimmen, für welche die Eigenschaft als Kampfhunde vermutet wird.

(2) Die Erlaubnis darf nur erteilt werden, wenn der Antragsteller ein berechtigtes Interesse nachweist, gegen seine Zuverlässigkeit keine Bedenken bestehen und Gefahren für Leben, Gesundheit, Eigentum oder Besitz nicht entgegenstehen; ein berechtigtes Interesse zur Haltung von Hunden i.S.d. Abs. 1 Satz 2 kann besonders vorliegen, wenn dieser der Bewachung eines gefährdeten Besitztums dient. Die Erlaubnis kann vom Nachweis des Bestehens einer besonderen Haftpflichtversicherung abhängig gemacht werden. Versagungsgründe, die sich aus anderen Vorschriften ergeben, bleiben unberührt.

(3) Die Erlaubnispflicht nach Abs. 1 Satz 1 gilt nicht für die Haltung von Diensthunden der Polizei, des Strafvollzugs, des Bundesgrenzschutzes und der Zollverwaltung.

(4) ...

(5) Mit Geldbuße bis zu 20 000,00 DM kann belegt werden, wer vorsätzlich oder fahrlässig

1. ein gefährliches Tier einer wildlebenden Art oder einen Kampfhund ohne die erforderliche Erlaubnis hält,

2. die mit der Erlaubnis verbundenen vollziehbaren Auflagen nicht erfüllt oder
3. eine aufgrund des Abs. 4 Satz 2 erlassenen vollziehbaren Anordnung zuwider handelt.

Artikel 37 a Zucht und Ausbildung von Kampfhunden
(1) Mit Geldbuße bis zu 100 000,00 DM kann belegt werden, wer Kampfhunde i.S.d. Artikel 37 Abs. 1 Satz 2 züchtet oder kreuzt.
(2) Wer Hunde mit dem Ziel einer gesteigerten Aggressivität und Gefährlichkeit gegenüber Menschen oder Tieren ausbildet, bedarf der Erlaubnis der Kreisverwaltungsbehörde, soweit das Bundesrecht nichts anderes vorschreibt. Die Erlaubnis darf nur erteilt werden, wenn der Antragsteller die erforderliche

Sachkunde besitzt, gegen seine Zuverlässigkeit keine Bedenken bestehen und die Ausbildung Schutzzwecken dient. Die Erlaubnis darf nicht erteilt werden für Hunde i.S.d. Artikel 37 Abs. 1 Satz 2 Halbsatz 2. Artikel 37 Abs. 3 gilt entsprechend.
(3) ...
(4) Mit Geldbuße bis zu 100 000,00 DM kann belegt werden, wer vorsätzlich oder fahrlässig
1. einen Hund ohne die erforderliche Erlaubnis ausbildet,
2. die mit der Erlaubnis verbundenen vollziehbaren Auflagen nicht erfüllt oder
3. eine aufgrund des Abs. 3 Satz 2 erlassenen vollziehbaren Anordnung zuwider handelt.

 Überblick

Der Freistaat Bayern hatte bereits im Jahr 1992 eine Hundeverordnung erlassen, die trotz der Diskussionen im vergangenen Jahr nicht abgeändert wurde und somit nach wie vor Bestand hat. Diese Verordnung beinhaltet trotz ihrer extremen Kürze weitreichende Einschränkungen. Ihre Verfassungsmäßigkeit hat der Bayerische Verfassungsgerichtshof bereits mit seinem Urteil vom 12.10.1994 bestätigt. Ergänzt wird sie durch Regelungen des Landesstraf- und Verordnungsgesetzes (LStVG), ebenfalls aus dem Jahr 1992.

Ausnahmen für Behindertenbegleit-, Blindenführ- oder Rettungshunde existieren nicht. Ebenso enthält die Verordnung keine Möglichkeit einer Tötungsanordnung. Der Abschluss einer Haftpflichtversicherung für Hunde ist nicht zwingend vorgeschrieben.

Die bayerische Verordnung unterscheidet zwischen drei Kategorien von „Kampfhunden":

„Kampfhunde" gemäß § 1 Abs. 1

Bei fünf Rassen wird die Eigenschaft als „Kampfhund" stets, das heißt unwiderlegbar vermutet. Es handelt sich hierbei um den Pitbull Terrier, den Bandog (vergleiche hierzu Seite 13), den American Staffordshire Terrier, den Staffordshire Bullterrier und den Tosa Inu. Betroffen sind auch Kreuzungen der Hunde untereinander oder mit anderen Hunden.

„Kampfhunde" gemäß § 1 Abs. 2

Hunde weiterer neun Rassen gelten als „Kampfhunde kraft Vermutung", das heißt die Eigenschaft als „Kampfhund" wird so lange vermutet, bis der zuständigen Behörde nachgewiesen wird, dass der Hund keine gesteigerte Aggressivität und Gefährlichkeit aufweist. Betroffen sind folgende Rassen: Bullmastiff, Bullterrier, Dogo Argentino, Bordeaux-Dogge (Dogue de Bordeaux), Fila Brasileiro, Mastiff, Mastin Espanol, Mastino Napoletano, Rhodesian Ridgeback sowie Kreuzungen dieser Rassen untereinander oder mit Rassen der ersten Kategorie gemäß § 1 Abs. 1.

„Kampfhunde" gemäß § 1 Abs. 3

Unabhängig von einer Rassezugehörigkeit kann sich schließlich die Kampfhundeigenschaft im Einzelfall aus der Ausbildung eines Hundes mit dem Ziel einer gesteigerten Aggressivität oder Gefährlichkeit ergeben (vergleiche Seite 13). Erfasst werden damit alle Hunde, die nicht schon unter die Abs. 1 und 2 fallen. Die Regelung fungiert als Auffangtatbestand und kann zum Beispiel auch für scharf gemachte Rottweiler, Dobermänner, Boxer oder Schäferhunde die für „Kampfhunde" geltenden Sicherheitsvorschriften zur Anwendung kommen lassen. In der bayerischen Verordnung wurden diese und andere Rassen bewusst nicht in die Liste der „Kampfhunde kraft Vermutung" aufgenommen, obwohl sie in anderen Ländern erfasst werden. In Bayern ist man hingegen der Auffassung, dass es sich bei den oben beispielhaft benannten Rassen um in Deutschland seit jeher gezüchtete und gehaltene Rassen handelt, hinsichtlich derer bei Züchtern und Haltern eine weitaus größere Erfahrung besteht als bei neueren Rassen. Dieser Ansicht hat sich im Übri-

gen auch der Bayerische Verwaltungsgerichtshof in seiner oben zitierten Entscheidung angeschlossen.

Erlaubnispflicht für die „Kampfhundhaltung" gemäß Art. 37 Abs. 1 LStVG

Die Haltung eines Kampfhundes ist in Bayern erlaubnispflichtig.

Wer einen Hund der in der ersten Kategorie aufgelisteten fünf Rassen halten will, benötigt stets – unabhängig von der Gefährlichkeit des einzelnen Hundes – die Erlaubnis der Gemeinde.

Für die Haltung der Rassen der zweiten Kategorie ist solange eine Erlaubnis nötig, wie die Kampfhundeigenschaft nicht widerlegt wurde. Der Nachweis ist regelmäßig durch Vorlage eines Sachverständigengutachtens – einzuholen auf Kosten des Hundehalters – zu erbringen. Soweit hierdurch für den Hund die Vermutung widerlegt wird, ist seine Haltung erlaubnisfrei. Erlaubnisfrei ist ferner die Haltung von Diensthunden im Sinne von Art. 37 Abs. 3 LStVG.

Voraussetzungen für die Erlaubniserteilung gemäß Art. 37 Abs. 2 LStVG

Die Erlaubniserteilung ist abhängig von dem Nachweis eines **berechtigten Interesses**. Dieses liegt nach dem Gesetzeswortlaut besonders dann vor, wenn die Hundehaltung der Bewachung eines gefährdeten Besitztums dient. Im Übrigen ist einzelfallbezogen zu entscheiden. Wer mit seinem „Kampfhund" nach Bayern verzieht, für den in einem anderen Bundesland eine Haltungsberechtigung vorlag, kann in der Regel auch mit einer Erlaubniserteilung in Bayern rechnen. Das Innenministerium Bayerns weist allerdings ausdrücklich darauf hin, dass die Erlaubniserteilung von den Behörden äußerst restriktiv gehandhabt wird: Seit Inkrafttreten der gesetzlichen Regelungen im Jahr 1992 wurde in keinem einzigen Fall das Bedürfnis für eine „Kampfhunde" – Haltung nachgewiesen.

Zum Erfordernis der **Zuverlässigkeit** des Halters vergleiche beispielhaft unter Brandenburg, § 12 und Seite 36.

Besondere Halter- und Haltungspflichten

Solche können im Einzelfall bei Bedarf zur Abwendung von Gefahren für Mensch und Tier und zur Erhaltung der öffentlichen Reinlichkeit angeordnet werden. In Betracht kommen zum Beispiel Leinen- und Maulkorbzwang, Sicherung der Unterbringung des Hundes durch Zäune, Schilder et cetera.

Generelle Haltungspflichten bestehen nicht.

Zucht- und Kreuzungsverbot

Art. 37 a Abs. 1 LStVG normiert ein Zucht- und Kreuzungsverbot von „Kampfhunden" gemäß §1 Abs.1 und 2, es sei denn, für Hunde der in Abs. 2 aufgeführten Rassen kann ein Negativzeugnis vorgelegt werden.

Ausbildung von Hunden

In Bayern ist die Ausbildung von Hunden mit dem Ziel einer gesteigerten Aggressivität und Gefährlichkeit **nur zu Schutzzwecken** zulässig und darüber hinaus erlaubnispflichtig. Ausgenommen sind auch hier die „Kampfhunde".

20

Verordnung über das Halten von Hunden in Berlin (HundeVO Bln) vom 05.11.1998, geändert durch Verordnung vom 4. Juli 2000.

§ 1 Halten und Führen von Hunden

(1) Ein eingefriedetes Besitztum, auf dem ein Hund gehalten wird, muss gegen ein unbeabsichtigtes Entweichen des Hundes angemessen gesichert sein.

(2) Außerhalb eines eingefriedeten Besitztums müssen Hunde ein Halsband mit Namen und Anschrift des Halters tragen.

(3) Hunde dürfen außerhalb des eingefriedeten Besitztums nicht unbeaufsichtigt sein. Wer Hunde außerhalb des eingefriedeten Besitztums führt, muss die Gewähr dafür bieten, dass Menschen, Tiere oder Sachen durch den Hund nicht gefährdet werden.

(4) Hunde dürfen nicht

1. auf Kinderspielplätze,
2. auf Liegewiesen, die als solche gekennzeichnet sind, und
3. in Badeanstalten sowie an als solche gekennzeichnete öffentliche Badestellen mitgenommen werden.

Darüber hinausgehende Regelungen bleiben unberührt.

§ 2 Leinenpflicht

Hunde sind

1. in Treppenhäusern oder sonstigen von der Hausgemeinschaft gemeinsam genutzten Räumen und auf Zuwegen von Mehrfamilienhäusern,
2. bei öffentlichen Versammlungen und Aufzügen, Volksfesten und sonstigen Veranstaltungen mit Menschenansammlungen,
3. in öffentlichen Grün- und Erholungsanlagen,
4. in Waldflächen, die nicht an den Zugangswegen durch besondere Schilder ausdrücklich als dafür freigegeben gekennzeichnet sind (Hundeauslaufgebiete) und
5. in öffentlichen Verkehrsmitteln an einer höchstens zwei Meter langen Leine zu führen. Die Leine muss so beschaffen sein, dass der Hund sicher gehalten werden kann.

§ 3 Gefährliche Hunde

(1) Hunde folgender Rassen oder Gruppen von Hunden sowie deren Kreuzungen untereinander oder mit anderen Hunden sind aufgrund rassespezifischer Merkmale gefährlich:

1. Pitbull Terrier
2. American Staffordshire Terrier
3. Staffordshire Bullterrier
4. Bullterrier
5. Tosa Inu
6. Bullmastiff
7. Dogo Argentino
8. Dogue de Bordeaux
9. Fila Brasileiro
10. Mastin Espanol
11. Mastino Napoletano
12. Mastiff

(2) Als gefährliche Hunde im Sinne dieser Verordnung gelten darüber hinaus Hunde, die

1. wiederholt in gefahrdrohender Weise Menschen angesprungen haben,
2. wiederholt Wild, Vieh, Katzen oder Hunde gehetzt oder gerissen haben,
3. sich gegenüber Mensch oder Tier als bissig erwiesen haben,
4. auf Angriffslust oder über das natürliche Maß hinausgehende Kampfbereitschaft, Schärfe oder andere in der Wirkung gleichstehende Zuchtmerkmale gezüchtet oder trainiert wurden.

§ 4 Führen gefährlicher Hunde

(1) Außerhalb des eingefriedeten Besitztums dürfen gefährliche Hunde nur vom Halter

des Hundes oder einer anderen sachkundigen Person nach § 5 Abs. 4 Satz 1 geführt werden. Sie sind dabei an einer höchstens zwei Meter langen Leine zu führen. Gefährliche Hunde nach § 3 müssen außerhalb des eingefriedeten Besitztums stets einen beißsicheren Maulkorb tragen.

(2) Die Anleinpflicht nach Absatz 1 Satz 1 gilt nicht in Hundeauslaufgebieten, wenn der Hund einen beißsicheren Maulkorb trägt.

§ 5 Zuverlässigkeit und Sachkundenachweis
(1) Wer einen gefährlichen Hund hält oder außerhalb eines eingefriedeten Besitztums führt, muss über die dafür erforderliche Zuverlässigkeit verfügen.

(2) Die erforderliche Zuverlässigkeit i.S.d. Absatzes 1 besitzen nicht Personen, die besonders wegen

1. einer vorsätzlichen Straftat mit Gewaltanwendung gegenüber Menschen, besonders wegen Raubes, Nötigung, Vergewaltigung, Zuhälterei, Land- oder Hausfriedensbruchs oder Widerstandes gegen die Staatsgewalt,

2. einer Straftat gegen das Tierschutzgesetz, das Bundesjagdgesetz oder das Waffengesetz rechtskräftig verurteilt worden sind und wenn seit dem Eintritt der Rechtskraft der letzten Verurteilung fünf Jahre noch nicht verstrichen sind.

(3) Die erforderliche Zuverlässigkeit besitzen in der Regel auch nicht Personen, die
1. alkoholkrank oder rauschmittelsüchtig sind oder
2. trotz Aufforderung gegenüber der zuständigen Behörde die erforderliche Sachkunde zur Führung eines gefährlichen Hundes nicht nachweisen.

(4) Sachkundig i.S.d. Absatzes 3 Nr. 2 ist eine Person, die über die Kenntnisse und Fähigkeiten verfügt, einen gefährlichen Hund jederzeit so zu halten und zu führen, dass

von diesem keine Gefahr für Menschen, Tiere oder Sachen ausgeht. Eine Ausbildung zum Diensthundeführer von Bundes – oder Landesbehörden wird von der zuständigen Behörde als Nachweis der Sachkunde anerkannt.

(5) Über die nachgewiesene Sachkunde wird eine Sachkundebescheinigung erteilt.

(6) Eine in einem anderen Bundesland erworbene, gleichwertige Sachkundebescheinigung gilt als Sachkundebescheinigung i.S.d. Absatzes 5.

§ 5 a Anzeige- und Kennzeichnungspflicht
(1) Wer einen Hund nach § 3 Abs. 1 Nr. 1 bis 5 hält, muss der zuständigen Behörde unverzüglich unter Nachweis seiner Personalien die Haltung sowie Rasse und Alter des Hundes anzeigen. Über die Anzeige erteilt die zuständige Behörde eine Bescheinigung.

(2) Innerhalb von acht Wochen nach der Anzeige hat der Halter der zuständigen Behörde
1. ein Führungszeugnis,
2. einen Nachweis seiner Sachkunde sowie
3. einen Nachweis, dass der Hund keine über das natürliche Maß hinausgehende Kampfbereitschaft, Angriffslust, Schärfe oder eine andere in ihrer Wirkung vergleichbare Eigenschaft gegenüber Menschen oder Tieren ausweist, beizubringen.

(3) Nach Vorlage der beizubringenden Unterlagen und wenn keine Tatsachen die Annahme rechtfertigen, dass von der Haltung des Hundes eine Gefahr für Leben oder Gesundheit von Menschen oder Tieren ausgeht, erteilt die zuständige Behörde eine Plakette. Liegen die Voraussetzungen für die Erteilung der Plakette nicht vor, untersagt die zuständige Behörde die Haltung des Hundes und ordnet seine Sicherstellung an. Die Plakette ist grün, kreisförmig und weist einen Durchmesser von 4 cm auf.

(4) Die Plakette ist am Halsband des Hundes zu befestigen, wenn der Hund außerhalb des eingefriedeten Besitztums geführt wird. Bis zur Erteilung der Plakette hat der Führer des Hundes die Bescheinigung über die Anzeige nach Absatz 1 mitzuführen und auf Verlangen vorzuzeigen.

§ 6 Auflagen und Maßnahmen

(1) Bei Auffälligkeit eines Hundes i.S.d. § 3 Abs. 2 Nr. 1 bis 3 kann die zuständige Behörde dem Halter Auflagen für das Halten seines Hundes machen; besonders Leinen- oder Maulkorbzwang oder Leinen- und Maulkorbzwang anordnen sowie ihn verpflichten, den Nachweis der Sachkunde zum Führen eines gefährlichen Hundes zu erbringen.

(2) Hat der Hund einem Menschen oder einem Tier schwere Verletzungen zugefügt, kann die zuständige Behörde die Sicherstellung und/ oder Tötung des Hundes anordnen.

§ 7 Haltungsuntersagung, Einziehung und Tötung von Hunden

Die zuständige Behörde hat die Haltung eines gefährlichen Hundes zu untersagen oder die Einziehung oder Tötung eines gefährlichen Hundes anzuordnen, wenn Tatsachen die Annahme rechtfertigen, dass durch die Haltung des Hundes eine Gefährdung für Menschen oder Tieren ausgeht. Dies ist besonders anzunehmen, wenn

1. der Hund von einer Person gehalten wird, die nach § 5 Abs. 1 nicht die erforderliche Zuverlässigkeit für den Umgang mit gefährlichen Hunden besitzt,
2. der Halter nicht den nach § 10 Abs. 5 erforderlichen Sachkundenachweis zum Führen eines gefährlichen Hundes besitzt oder
3. der Halter entgegen § 8 Hunde ausgebildet, gezüchtet oder erworben hat.

§ 8 Abrichten und Züchten von Hunden

(1) Das Abrichten zu Hunden nach § 3 Abs. 2 Nr. 4 ist verboten. Bei der Aufzucht und Ausbildung eines Hundes ist besonders auf die Heranbildung eines für Mensch und Tier sozialverträglichen, dem Halter jederzeit Folge leistenden Hundes hinzuwirken.

(2) Die Zucht, das In Verkehr bringen und der Erwerb von Hunden nach § 3 Abs. 2 Nr. 4 ist verboten. Die Zucht mit Hunden nach § 3 Abs. 1 Nr. 1 bis 5 ist verboten. Bei der Zucht von Hunden ist eine größtmögliche Vielfalt genetischer Verhaltensmerkmale anstelle einer selektiven Steigerung genetischer Aggressionsmerkmale sicherzustellen.

§ 9 Ordnungswidrigkeiten

(1) Ordnungswidrig handelt, wer vorsätzlich oder fahrlässig

1. entgegen § 1 Abs. 2 einem Hund das vorgeschriebene Halsband nicht anlegt,
2. entgegen § 1 Abs. 3 einen Hund unbeaufsichtigt lässt oder nicht die erforderliche Gewähr zur gefahrlosen Führung des Hundes bietet,
3. entgegen § 1 Abs. 4 einen Hund an die genannten Orte mitnimmt,
4. entgegen § 2 einen Hund zu den bezeichneten Anlässen oder an den genannten Orten nicht an der vorgeschriebenen Leine führt,
5. entgegen § 4 Abs. 1 Satz 2 einen gefährlichen Hund außerhalb des eingefriedeten Besitztums nicht an der vorgeschriebenen Leine führt,
6. entgegen § 4 Abs. 1 Satz 3 einen gefährlichen Hund nicht mit einem beißsicheren Maulkorb führt,
7. entgegen § 5 Abs. 1 einen gefährlichen Hund hält oder außerhalb eines eingefriedeten Besitztums führt, obwohl er die erforderliche Zuverlässigkeit für das Halten eines Hundes nicht besitzt,

8. entgegen § 5 a Abs. 1 die Haltung eines Hundes nach § 3 Abs. 1 Nr.1 bis 5 nicht unverzüglich der zuständigen Behörde anzeigt,

9. entgegen § 5 a Abs. 2 die genannten Unterlagen nicht, nicht vollständig oder nicht rechtzeitig beibringt,

10. entgegen § 5 a Abs. 4 einen gefährlichen Hund ohne die erforderliche Plakette oder ohne Mitführen der Bescheinigung über die Anzeige nach § 5 a Abs. 1 führt,

11. entgegen § 6 Auflagen der zuständigen Behörde nicht nachkommt,

12. entgegen einer Untersagung nach § 7 einen gefährlichen Hund hält,

13. entgegen § 8 Abs. 1 einen Hund auf Angriffslust oder über das natürliche Maß hinausgehende Kampfbereitschaft oder Schärfe abrichtet,

14. entgegen § 8 Abs. 2 einen Hund auf Angriffslust oder über das natürliche Maß hinausgehende Kampfbereitschaft oder Schärfe oder andere in der Wirkung gleichstehende Merkmale züchtet,

15. entgegen § 8 Abs. 2 Satz 2 mit Hunden nach § 3 Abs. 1 Nr. 1 bis 5 züchtet,

16. entgegen § 8 Abs. 1 und 2 einen abgerichteten oder gezüchteten Hund in den Verkehr bringt oder erwirbt,

17. entgegen § 10 Abs. 5 die Anzeige nicht oder nicht rechtzeitig vornimmt.

(2) Ordnungswidrigkeiten können mit einer Geldbuße bis zu 10 000 DM geahndet werden. Außerdem kann die Einziehung des Hundes angeordnet werden.

§ 10 Ausnahmeregelungen und Übergangsvorschrift

(1) Diese Verordnung gilt nicht für Diensthunde der Polizei, des Grenzschutzes, des Zolls, der Bundeswehr, der Rettungsdienste und des Katastrophenschutzes sowie für geprüfte Schutzhunde im Einsatz bei Wach- oder Ordnerdiensten.

(2) § 1 Abs. 4 gilt nicht für Blindenführ- und Behindertenbegleithunde.

(3) § 2 Nr. 3 und 4 gilt nicht für Jagdhunde bei jagdlicher Verwendung. § 3 Nr. 2 gilt nicht für Jagdhunde, soweit das Hetzen nach den Grundsätzen einer weidgerechten Jagdausübung erforderlich ist.

(4) Die zuständige Behörde kann auf Antrag Ausnahmen von § 2 erteilen, wenn im Einzelfall Menschen, Tiere oder Sachen nicht gefährdet werden.

(5) Wer zum Zeitpunkt des Inkrafttretens der Ersten Verordnung zur Änderung der Verordnung über das Halten von Hunden in Berlin vom 4. Juli 2000. (GVBl. S. 365) einen gefährlichen Hund im Sinne von § 3 Abs. 1 Nr. 1 bis 5 hält, hat die Anzeige nach § 5 a Abs. 1 innerhalb von acht Wochen nach Inkrafttreten der genannten Verordnung vorzunehmen.

 Überblick

Die Berliner Hundeverordnung beinhaltet neben einem Katalog von „gefährlichen Hunden" auch **verschärfte Vorschriften für alle Hunde**: Unabhängig von Rasse, Größe oder Gefährlichkeit müssen in Berlin alle Hunde außerhalb eines befriedeten Besitztums und außerhalb von Hundeauslaufgebieten an einer maximal zwei Meter langen Leine geführt werden. Auf Kinderspielplätze, Liegewiesen, in Badeanstalten und an öffentliche Badestellen dürfen Hunde überhaupt nicht mitgenommen werden. Alle Hunde müssen ein Halsband mit Namen und Anschrift des Halters tragen.

Ausgenommen sind die in § 10 Abs. 2 aufgeführten Diensthunde. Auf Blindenführ- und Behindertenbegleithunde findet die Verordnung Anwendung, allerdings mit der Ausnahme, dass diese Hunde an den oben genannten Orten mitgeführt werden dürfen.

Gemäß § 6 kann die Tötung eines Hundes angeordnet werden, wenn er einem Menschen oder Tier schwere Verletzungen zugefügt hat.

Seit März 2001 dürfen in Berlin und Brandenburg Hunde mit gesteigerter Aggressivität und Gefährlichkeit nicht mehr in **öffentlichen Verkehrsmitteln** befördert werden. Die betroffenen Hunderassen ergeben sich aus den Länderverordnungen. Blindenführhunde sind von dem Verbot ausgenommen.

Der Verkehrsverbund Berlin-Brandenburg erklärt diese neue Bestimmung mit dem erhöhten Sicherheitsbedürfnis in öffentlichen Verkehrsmitteln. Warum allerdings Maulkorb- und Leinenzwang hierfür nicht ausreichen sollen, wurde nicht begründet.

„Gefährliche Hunde"

Folgende zwölf Hunderassen gelten nach der Verordnung als prinzipiell besonders gefährlich und damit als „gefährlicher Hund": Pitbull Terrier, American Staffordshire Terrier, Staffordshire Bullterrier, Bullterrier, Tosa Inu, Bullmastiff, Dogo Argentino, Dogue de Bordeaux, Fila Brasileiro, Mastin Espanol, Mastino Napoletano, Mastiff sowie Kreuzungen dieser Rassen untereinander oder mit anderen Rassen, sowie – unabhängig von der Rasse – solche Hunde, die wiederholt in gefahrdrohender Weise Menschen angesprungen haben, Wild, Vieh,

Hunde oder Katzen gehetzt oder gerissen haben, bissig sind oder scharf gemacht wurden. Vergleiche zum verhaltensbedingten Begriff des gefährlichen Hundes unter Baden-Württemberg, Seite 13 und Thüringen, Seite 118 ff.

Haltungsvoraussetzungen für „gefährliche Hunde"

Alle „gefährliche Hunde" und ihre Kreuzungen unterliegen außerhalb des befriedeten Besitztums einer generellen **Leinenpflicht** (maximal zwei Meter) und müssen stets einen beißsicheren **Maulkorb** tragen. Geführt werden darf der Hund ausschließlich vom Halter selbst oder von einer anderen, ebenfalls sachkundigen, Person. Sofern mit dem Hund ein entsprechend gekennzeichnetes Hundeauslaufgebiet aufgesucht wird, entfällt der Leinenzwang – unter der Voraussetzung, dass er nach wie vor den Maulkorb trägt. Auf Antrag können im Einzelfall Ausnahmen von der Leinenpflicht auch über Hundeauslaufgebiete hinaus gemacht werden. Die Maulkorbpflicht hingegen gilt für „gefährliche Hunde" in Berlin immer; Ausnahmen lässt die Verordnung nicht zu.

Voraussetzung für die Haltung eines „gefährlichen Hundes" ist die Zuverlässigkeit des Halters sowie seine ausreichende Sachkunde.

Von der **persönlichen Zuverlässigkeit** des Halters ist in der Regel auszugehen, es sei denn, einer der in § 5 Abs. 2 und 3 aufgeführten Tatbestände wurde verwirklicht. Verweigert der Halter den Nachweis seiner Sachkunde, gilt er ebenfalls als unzuverlässig.

Gegebenenfalls muss ein polizeiliches Führungszeugnis vorgelegt werden.

Für den Nachweis der **Sachkunde** ist die Ablegung einer **Sachkundeprüfung** erforderlich, die zum Beispiel in Form der Begleithundeprüfung vor einem Sachverständigen erbracht werden kann. Vergleiche deshalb zum Inhalt einer solchen Prüfung beispielhaft unter Baden-Württemberg, Seite 15, Nordrhein-Westfalen, Seite 86, Rheinland-Pfalz, Seite 93 und Saarland, Seite 99. Besteht der Hund diese Prüfung nicht, kann er sie nach gründlicher Nachschulung wiederholen. Zuständig sind die örtlichen Veterinär- und Lebensmittelaufsichtsämter.

Meldepflicht für die unter Nr. 1-5 aufgelisteten Rassen

Die Haltung eines Pitbull Terrier, American Staffordshire Terrier, Staffordshire Bullterrier, Bullterrier oder eines Tosa Inu beziehungsweise deren Kreuzungen ist *unverzüglich* beim örtlich zuständigen Veterinär- und Lebensmittelaufsichtsamt anzuzeigen. Unverzüglich bedeutet „ohne schuldhafte Verzögerung", das heißt unmittelbar mit Anschaffung des Hundes. Über die Anzeige erhält der Halter eine amtliche Bescheinigung, die von ihm beim Führen des Hundes außerhalb des Privatgrundstückes bis zur Aushändigung der Plakette stets mitzuführen ist.

Innerhalb von weiteren acht Wochen hat der Halter sodann ein polizeiliches Führungszeugnis, den Sachkundenachweis sowie eine so genannte **Unbedenklichkeitsbescheinigung** für seinen Hund vorzulegen. Die Ausstellung dieser Bescheinigung ist vom erfolgreichen Ablegen einer (Verhaltens-)Prüfung abhängig, die aber auch gemeinsam mit der Begleithundeprüfung vor einem Sachverständigen absolviert werden kann. Der Sachkundenachweis für den Halter sowie die Unbedenklichkeitsbescheinigung für den Hund können also im Rahmen der Begleithundeprüfung gemeinsam erworben werden. Separate Prüfungen des Hundes auf eine gesteigerte Angriffslust durch einen Sachverständigen sind aber auch möglich. Vergleiche zum Inhalt einer **Verhaltensprüfung** beispielhaft unter Baden-Württemberg, Seite 14, Niedersachsen, Seite 75 und Nordrhein-Westfalen, Seite 87 f.

Nach Vorlage aller Unterlagen erhält der Hund – sofern davon auszugehen ist, dass er keine Gefahr darstellt – zur Kennzeichnung eine **Plakette**, die dauerhaft am Halsband zu befestigen ist. Diese grüne Marke soll ein sichtbares Zeichen dafür sein, dass ein gut ausgebildeter Hund mit einem sachkundigen Halter unterwegs ist.

Liegen die Voraussetzungen für die Erteilung der Plakette nicht vor – wobei die Gründe sowohl auf Seiten des Hundes als auch auf Seiten des Halters (mangelnde Sachkunde oder/und Zuverlässigkeit) liegen können – wird die Haltung des Tieres untersagt und dessen Sicherstellung angeordnet.

Zuchtverbot

Für die fünf benannten Hunderassen gilt in Berlin ein absolutes Zuchtverbot, § 8 Abs. 2. Gleiches gilt – unabhängig von der Rasse – für scharf gemachte Hunde im Sinne von § 3 Abs. 2 Nr. 4.

Brandenburg

Ordnungsbehördliche Verordnung über das Halten und Führen von Hunden (Hundehalterverordnung – HundehV) vom 25. Juli 2000.

§1 Halten von Hunden

(1) Ein befriedetes Besitztum, auf dem ein Hund gehalten wird, muss gegen ein unbeabsichtigtes Entweichen des Hundes angemessen gesichert sein.

(2) Gefährliche Hunde, mit Ausnahme der Hunde i.S.d. § 8 Abs. 2, sind so zu halten, dass sie das befriedete Besitztum nicht gegen den Willen des Hundehalters verlassen können (ausbruchsichere Einfriedung). Alle Zugänge zu dem ausbruchsicher eingefriedeten Besitztum sind durch deutlich sichtbare Warnschilder mit der Aufschrift „Vorsicht gefährlicher Hund!" oder „Vorsicht bissiger Hund!" kenntlich zu machen. Die Haltung von Hunden i.S.d. § 8 Abs. 2 ist verboten.

(3) Gefährliche Hunde dürfen nicht in Mehrfamilienhäusern gehalten werden. Von dem Verbot nach Satz 1 kann im Rahmen der Erlaubnis nach § 10 befreit werden, wenn unter Berücksichtigung der örtlichen Verhältnisse sichergestellt ist, dass Menschen, Tiere oder Sachen nicht gefährdet werden.

§ 2 Führen von Hunden

(1) Wer Hunde außerhalb des befriedeten Besitztums führt, muss körperlich und geistig die Gewähr dafür bieten, jederzeit den Hund so beaufsichtigen zu können, dass Menschen, Tiere oder Sachen nicht gefährdet werden. Der Hundeführer hat den Hund ständig zu beaufsichtigen und sicher zu führen. Gefährliche Hunde dürfen nur von Personen geführt werden, die das 18. Lebensjahr vollendet haben, die erforderliche Zuverlässigkeit nach § 12 besitzen und den Nachweis der erforderlichen Sachkunde nach § 11 für den zu führenden gefährlichen Hund oder einen anderen gefährlichen Hund erbracht haben.

(2) Eine Person darf nicht mehr als drei Hunde gleichzeitig führen. Wer das 18. Lebensjahr noch nicht vollendet hat, darf nur einen Hund führen. Ein gefährlicher Hund darf nicht gleichzeitig mit einem oder mehreren anderen Hunden geführt werden.

(3) Außerhalb des befriedeten Besitztums müssen Hunde ein Halsband mit Namen und Adresse des Hundehalters tragen. Gefährliche Hunde, die im Land Brandenburg gehalten werden, haben darüber hinaus am Halsband eine Plakette deutlich sichtbar zu tragen. Diese Plakette ist rot, kreisrund, zeigt das Landeswappen und die Schrift erhaben in Prägung und hat einen Durchmesser von 40 Millimetern. Hunde i.S.d. § 8 Abs. 3, für die ein Negativzeugnis erteilt wurde, haben ebenfalls eine Plakette deutlich sichtbar am Halsband zu tragen. Diese Plakette ist grün, kreisrund, zeigt das Landeswappen und die Schrift erhaben in Prägung und hat einen Durchmesser von 40 Millimetern.

(4) Der Führer eines gefährlichen Hundes hat die Erlaubnis nach § 10 außerhalb des befriedeten Besitztums mitzuführen und auf Verlangen den zuständigen Behörden auszuhändigen. Der Führer eines Hundes i.S.d. § 8 Abs. 3 hat außerhalb des befriedeten Besitztums das Negativzeugnis mitzuführen und auf Verlangen den zuständigen Behörden auszuhändigen.

(5) Gefährliche Hunde, die außerhalb des Landes Brandenburg gehalten werden, haben im Land Brandenburg am Halsband neben dem Namen und der Adresse des Hundehalters eine nach Absatz 3 Satz 2 und 4 entsprechende Plakette zu tragen, soweit nach den dortigen Vorschriften eine solche

Kennzeichnung vorgeschrieben ist.

(6) Der Hundehalter hat sicherzustellen, dass sich der Hund nicht unbeaufsichtigt außerhalb des befriedeten Besitztums aufhält. Hunde dürfen nur Personen überlassen werden, die die Gewähr dafür bieten, dass die Vorschriften dieser Verordnung eingehalten werden.

§ 3 Leinenpflicht und Maulkorbzwang

(1) Hunde sind
1. bei öffentlichen Versammlungen, Umzügen, Aufzügen, Volksfesten und sonstigen Veranstaltungen mit Menschenansammlungen,
2. auf Sport- oder Campingplätzen,
3. in umfriedeten oder anderweitig begrenzten der Allgemeinheit zugänglichen Park-, Garten- und Grünanlagen,
4. in Einkaufszentren, Fußgängerzonen, Verwaltungsgebäuden und öffentlichen Verkehrsmitteln und
5. bei Mehrfamilienhäusern auf Zuwegen, in Treppenhäusern oder sonstigen von der Hausgemeinschaft gemeinsam genutzten Räumen so an der Leine zu führen, dass Menschen, Tiere oder Sachen nicht gefährdet werden. Die Leine muss reißfest sein und darf ein Höchstmaß von zwei Metern nicht überschreiten. Darüber hinaus ist ein Hund, der als gefährlich gilt, auch außerhalb des
befriedeten Besitztums ständig an einer höchstens zwei Meter langen und reißfesten Leine zu führen.

(2) Die Leinenpflicht nach Absatz 1 gilt nicht in den als Hundeauslaufgebiet gekennzeichneten Gebieten, wenn der Hund einen das Beißen verhindernden Maulkorb trägt.

(3) In Verwaltungsgebäuden und öffentlichen Verkehrsmitteln hat jeder Hund einen das Beißen verhindernden Maulkorb zu tragen. Darüber hinaus ist einem Hund, der als

gefährlich gilt, außerhalb des befriedeten Besitztums einen das Beißen verhindernder Maulkorb anzulegen.

(4) Kommunale Rechtsvorschriften hinsichtlich einer darüber hinausgehenden Leinenpflicht oder eines darüber hinausgehenden Maulkorbzwanges bleiben unberührt.

§ 4 Mitnahmeverbot

Hunde dürfen nicht
1. auf Kinderspielplätze,
2. auf Liegewiesen, die als solche gekennzeichnet sind, und
3. in Badeanstalten sowie an als solche gekennzeichnete öffentliche Badestellen mitgenommen werden. § 3 Abs. 4 gilt entsprechend.

§ 5 Untersagung des Haltens und Tötung von Hunden

(1) Die örtliche Ordnungsbehörde hat das Halten eines Hundes zu untersagen, wenn Tatsachen die Annahme rechtfertigen, dass die Erlaubnisvoraussetzungen des § 7 Abs. 1 oder des § 10 Abs. 2 nicht erfüllt werden oder durch das Halten eine Gefahr für Leben oder Gesundheit von Menschen oder Tieren ausgeht. Dies ist besonders anzunehmen, wenn der Hund von einer Person gehalten wird, die nicht die erforderliche Zuverlässigkeit für den Umgang mit Hunden besitzt.

(2) Hat ein Hund einem Menschen oder einem Tier eine schwere Körperverletzung zugefügt, kann die zuständige Behörde die Sicherstellung und Tötung des Hundes anordnen.

§ 6 Anzeige- und Kennzeichnungspflicht

(1) Der Halter eines Hundes mit einer Widerristhöhe von mindestens 40 Zentimetern oder einem Gewicht von mindestens 20 Kilogramm hat der örtlichen Ordnungsbehörde unverzüglich die Hundehaltung anzu-

zeigen und den Nachweis der Zuverlässigkeit i.S.d. § 12 vorzulegen.

(2) Ein Hund im Sinne von Absatz 1 ist dauerhaft auf Kosten des Halters mit Hilfe eines Mikrochip-Transponders gemäß ISO-Standard zu kennzeichnen. Die Identität des Hundes (Rasse, Gewicht, Größe, Alter, Farbe und Chipnummer) ist der örtlichen Ordnungsbehörde zusammen mit der Anzeige nach Absatz 1 mitzuteilen.

§ 7 Zucht, Ausbildung und Abrichten

(1) Bei der Zucht von Hunden ist eine größtmögliche Vielfalt genetischer Verhaltensmerkmale anstelle einer selektiven Steigerung genetischer Aggressionsmerkmale sicherzustellen. Die Zucht von und mit gefährlichen Hunden ist verboten. Die Zucht der in § 8 Abs. 3 genannten Hunderassen bedarf der Erlaubnis der örtlichen Ordnungsbehörde. Die Erlaubnis darf nur erteilt werden, wenn die Voraussetzungen von Satz 1 und § 10 Abs. 2 Nr. 1 bis 5 vorliegen. § 10 Abs. 3 Satz 1, 3 und 4 und Abs. 5 und 6 gilt entsprechend.

(2) Hunde dürfen nicht durch Ausbildung, Abrichten oder Halten zu gefährlichen Hunden i.S.d. § 8 Abs. 1 herangebildet werden.

(3) Bei der Ausbildung, dem Abrichten und der Aufzucht eines Hundes ist besonders auf die Heranbildung eines für Mensch und Tier sozialverträglichen, dem Halter jederzeit Folge leistenden Hundes hinzuwirken.

§ 8 Gefährliche Hunde

(1) Als gefährliche Hunde im Sinne dieser Verordnung gelten:

1. Hunde, bei denen auf Grund rassespezifischer Merkmale, Zucht, Ausbildung oder Abrichten von einer über das natürliche Maß hinausgehenden Kampfbereitschaft, Angriffslust, Schärfe oder einer anderen in ihrer Wirkung vergleichbaren, Mensch oder Tier

gefährdenden Eigenschaft auszugehen ist,

2. Hunde, die als bissig gelten, weil sie einen Menschen oder ein Tier durch Biss geschädigt haben, ohne selbst angegriffen oder dazu durch Schläge oder in ähnlicher Weise provoziert worden zu sein, oder weil sie einen anderen Hund trotz dessen erkennbarer artüblicher Unterwerfungsgestik gebissen haben,

3. Hunde, die durch ihr Verhalten gezeigt haben, dass sie unkontrolliert Wild oder andere Tiere hetzen oder reißen, oder

4. Hunde, die ohne selbst angegriffen oder provoziert worden zu sein, wiederholt Menschen gefährdet haben oder wiederholt Menschen in gefahrdrohender Weise angesprungen haben.

(2) Hunde folgender Rassen oder Gruppen sowie deren Kreuzungen untereinander oder mit anderen Hunden gelten auf Grund rassespezifischer Merkmale oder Zucht als gefährliche Hunde i.S.d. Absatzes 1 Nr. 1:

1. American Pitbull Terrier,
2. American Staffordshire Terrier,
3. Bullterrier,
4. Staffordshire Bullterrier und
5. Tosa Inu.

(3) Besonders bei Hunden folgender Rassen oder Gruppen sowie deren Kreuzungen untereinander oder mit anderen Hunden ist von der Eigenschaft eines gefährlichen Hundes auf Grund rassespezifischer Merkmale oder Zucht i.S.d. Absatzes 1 Nr. 1 auszugehen, solange der Hundehalter nicht im Einzelfall der örtlichen Ordnungsbehörde nachgewiesen hat, dass der Hund keine gesteigerte Kampfbereitschaft, Angriffslust, Schärfe oder eine andere in ihrer Wirkung vergleichbare Eigenschaft gegenüber Mensch oder Tier aufweist:

1. Alano,
2. Bullmastiff,
3. Cane Corso,

4. Dobermann,
5. Dogo Argentino,
6. Dogue de Bordeaux,
7. Fila Brasileiro,
8. Mastiff,
9. Mastin Español,
10. Mastino Napoletano,
11. Perro de Presa Canario,
12. Perro de Presa Mallorquin und
13. Rottweiler.

Der Nachweis nach Satz 1 ist nur bei Hunden zulässig, die das erste Lebensjahr vollendet haben. Über den Nachweis nach Satz 1 erteilt die örtliche Ordnungsbehörde eine Bescheinigung (Negativzeugnis). Zuvor hat der Halter den Hund dauerhaft mit Hilfe eines Mikrochip-Transponders gemäß ISO-Standard kennzeichnen zu lassen und dies und seine Zuverlässigkeit nach § 12 der örtlichen Ordnungsbehörde nachzuweisen. Mit dem Negativzeugnis erhält der Hundehalter eine Plakette nach § 2 Abs. 3 Satz 4. Alle zwei Jahre nach der Erteilung des Negativzeugnisses hat der Halter die Voraussetzung für die Erteilung der Bescheinigung erneut nachzuweisen. Das Negativzeugnis verliert mit dem Wechsel des Hundehalters sowie nach der Feststellung der Gefährlichkeit des Hundes seine Gültigkeit.

§ 9 Handelsverbot

Das gewerbliche In Verkehr Bringen von gefährlichen Hunden ist verboten. Personen, die über eine Erlaubnis nach § 7 Abs. 1 Satz 3 verfügen, sind von dem Verbot nach Satz 1 ausgenommen.

§ 10 Erlaubnispflicht

(1) Wer einen gefährlichen Hund ausbilden, abrichten oder mit Ausnahme der Hunde im Sinne von § 8 Abs. 2 halten will, bedarf der Erlaubnis der örtlichen Ordnungsbehörde.

(2) Die Erlaubnis darf nur erteilt werden,

wenn

1. die antragstellende Person das 18. Lebensjahr vollendet hat,

2. sie die erforderliche Sachkunde nach § 11 besitzt,

3. keine Tatsachen die Annahme rechtfertigen, dass die antragstellende Person die erforderliche Zuverlässigkeit nach § 12 nicht besitzt,

4. die dem Halten, der Ausbildung und dem Abrichten dienenden Räumlichkeiten, Einrichtungen und Freianlagen eine verhaltensgerechte und ausbruchsichere Unterbringung ermöglichen,

5. die körperliche Unversehrtheit von Menschen und Tieren nicht gefährdet wird und

6. die antragstellende Person, soweit diese das Halten eines gefährlichen Hundes beantragt hat, ein berechtigtes Interesse daran nachweist. Ein berechtigtes Interesse an dem Halten eines gefährlichen Hundes kann besonders vorliegen, wenn das Halten der Bewachung eines besonders gefährdeten Besitztums dient.

(3) Die Erlaubnis kann befristet und unter dem Vorbehalt des Widerrufs erteilt sowie mit Bedingungen und Auflagen verbunden werden. Die Erlaubnis zum Halten ist mit der Auflage zu versehen, den Hund dauerhaft mit Hilfe eines Mikrochip-Transponders gemäß ISO-Standard zu kennzeichnen und kastrieren oder sterilisieren zu lassen. Auflagen können auch nachträglich aufgenommen, geändert oder ergänzt werden. Die Erlaubnis ist zurückzunehmen, wenn nachträglich bekannt wird, dass eine der Voraussetzungen des Absatzes 2 bei der Erteilung nicht vorgelegen hat oder eine Voraussetzung nach der Erteilung der Erlaubnis entfallen ist.

(4) Für die Haltung eines gefährlichen Hundes i.S.d. § 8 Abs. 3, der das erste Lebensjahr noch nicht vollendet hat, darf eine befristete Erlaubnis abweichend von Absatz 2

auch ohne den Nachweis eines berechtigten Interesses und ohne die Auflagen der Kastration oder Sterilisation erteilt werden.

(5) Der Halter hat die erforderliche Sachkunde und Zuverlässigkeit alle zwei Jahre nach der Erteilung der Erlaubnis erneut nachzuweisen. Satz 1 gilt für die Ausbildung und Abrichtung gefährlicher Hunde entsprechend.

(6) Die Erlaubnis wird von der örtlichen Ordnungsbehörde im Benehmen mit dem zuständigen Veterinär- und Lebensmittelüberwachungsamt erteilt.

§ 11 Sachkunde

Die erforderliche Sachkunde i.S.d. § 10 Abs. 2 Nr. 2 besitzt eine Person, die über die Kenntnisse und Fähigkeiten verfügt, einen gefährlichen Hund jederzeit so zu halten und zu führen, dass von diesem keine Gefahr für Menschen, Tiere oder Sachen ausgeht. Der Nachweis der erforderlichen Sachkunde ist auf Grund einer Sachkundeprüfung gegenüber der örtlichen Ordnungsbehörde zu erbringen. Eine Ausbildung zum Diensthundeführer von Bundes- oder Landesbehörden gilt als Nachweis der erforderlichen Sachkunde.

§ 12 Zuverlässigkeit

(1) Die erforderliche Zuverlässigkeit im Sinne der §§ 2, 5 Abs. 1 und der §§ 6 und 10 Abs. 2 Nr. 3 besitzen in der Regel Personen nicht, die besonders

1. wegen vorsätzlichen Angriffs auf das Leben oder die Gesundheit, Vergewaltigung, Zuhälterei, Land- oder Hausfriedensbruch, Widerstandes gegen die Staatsgewalt, einer gemeingefährlichen Straftat oder einer Straftat gegen das Eigentum und das Vermögen,
2. mindestens zweimal wegen einer im Zustand der Trunkenheit begangenen Straftat oder

3. wegen einer Straftat gegen das Tierschutzgesetz, das Waffengesetz, das Gesetz über die Kontrolle von Kriegswaffen, das Sprengstoffgesetz oder das Bundesjagdgesetz rechtskräftig verurteilt worden sind, wenn seit dem Eintritt der Rechtskraft der letzten Verurteilung fünf Jahre noch nicht verstrichen sind. In die Frist wird die Zeit nicht eingerechnet, in welcher der Antragsteller auf behördliche Anordnung in einer Anstalt verwahrt worden ist.

(2) Die erforderliche Zuverlässigkeit besitzen ferner in der Regel Personen nicht, die

1. wiederholt oder gröblich gegen die Vorschriften des Tierschutzgesetzes, des Waffengesetzes, des Gesetzes über die Kontrolle von Kriegswaffen, des Sprengstoffgesetzes oder des Bundesjagdgesetzes oder gegen die §§ 1, 2, 3 Abs. 1 und 3, §§ 4, 6, 7, 8, 10 Abs. 1 und 4 sowie die §§ 13 und 16 dieser Verordnung verstoßen haben,

2. auf Grund einer psychischen Krankheit oder einer geistigen oder seelischen Behinderung Betreute nach § 1896 des Bürgerlichen Gesetzbuches sind,

3. trunksüchtig oder rauschmittelsüchtig sind oder

4. keinen festen Wohnsitz nachweisen können.

(3) Als Nachweis der Zuverlässigkeit ist ein Führungszeugnis nach den Vorschriften des Bundeszentralregistergesetzes vorzulegen. Sind Tatsachen bekannt, die Bedenken gegen die Zuverlässigkeit i.S.d. Absatzes 2 Nr. 3 begründen, so kann die örtliche Ordnungsbehörde von dem Erlaubnispflichtigen die Vorlage eines amts- oder fachärztlichen Gutachtens verlangen.

§ 13 Übergabe und Erwerb gefährlicher Hunde

(1) Die Übergabe eines gefährlichen Hundes mit dem Ziel der Aufgabe der Hundehaltung

ist nur an Personen zulässig, die über eine Erlaubnis nach § 10 zum Halten dieses Hundes verfügen. Der ehemalige Hundehalter hat die Aufgabe der Hundehaltung sowie den Namen und die Anschrift des Erwerbers unverzüglich der für ihn zuständigen Ordnungsbehörde mitzuteilen. Der Erwerber hat der für ihn zuständigen Ordnungsbehörde den Erwerb des gefährlichen Hundes unverzüglich anzuzeigen.

(2) Absatz 1 Satz 2 und 3 gilt entsprechend bei der Übergabe und dem Erwerb eines Hundes, für den ein Negativzeugnis ausgestellt wurde.

(3) Soll der Hund außerhalb des Landes Brandenburg gehalten werden, darf der Hund abweichend von Absatz 1 Satz 1 übergeben werden. Absatz 1 Satz 2 bleibt unberührt.

§ 14 Ordnungswidrigkeiten

(1) Ordnungswidrig handelt, wer vorsätzlich oder fahrlässig

1. entgegen § 1 Abs. 1 das befriedete Besitztum nicht angemessen sichert,

2. entgegen § 1 Abs. 2 das Besitztum nicht ausbruchsicher einfriedet oder alle Zugänge zu dem eingefriedeten Besitztum nicht mit den erforderlichen Warnschildern kenntlich macht,

3. entgegen § 1 Abs. 2 Hunde i.S.d. § 8 Abs. 2 hält,

4. entgegen § 1 Abs. 3 gefährliche Hunde in Mehrfamilienhäusern hält,

5. entgegen § 2 Abs. 1 Hunde führt,

6. entgegen § 2 Abs. 2 gleichzeitig mehrere Hunde führt,

7. entgegen § 2 Abs. 3 und 5 einem Hund das vorgeschriebene Halsband nicht anlegt,

8. entgegen § 2 Abs. 4 die Erlaubnis oder das Negativzeugnis nicht mit sich führt oder aushändigt,

9. entgegen § 2 Abs. 6 Hunde Personen

überlässt, die nicht die Voraussetzung von § 2 Abs. 1 erfüllen und nicht die Gewähr für die Einhaltung des § 2 Abs. 2 und 3 und der §§ 3 und 4 bieten,

10. entgegen § 3 Abs. 1 Hunde nicht an der vorgeschriebenen Leine führt,

11. entgegen § 3 Abs. 3 Hunden nicht den Maulkorb anlegt,

12. entgegen § 4 Hunde mitnimmt,

13. entgegen einer Untersagungsverfügung nach § 5 Abs. 1 Hunde hält,

14. entgegen § 6 die Hundehaltung nicht unverzüglich anzeigt,

15. entgegen § 7 Hunde züchtet, ausbildet oder abrichtet,

16. entgegen § 9 gefährliche Hunde in Verkehr bringt,

17. entgegen § 10 Abs. 1 gefährliche Hunde ohne die erforderliche ordnungsbehördliche Erlaubnis hält, ausbildet, abrichtet oder dabei einer mit einer solchen Erlaubnis verbundenen vollziehbaren Auflage zuwiderhandelt,

18. entgegen § 13 der Ordnungsbehörde nicht unverzüglich die genannten Mitteilungen macht oder den Erwerb des Hundes nicht unverzüglich anzeigt oder

19. entgegen § 16 Abs. 2 der Ordnungsbehörde nicht unverzüglich die Hundehaltung anzeigt.

(2) Die Ordnungswidrigkeit kann in den Fällen des Absatzes 1 Nr. 3, 15, 16, 17 und 19 mit einer Geldbuße bis zu 20 000 DM, in den übrigen Fällen mit einer Geldbuße bis zu 10 000 DM geahndet werden. Außerdem kann die Einziehung des Hundes angeordnet werden.

§ 15 Ausnahmeregelungen

(1) Die Verordnung gilt nicht für Diensthunde der Polizei, des Grenzschutzes, des Zolls, der Bundeswehr, des Rettungsdienstes sowie des Katastrophenschutzes und Jagd- und

Herdengebrauchshunde, soweit diese im Rahmen ihrer jeweiligen Zweckbestimmung eingesetzt werden.

(2) Die Regelung des § 4 gilt nicht für Blindenhunde und Behindertenbegleithunde.

§ 16 Übergangsregelung

(1) Für den Halter eines gefährlichen Hundes, der am 1. August 2000 eine Erlaubnis zum Halten eines gefährlichen Hundes besitzt, und für den Halter eines gefährlichen Hundes i.S.d. § 8 Abs. 2, der ein Negativzeugnis für diesen Hund am 1. August 2000 besitzt, findet für diesen Hund § 1 Abs. 2 Satz 3 keine Anwendung und die Erlaubnispflicht nach §

10 gilt mit der Maßgabe, dass der Nachweis eines berechtigten Interesses zum Halten dieses gefährlichen Hundes entfällt. Im Übrigen gilt für diese § 10 unverändert.

(2) Für den Halter eines gefährlichen Hundes i.S.d. § 8 Abs. 2, der ein Negativzeugnis am 1. August 2000 für diesen Hund besitzt, und für eine Person, die einen gefährlichen Hund i.S.d. § 8 Abs. 3 Nr. 1, 3, 4, 11, 12 und 13 am 1. August 2000 hält, gilt die Erlaubnispflicht nach § 10 Abs.1 erst ab dem 1. November 2000. Die Halter haben der zuständigen örtlichen Ordnungsbehörde unverzüglich das Halten des Hundes anzuzeigen.

 Überblick

Die brandenburgische Hundeverordnung unterscheidet zwischen „gefährlichen Hunden", „widerlegbar gefährlichen Hunden" (13 Rassen) und „unwiderlegbar gefährlichen Hunden" (fünf Rassen). Unabhängig von der Rassezugehörigkeit normiert die Verordnung eine Anzeige- und Kennzeichnungspflicht für Hunde, die eine Widerristhöhe von mindestens 40 cm oder ein Gewicht von mindestens 20 kg aufweisen. Darüber hinaus wurden Verschärfungen für *alle* Hunde eingeführt: ein sehr weit gehender Leinen- und Maulkorbzwang, unabhängig von Rasse, Größe, Gewicht oder Gefährlichkeit des einzelnen Hundes.

Die Verordnung gilt nicht für die in § 15 Abs. 1 aufgeführten Diensthunde. Blindenführ- und Behindertenbegleithunde werden von der Verordnung erfasst. Für sie gilt jedoch nicht das Mitnahmeverbot an die in § 4 genannten Orte. Weitere Ausnahmen

bestehen für diese Hunde nicht, so dass in Verwaltungsgebäuden und öffentlichen Verkehrsmitteln ein Maulkorb getragen werden muss.

Gem. § 5 Abs. 2 kann die Tötung eines Hundes angeordnet werden, wenn er einem Menschen oder einem Tier eine schwere Körperverletzung zugefügt hat.

„Unwiderlegbar gefährliche Hunde"

Fünf Rassen gelten als unwiderlegbar gefährlich. Ein Nachweis des Halters, dass sein Hund keine gesteigerte Aggressivität aufweist, ist damit von vornherein ausgeschlossen. Es handelt sich um folgende Rassen: American Pitbull Terrier, American Staffordshire Terrier, Bullterrier, Staffordshire Terrier und Tosa Inu sowie deren Kreuzungen untereinander oder mit anderen Hunden.

Für diese Hunde normiert § 1 Abs. 2 Satz 3 ein absolutes Haltungsverbot. Dies bedeutet nicht die Abgabe sämt-

licher Hunde dieser Rassen mit Inkrafttreten der Verordnung. Für vorhandene Tiere wurde eine Übergangsregelung geschaffen, wonach bis zum
01.08.2000 ein so genanntes Negativzeugnis für den Hund sowie eine Erlaubnis zur Haltung beigebracht werden musste. Dann können die Hunde
bis an ihr Lebensende weiter gehalten
werden, allerdings nicht mehr in
Mehrfamilienhäusern. Nach dem
01.08.2000 angeschaffte Hunde müssen hingegen umgehend wieder abgegeben werden.

„Widerlegbar gefährliche Hunde"

Dies bedeutet, dass die Gefährlichkeit
solcher Hunde durch ein Negativzeugnis widerlegt werden kann und dass
der Hund nicht mehr als gefährlich im
Sinne des Verordnung gilt und lediglich die Vorschriften auf ihn Anwendung finden, die ohnehin für alle
Hunde gelten. Der Katalog enthält folgende Rassen: Alano, Bullmastiff,
Cane Corso, Dobermann, Dogo Argentino, Bordeaux-Dogge, Fila Brasileiro, Mastiff, Mastin Espanol, Mastino
Napoletano, Perro de Presa Canario,
Perro de Presa Mallorquin und Rottweiler sowie deren Kreuzungen untereinander oder mit anderen Hunden.
Ausdrücklich von dieser Liste gestri-
chen wurde übrigens der Rhodesian
Ridgeback, der vor Erlass der neuen
Verordnung noch als gefährlicher
Hund galt. Die Zucht mit Hunden dieser Rassen ist erlaubnispflichtig.

Negativzeugnis und Kennzeichnungs-pflicht für „widerlegbar gefährliche Hunde"

Der örtlichen Ordnungsbehörde muss
nachgewiesen werden, dass der Hund
nicht gesteigert aggressiv und gefährlich ist. Dies kann nur durch Vorlage
eines Sachverständigengutachtens geschehen. Dieser Begutachtung dürfen
aber nur Hunde unterzogen werden,
die das erste Lebensjahr vollendet haben, da erst ab diesem Alter ein zuverlässiger Nachweis über das Wesen
des Hundes möglich ist. Ferner ist der
Hund dauerhaft mit einem Mikrochip
zu kennzeichnen. Der Halter schließlich hat ein polizeiliches Führungszeugnis zum Nachweis seiner persönlichen Zuverlässigkeit beizubringen.
  Hält die Ordnungsbehörde den
Nachweis für erbracht, stellt sie hierüber eine Bescheinigung aus (Negativzeugnis), wonach die Haltung dieses
Hundes – entgegen § 10 Abs. 1 – erlaubnisfrei ist. Das Negativzeugnis hat
jedoch nicht unbegrenzte Gültigkeit,
sondern ist alle zwei Jahre – wiederum
durch Nachweis sämtlicher Voraussetzungen – zu erneuern. Der Hund hat
die ausgehändigte grüne Plakette am
Halsband zu tragen.

Sonstige „gefährliche Hunde"

Als gefährlich gelten gemäß § 8 Abs.1
ferner – unabhängig von der Rasse –
solche Hunde, die auf übermäßige
Kampfbereitschaft, Aggressivität oder
Schärfe abgerichtet oder ausgebildet
wurden, bissig sind, unkontrolliert
Wild oder andere Tiere hetzen oder
reißen oder die wiederholt Menschen

in gefahrdrohender Weise angesprungen haben. Demnach kann abhängig von den jeweiligen Umständen des Einzelfalles zum Beispiel auch die Haltung eines Schäferhundes oder Boxers erlaubnispflichtig werden. Vergleiche zum verhaltensbedingten Begriff des gefährlichen Hundes unter Baden-Württemberg, Seite 13 und Thüringen, Seite 118. Die Zucht mit diesen Hunden ist grundsätzlich verboten.

Während dem Halter eines Hundes der unter oben bezeichneten 13 Rassen die Möglichkeit gegeben wird, ein Negativzeugnis vorzulegen und somit die Gefährlichkeit seines Hundes zu widerlegen, eröffnet die Verordnung den Haltern von Hunden dieser Gruppe eine solche Möglichkeit nicht, da die Hunde erst durch ihr Verhalten in einem konkreten Fall gezeigt haben, dass sie als gefährlich im Sinne der Verordnung anzusehen sind. Auf sie finden dann die nachfolgenden Regelungen für „gefährliche Hunde" Anwendung.

Erlaubnispflicht für „gefährliche Hunde"

Die Haltung, die Ausbildung und das Abrichten eines „gefährlichen Hundes" bedarf in Brandenburg der Erlaubnis der örtlichen Ordnungsbehörde. Die Erlaubnispflicht entfällt für die Hunde, die ein Negativzeugnis vorlegen können (siehe oben). Erteilt die Ordnungsbehörde die Erlaubnis zur Haltung, muss der Hund zur entsprechenden Kennzeichnung eine rote Plakette am Halsband tragen. Andernfalls ist die Haltung des Hundes zu untersagen, § 5 Abs. 1.

Voraussetzungen für die Erlaubniserteilung

Erforderlich ist neben der **Vollendung des 18. Lebensjahres** ein Sachkundenachweis, die persönliche Zuverlässigkeit des Halters sowie der Nachweis eines berechtigten Interesses an der Haltung des Hundes. Sachkunde und Zuverlässigkeit sind alle zwei Jahre erneut nachzuweisen.

Darüber hinaus muss der Hund **verhaltensgerecht und ausbruchsicher untergebracht** sein, ist dauerhaft mit einem **Mikrochip** zu kennzeichnen und muss **kastriert beziehungsweise sterilisiert** werden, sofern er das erste Lebensjahr vollendet hat.

An den Nachweis eines **berechtigten Interesses** werden in Brandenburg – wie in den anderen Ländern auch, sofern das Erfordernis in die jeweilige Verordnung eingeführt wurde – strenge Anforderungen gestellt. Nach dem Gesetzestext liegt ein besonderes Interesse besonders im Falle der Bewachung eines gefährdeten Besitztums vor. Die Verwaltungsvorschrift führt diesbezüglich aus, dass sich die Gefährdung eines Besitztums zum Beispiel aus seiner Lage ergeben kann. Darüber hinaus soll ein berechtigtes Interesse bei Behörden und anderen öffentlichen Stellen zum Zweck der Abwehr von Gefahren für die öffentliche Sicherheit und Ordnung bestehen, bei Bewachungsunternehmen und in der Regel auch im Falle der Haltung von ausgemusterten Diensthunden. Damit bleibt aber leider nach wie vor für Privatpersonen offen, ob und gegebenenfalls wie sie ein berechtigtes Interesse nachweisen können. Dem

Betroffenen bleibt nichts anderes übrig, als dies unmittelbar mit der zuständigen Behörde zu klären.

Von der **persönlichen Zuverlässigkeit** des Halters ist in der Regel auszugehen, es sei denn, einer der in § 12 aufgeführten Tatbestände wurde verwirklicht. Als Nachweis ist ein polizeiliches Führungszeugnis vorzulegen.

Für den Nachweis der **Sachkunde** ist eine Sachkundeprüfung vor der örtlichen Ordnungsbehörde abzulegen. Die erfolgreiche Teilnahme an der Begleithunde-Prüfung wird anerkannt. Voraussetzung hierfür ist wiederum ein Mindestalter des Hundes von zwölf Monaten. Für jüngere Hunde ist die Haltungserlaubnis bis zur Ablegung der Prüfung zu befristen. Gleichzeitig muss der junge Hund vorbereitende Erziehungs- oder Junghundekurse absolvieren. Der Halter soll während dieser Zeit bereits den Theorieteil der Sachkundeprüfung ablegen. Vergleiche beispielhaft zum Inhalt einer Sachkundeprüfung unter Baden-Württemberg, Seite 15, Nordrhein-Westfalen, Seite 26, Rheinland-Pfalz, Seite 93, und Saarland, Seite 99.

Für Jäger reicht zum Nachweis der Sachkunde die Vorlage des Jagdscheines aus.

Haltungsvoraussetzungen für „gefährliche Hunde"

„Gefährliche Hunde" dürfen nach der neuen Verordnung nicht mehr in Mehrfamilienhäusern gehalten werden. Ausnahmeerteilungen sind möglich, sofern die örtlichen Verhältnisse – zum Beispiel durch eine sichere Einfriedung des Grundstücks wie bei einem Einfamilienhaus – eine Gefährdung durch den Hund ausschließen. Alle Zugänge zu Besitztümern, in denen „gefährliche Hunde" gehalten werden, sind mit deutlich sichtbaren **Warnschildern** mit der Aufschrift „Vorsicht gefährlicher Hund" oder „Vorsicht bissiger Hund" zu versehen.

Ein „gefährlicher Hund" darf nur von volljährigen Personen geführt werden, die über einen Sachkundenachweis hinsichtlich des zu führenden oder eines anderen gefährlichen Hundes verfügen und die darüber hinaus ihre Zuverlässigkeit nachgewiesen haben. Für den Führer eines „gefährlichen Hundes" gelten damit die gleichen Anforderungen wie für den Halter. Die Erlaubnisbescheinigung ist stets mitzuführen. Außerdem darf ein „gefährlicher Hund" nicht gleichzeitig mit einem oder mehreren anderen Hunden geführt werden. Die Hunde müssen überall einen **Maulkorb** tragen. **Leinenzwang** (maximal zwei Meter) besteht ebenfalls allerorts, mit Ausnahme von Hundeauslaufgebieten, sofern der Hund einen Maulkorb trägt.

Für die Praxis stellt sich hier die Frage, wie all diesen Erfordernissen Rechnung getragen werden soll, sofern der Hund nicht ausschließlich von seinem Halter ausgeführt wird. Die brandenburgische Verwaltungsvorschrift stellt insoweit klar, dass die Erlaubnisbescheinigung eine namentliche Aufzählung von den Personen enthalten soll, die berechtigt sind, den Hund zu führen. Wer also beabsichtigt, seinen „gefährlichen Hund" hin und wieder Dritten zu überlassen, muss die Personen bei Beantragung der Erlaubnis namentlich benennen und darlegen, dass diese Personen die erforderliche Sachkunde und Zuverlässigkeit besitzen. Entsprechende Nachweise sind für diese Personen – wie für den Halter auch – den Ordnungsbehörden vorzulegen.

Haltungsvoraussetzungen für alle Hunde

Jeder Hund ist ausbruchssicher zu halten. Wer einen Hund außerhalb von befriedeten Besitztümern führen will, muss **körperlich und geistig dazu in der Lage** sein: der Hundeführer muss durch seine Körperkraft auf den Hund einwirken können – besonders durch Festhalten an der Leine oder am Halsband, er muss aber auch fähig sein, Situationen und Reaktionen des Hundes einzuschätzen und durch Befehle auf den Hund einzuwirken. Mit diesen Voraussetzungen wird beabsichtigt, das Führen von Hunden durch Kinder und ältere, gebrechliche Personen einzuschränken. Wer das 18. Lebensjahr noch nicht vollendet hat, darf deshalb grundsätzlich nur *einen* Hund führen. Mehr als drei Hunde dürfen nicht von einer einzelnen Person geführt werden.

Für alle Hunde besteht **Leinenzwang** (maximal zwei Meter), auch in den Hundeauslaufgebieten. Hier darf der Hund nur dann frei umher laufen, wenn er einen beißsicheren **Maulkorb** trägt. Das brandenburgische Innenministerium begründet diese Regelung damit, dass in den Hundeauslaufgebieten mit einer erhöhten Gefährdung

aufgrund der zu erwartenden Menschen- und Hundeansammlungen zu rechnen sei. Diese Argumentation dürfte dem Sinn und Zweck von Hundeauslaufgebieten wohl nicht gerecht werden.

In Verwaltungsgebäuden und öffentlichen Verkehrsmitteln muss ebenfalls jeder Hund einen Maulkorb tragen. Ein Mitnahmeverbot besteht für Kinderspielplätze, Liegewiesen und Badeanstalten/Badestellen.

Abrichten und Ausbilden auf Schärfe

Kein Hund darf zu einem „gefährlichem Hund" im Sinne von § 8 Abs.1 herangezogen werden. Dem Wortlaut nach wäre damit auch das Abrichten und Ausbilden von Hunden zu Schutzzwecken verboten. Die Verwaltungsvorschrift stellt jedoch klar, „dass Ausbildungen zum Schutzhund, die nachweislich auf der Grundlage und unter Beachtung der anerkannten Vorschriften erfolgen und keine vom Hund zu erlernenden Übungen und Verhaltensweisen enthalten, von denen eine Gefahr für Menschen oder Tiere ausgeht, keine verbotenen Ausbildungen von Hunden gemäß § 8 Abs. 1 Nr. 1 darstellen". Nach wie vor erlaubt ist damit die sportlich-züchterische Ausbildung (Schutzdienst). Dagegen unterliegt das Scharfmachen von Hunden, wie zum Beispiel beim zivilen Schutzdienst, der Erlaubnispflicht. Im Übrigen werden Züchter und Ausbilder aufgefordert, möglichst sozialverträgliche Hunde aufzuziehen und auszubilden.

Bremen

Polizeiverordnung zur Änderung der Polizeiverordnung über das Halten von Hunden vom 03. Juli 2000.

§ 1 Gefährliche Hunde

(1) Als gefährlich gelten Hunde, bei denen mit hoher Wahrscheinlichkeit davon auszugehen ist, dass sie Menschen oder Tiere beißen sowie Hunde, die bereits Menschen oder Tiere gefährdend angesprungen oder gebissen haben. Als gefährlich gelten ebenfalls Hunde, die außerhalb des Jagd- oder Hütebetriebes zum Hetzen oder Reißen von Wild und Vieh neigen.

(2) Hunde gelten nicht als gefährlich, wenn sie zur Verteidigung ihrer Aufsichtsperson oder zu ihrer eigenen Verteidigung gebissen haben.

(3) Gefährliche Hunde sind ferner Hunde der Rassen

1. Bullterrier,
2. Pitbull Terrier,
3. Mastino Napolitano,
4. Fila Brasileiro,
5. Mastin Espanol,
6. American Staffordshire Terrier,
7. Staffordshire Bullterrier,
8. Dogo Argentino,
9. Bandog,
10. Tosa Inu

sowie deren Kreuzungen untereinander oder mit anderen Hunden (Kampfhunde).

§ 2 Halten gefährlicher Hunde

(1) Gefährliche Hunde sind außerhalb des befriedeten Besitztums sowie in Treppenhäusern und auf Zuwegen von Mehrfamilienhäusern an der Leine zu führen. Die Aufsichtsperson muss in der Lage sein, den Hund sicher an der Leine zu halten.

(2) Gefährliche Hunde, die sich als bissig erwiesen haben und Kampfhunde nach § 1 Abs. 3 müssen außerhalb des befriedeten Besitztums sowie in Treppenhäusern und auf Zuwegen von Mehrfamilienhäusern einen Maulkorb tragen.

(3) Gefährliche Hunde sind verhaltensgerecht und ausbruchsicher unterzubringen, so dass keine Gefahren für Leben und Gesundheit von Menschen oder Tieren entstehen können. An jedem Eingang des befriedeten Besitztums ist die Haltung eines gefährlichen Hundes durch ein Schild mit der Aufschrift „Vorsicht Gefährlicher Hund" kenntlich zu machen.

§ 2 a Halten von Kampfhunden

(1) Das Halten von Kampfhunden nach § 1 Abs. 3 bedarf der Erlaubnis der Ortspolizeibehörde. § 2 bleibt unberührt.

(2) Die Erlaubnis darf nur erteilt werden, wenn

1. ein berechtigtes Interesse an der Haltung von Kampfhunden besteht; ein berechtigtes Interesse kann besonders vorliegen, wenn die Haltung der Hunde der Bewachung eines besonders gefährdeten Besitztums dient und geeignet und erforderlich ist, diese Gefährdung erheblich zu vermindern,

2. die dem Halten dienenden Räumlichkeiten und Einrichtungen eine ausbruchsichere Unterbringung ermöglichen, so dass die körperliche Unversehrtheit von Menschen und Tieren nicht gefährdet wird und

3. der Halter über die erforderliche Zuverlässigkeit verfügt.

(3) Die erforderliche Zuverlässigkeit besitzen in der Regel Personen nicht, die besonders

1. a) wegen vorsätzlichen Angriffs auf das Leben oder die Gesundheit, Vergewaltigung, Zuhälterei, Land- oder Hausfriedensbruch, Widerstands gegen die Staatsgewalt, einer gemeingefährlichen Straftat oder einer Straf-

tat gegen das Eigentum oder das Vermögen,
b) mindestens zweimal wegen einer im Zustand der Trunkenheit begangenen Straftat oder
c) wegen einer Straftat nach dem Tierschutzgesetz, dem Bundesjagdgesetz, dem Waffengesetz, dem Gesetz über die Kontrolle von Kriegswaffen oder dem Sprengstoffgesetz rechtskräftig verurteilt worden sind, wenn seit dem Eintritt der Rechtskraft der letzten Verurteilung fünf Jahre noch nicht verstrichen sind,
2. wiederholt oder gröblich gegen die Vorschriften der in Nummer 1 Buchstabe c genannten Gesetze oder dieser Polizeiverordnung verstoßen haben,
3. trunksüchtig oder rauschmittelsüchtig sind oder für die ein Betreuer bestellt ist.
(4) Die Erlaubnis kann befristet sowie mit Auflagen oder Bedingungen verbunden werden. Sie ist zu widerrufen, wenn der Halter nicht mehr über die erforderliche Zuverlässigkeit nach Absatz 3 verfügt.

§ 3 Beschränkung und Untersagung der Hundehaltung

(1) Die Ortspolizeibehörde kann das Halten eines gefährlichen Hundes durch Auflagen beschränken; sie kann ferner das Halten eines gefährlichen Hundes untersagen, wenn durch einen schwerwiegenden Verstoß oder wiederholte Verstöße gegen die Vorschriften des § 2 das Leben oder die Gesundheit von Menschen oder Tieren gefährdet worden ist.
(2) Wird die Haltung eines gefährlichen Hundes beschränkt oder untersagt, soll die Ortspolizeibehörde zugleich anordnen, dass der Halter auf seine Kosten den Hund durch einen Tierarzt dauerhaft und unverwechselbar markieren zu lassen und die Bestätigung hierüber unverzüglich vorzulegen hat.

§ 4 Halten anderer Hunde

(1) Wer Hunde hält, hat sicherzustellen, dass sie nur von geeigneten Personen geführt werden. Ungeeignet sind besonders Kinder, die kräftemäßig nicht in der Lage sind, den Hund zu führen oder noch nicht über die dazu notwendige Erfahrung verfügen.
(2) Läufige Hündinnen sowie Hunde, die in öffentlichen Verkehrsmitteln, Geschäften, Einkaufszentren und bei Veranstaltungen mit Menschenansammlungen mitgeführt werden, sind an der Leine zu führen.
(3) Außerhalb des befriedeten Besitztums müssen freilaufende Hunde ein Halsband tragen, an dem der Name und die Anschrift des Halters angebracht sind.
(4) Hunde, die ohne Aufsicht entgegen den vorstehenden Bestimmungen angetroffen werden, können im Auftrag der Ortspolizeibehörde eingefangen und kostenpflichtig in Verwahrung genommen werden. Eingefangene Hunde sind ihren Besitzern zurückzugeben, sofern diese festgestellt werden können. § 25 des Bremischen Polizeigesetzes gilt entsprechend.

§ 5 Diensthunde

Diese Verordnung findet auf Diensthunde von Bundesbehörden oder Behörden des Landes oder der Stadtgemeinde Bremen keine Anwendung.

§ 5a Übergangsregelung

(1) Wer zum Zeitpunkt des Inkrafttretens dieser Polizeiverordnung Kampfhunde nach § 1 Abs. 3 hält, bedarf für die Haltung dieser Hunde abweichend von § 2 a keiner Erlaubnis, sofern er innerhalb von drei Monaten nach Inkrafttreten dieser Polizeiverordnung der Ortspolizeibehörde unter Angabe seiner Personalien die Haltung sowie Rasse, Anzahl und Alter der Hunde schriftlich anzeigt. Dies gilt entsprechend für Nachkömm-

linge der in Satz 1 genannten Hunde, sofern sie bis 3 Monate nach dem Inkrafttreten dieser Polizeiverordnung geboren wurden.

(2) § 3 bleibt unberührt.

§ 6 Ordnungswidrigkeiten

(1) Ordnungswidrig i.S.d. § 54 Abs. 1 des Bremischen Polizeigesetzes handelt, wer vorsätzlich oder fahrlässig

1.a) entgegen § 2 Abs. 1 Satz 1 einen gefährlichen Hund nicht an der Leine führt oder entgegen § 2 Abs. 1 Satz 2 einen Hund führt, ohne ihn sicher an der Leine halten zu können,

b) entgegen § 2 Abs. 2 einem bissigen Hund oder einem Kampfhund keinen Maulkorb aufsetzt,

c) entgegen § 2 Abs. 3 Satz 1 einen gefährlichen Hund so hält, dass Menschen oder Tiere gefährdet werden können oder entgegen § 2 Abs. 3 Satz 2 nicht durch ein Schild auf das Halten eines gefährlichen Hundes hinweist,

2. entgegen § 2a einen Kampfhund ohne Erlaubnis hält,

3. einer vollziehbaren behördlichen Maßnahme nach § 3 Abs. 1 zuwider handelt oder entgegen § 3 Abs. 2 einen Hund nicht dauerhaft und unverwechselbar markieren lässt,

4.a) entgegen § 4 Abs. 1 als Halter eines Hundes nicht sicherstellt, dass der Hund nur von geeigneten Personen geführt wird,

b) entgegen § 4 Abs. 2 einen Hund nicht anleint,

c) entgegen § 4 Abs. 3 einen Hund ohne ein Halsband mit Namen und Anschrift des Halters frei umherlaufen lässt.

(2) Die Ordnungswidrigkeit kann mit einer Geldbuße bis 10 000 DM geahndet werden.

(3) Die Ortspolizeibehörde ist zuständig für die Verfolgung und Ahndung von Ordnungswidrigkeiten nach dieser Polizeiverordnung.

 Überblick

Die vergleichsweise kurz gefasste Bremer Hundeverordnung unterscheidet zwischen „Kampfhunden" (zehn Rassen) und anderen „gefährlichen Hunden".

Daneben wurden auch **Verschärfungen für alle Hunde** eingeführt: Wer Hunde hält muss dafür Sorge tragen, dass sie nur von „geeigneten Personen" geführt werden. Mangels weiterer Ausführungen zu diesem Erfordernis wird beispielhaft auf die Brandenburgische Verordnung Seite 37 verwiesen. In öffentlichen Verkehrsmitteln, Geschäften, Einkaufszentren, bei Veranstaltungen mit Menschenansammlungen und für läufige Hündinnen besteht Leinenzwang. Frei laufende Hunde müssen zudem ein Halsband mit Name und Anschrift des Halters tragen.

Ausgenommen von der Verordnung sind Diensthunde von Bundes- und Landesbehörden sowie der Stadtgemeinde Bremen. Anwendung findet die Verordnung wohl auch auf Behindertenbegleit-, Blindenführ- und Rettungshunde; Ausnahmemöglichkeiten sieht die Verordnung nicht vor.

Kurz vor Drucklegung dieses Buches hat der Innensenator Bremens den Entwurf eines Gesetzes über das Halten von Hunden vorgestellt (siehe Seite 42). Da dieses Gesetz derzeit noch nicht in Kraft ist, wird im Weiteren die noch aktuelle Polizeiverordnung inhaltlich dargestellt. Es ist aber davon auszugehen, dass sie in Kürze durch das neue Gesetz abgelöst werden wird. Die daraus resultierenden, wesentlichen Neuerungen werden im Anschluss aufgeführt.

„Kampfhunde"

Hunde der folgenden zehn Rassen gelten in Bremen als „Kampfhunde": Bullterrier, Pitbull Terrier, Mastino Napoletano, Fila Brasileiro, Mastin Espanol, American Staffordshire Terrier, Staffordshire Bullterrier, Dogo Argentino, Bandog und Tosa Inu sowie deren Kreuzungen untereinander oder mit anderen Hunden. Zum Begriff des Bandog vergleiche Seite 13.

„Gefährliche Hunde"

Als gefährlich gelten darüber hinaus Hunde, bei denen die Wahrscheinlichkeit besteht, dass sie in Zukunft Menschen oder Tiere beißen, die bereits in der Vergangenheit Menschen oder Tiere gebissen oder gefährdend angesprungen haben, sowie Hunde, die zum Hetzen oder Reißen von Wild oder Vieh neigen. Ausdrücklich nicht als bissig und damit gefährlich gelten Hunde, die zu ihrer eigenen Verteidigung oder der ihrer Aufsichtsperson gebissen haben, § 1 Abs. 2. Vergleiche im Übrigen zum verhaltensbedingten Begriff des gefährlichen Hundes unter Baden-Württemberg, Seite 13 und Thüringen, Seite 118 ff.

Gemeinsame Haltungsvoraussetzungen für „gefährliche Hunde" und „Kampfhunde"

Generell gilt für die Haltung dieser Hunde, dass sie ausbruchsicher zu halten sind und der Eingang des Grundstückes beziehungsweise der Zugang zu Mehrfamilienhäusern durch ein **Warnschild** mit dem Aufdruck „Vorsicht gefährlicher Hund" zu kennzeichnen ist.

Leinenzwang gilt allerorts außerhalb von befriedeten Besitztümern sowie in Treppenhäusern und auf Zuwegen von Mehrfamilienhäusern. „Kampfhunde" sowie Hunde, die aufgrund ihrer Bissigkeit als gefährlich eingestuft wurden, müssen in diesen Bereichen zusätzlich einen **Maulkorb** tragen. Ausnahmemöglichkeiten für den Leinen- und Maulkorbzwang enthält die Verordnung nicht.

Besondere Voraussetzungen für die „Kampfhundhaltung"

Wer in Bremen einen der zehn aufgelisteten „Kampfhunde" halten möchte, benötigt eine Erlaubnis der zuständigen Ortspolizeibehörde. Voraussetzung hierfür ist der Nachweis eines **berechtigten Interesses** an der Haltung eines „Kampfhundes", einer ausbruchsicheren Unterbringung sowie der **persönlichen Zuverlässigkeit** des Halters. Dessen Sachkunde wird hingegen nicht gefordert. Da weitere Konkretisierungen in der Bremer Verordnung fehlen, wird hinsichtlich des Nachweises der Zuverlässigkeit des Halters auf die übrigen Länderverordnungen verwiesen. Wie auch dort üblich, dürfte der Halter in der Regel als zuverlässig gelten, es sei denn, einer der Katalogtatbestände wurde erfüllt. Im Zweifel wird die Vorlage eines polizeilichen Führungszeugnisses verlangt. Der Nachweis des berechtigten Interesses dürfte in Bremen ebenso schwer zu führen sein wie in den übrigen Bundesländern auch. In der Regel ist es für den Liebhaber dieser Hunde kaum möglich.

Entwurf des Gesetzes über das Halten von Hunden

Im Gesetzesentwurf des Innensenators wird die Rasseliste (§1 Abs. 3 Polizeiverordnung über das Halten von Hunden vom 03.07.2000) auf folgende Rassen beschränkt: Pitbull Terrier, Bullterrrier, American Staffordshire Terrier, Staffordshire Bullterrier sowie Kreuzungen dieser Rassen mit anderen oder untereinander. Damit orientiert sich Bremen am Gesetz zur Bekämpfung gefährlicher Hunde, vergleiche Seite 123 f.

Für diese Hunde sowie für „gefährliche Hunde" (vergleiche 1.3) besteht nach dem Gesetzentwurf eine Kennzeichnungspflicht per Mikrochip sowie die Pflicht zum Abschluss einer Haftpflichtversicherung.

„Gefährliche Hunde" und „Kampfhunde" müssen in der Öffentlichkeit an der Leine geführt werden und sind mit einem Maulkorb zu versehen.

Hunde der im Gesetzentwurf aufgelisteten vier Rassen können von der Pflicht zum Tragen eines Maulkorbes befreit werden, wenn sie eine Begleithundeprüfung oder einen Wesenstest bestanden haben. Für Halter dieser

Hunde besteht also damit die Möglichkeit, die vermutete Gefährlichkeit ihres Hundes zu widerlegen. Der Leinenzwang bleibt allerdings auch dann bestehen. Prüfungen anderer Länder können anerkannt werden.

Die Haltung neu angeschaffter Hunde der aufgelisteten Rassen wird verboten. Es dürfen also nur noch Hunde gehalten werden, die schon zum Zeitpunkt des Inkrafttretens des neuen Gesetzes gehalten werden durften.

Der Gesetzentwurf beinhaltet weiter die Möglichkeit, Ausnahmeregelungen vom Maulkorbzwang zu schaffen. Dies soll für Welpen bis zum sechsten Lebensmonat, Hunde in der Begleithundeausbildung bis zum fünfzehnten Lebensmonat, alte Hunde über acht Jahren ohne Verhaltensauffälligkeiten in der Vergangenheit sowie für kranke Hunde nach tierärztlicher Untersuchung gelten.

Ausgenommen vom gesamten Gesetz sind neben den bereits jetzt ausgegliederten Diensthunden auch solche aus Katastrophen- und Rettungsdiensten im Rahmen ihres Einsatzes.

Ob das Gesetz noch weitere Änderungen enthalten wird, bleibt abzuwarten, bis der endgültige Gesetztestext vorliegt. Wann das Gesetz in Kraft treten soll, war bei Drucklegung dieses Buches nicht bekannt.

Hamburg

Verordnung zum Schutz vor gefährlichen Hunden und über das Halten von Hunden vom 18. Juli 2000 (HundeVO).

§ 1 Gefährliche Hunde

(1) Bei den folgenden Rassen und Gruppen von Hunden sowie deren Kreuzungen untereinander oder mit anderen Hunden wird die Eigenschaft als gefährliche Hunde stets vermutet:

1. Pitbull Terrier,
2. American Staffordshire Terrier,
3. Staffordshire Bullterrrier.

(2) Bei den folgenden Rassen von Hunden wird die Gefährlichkeit vermutet, solange nicht der zuständigen Behörde für den einzelnen Hund nachgewiesen wird, dass dieser keine gesteigerte Aggressivität und Gefährlichkeit gegenüber Menschen oder Tieren aufweist:

1. Bullmastiff
2. Bullterrier,
3. Dogo Argentino,
4. Dogue de Bordeaux,
5. Fila Brasileiro,
6. Mastiff
7. Mastin Espaniol,
8. Mastin Napoletano,
9. Kangal,
10. Kaukasischer Owtscharka,
11. Tosa Inu.

Dies gilt auch für Kreuzungen dieser Rassen untereinander oder mit anderen als den von Absatz 1 erfassten Hunden.

(3) Unabhängig hiervon kann sich die Eigenschaft eines Hundes als gefährlicher Hund im Einzelfall daraus ergeben, dass er ein der Situation nicht angemessenes oder ausgeprägtes Aggressionsverhalten gegen Menschen oder Tiere zeigt.

§ 2 Haltungsverbot, Erlaubnispflicht

(1) Das Halten gefährlicher Hunde ist grundsätzlich verboten. Wer einen gefährlichen Hund im Sinne von § 1 halten will, bedarf der Erlaubnis der zuständigen Behörde. Die Erlaubnis darf auf Antrag nur erteilt werden, wenn die Antragstellerin oder der Antragsteller ein berechtigtes Interesse an der Haltung nachweist und gegen ihre oder seine Zuverlässigkeit keine Bedenken bestehen. Es dürfen keine Gefahren für Leben, Gesundheit oder Eigentum Dritter entgegenstehen.

(2) Die Erlaubnis ist vom Nachweis der Sachkunde der Hundehalterin oder des Hundehalters und der Erziehung des Hundes abhängig zu machen. Der Nachweis erfolgt durch Gutachten einer geeigneten Tierärztin oder eines geeigneten Tierarztes oder einer geeigneten Sachverständigen oder eines geeigneten Sachverständigen und durch den Besuch einer geeigneten Hundeschule. Geeignet ist eine Hundeschule, der Einrichtungen und ausgebildetes Personal für die Sachkundevermittlung und Erziehung zur Verfügung stehen. Weitere Voraussetzungen für die Erteilung der Erlaubnis ist der Nachweis des Bestehens einer besonderen Haftpflichtversicherung, der Nachweis der erfolgten Sterilisation oder Kastration des Hundes sowie seine fälschungssichere Kennzeichnung. Die Erlaubnis ist mit der Auflage zu verbinden, die zuständige Behörde schriftlich oder zur Niederschrift über den Tod und die Abgabe des Hundes (Todes- oder Abgabetag, Name und Anschrift der neuen Halterin oder des neuen Halters) zu unterrichten.

(3) Kann durch das Gutachten einer geeigneten Tierärztin oder eines geeigneten Tierarztes oder einer geeigneten Sachverständigen oder eines geeigneten Sachverständigen

nachgewiesen werden, dass ein Hund im Sinne von § 1 Absatz 2 nicht gefährlich ist (Negativzeugnis), so kann die Halterin oder der Halter von der Erlaubnispflicht für diesen Hund freigestellt werden.

§ 3 Zuverlässigkeit

Die erforderliche Zuverlässigkeit i.S.d. § 2 Absatz 1 für den Umgang mit gefährlichen Hunden besitzen Personen nicht, die besonders

1a. wegen vorsätzlichen Angriffs auf das Leben oder die Gesundheit, Vergewaltigung, Zuhälterei, Menschenhandels, Land- oder Hausfriedensbruchs, Widerstandes gegen die Staatsgewalt, einer gemeingefährlichen Straftat oder einer Straftat gegen das Eigentum oder das Vermögen,

1b. wegen einer im Zustand der Trunkenheit begangenen Straftat oder

1. wegen einer Straftat nach dem Tierschutzgesetz, dem Bundesjagdgesetz, dem Waffengesetz, dem Gesetz über die Kontrolle von Kriegswaffen, dem Sprengstoffgesetz oder dem Betäubungsmittelgesetz rechtskräftig verurteilt worden sind, wenn seit dem Eintritt der Rechtskraft der letzten Verurteilung fünf Jahre noch nicht verstrichen sind,

2. wiederholt oder gröblich gegen die Vorschriften eines der in Nummer 1 Buchstabe c genannten Gesetze oder der Gebote der §§ 4 bis 6 verstoßen haben,

3. minderjährig sind oder

4. an einer psychischen Krankheit oder einer geistigen oder seelischen Behinderung leiden oder alkohol-, arzneimittel oder drogenabhängig sind. In die Frist nach Satz 1 Nummer 1 wird die Zeit nicht eingerechnet, in welcher die Personen auf behördliche Anordnung in einer Anstalt verwahrt worden sind.

§ 4 Halten gefährlicher Hunde

(1) Gefährliche Hunde sind so zu halten, dass Menschen, Tiere oder Sachen nicht gefährdet werden. Sie sind besonders ausbruchssicher unterzubringen. Außerhalb eingefriedeten Besitztums sowie in Treppenhäusern, in Fluren und auf Zuwegen von Mehrfamilienhäusern sind sie anzuleinen und müssen einen Maulkorb tragen, der ein Beißen verhindert. Eine Aufsichtsperson muss körperlich und geistig in der Lage sein, den Hund sicher an der Leine zu halten. Sie muss zuverlässig i.S.d. § 3 sein. Sie darf nicht mehrere gefährliche Hunde gleichzeitig führen. Eine Hundehalterin oder ein Hundehalter darf einen gefährlichen Hund nur solchen Personen überlassen, die die Gewähr dafür bieten, dass sie als Aufsichtspersonen geeignet sind.

(2) Wer einen gefährlichen Hund hält, hat dies an jedem Zugang des eingefriedeten Besitztums oder seiner Wohnung durch ein Warnschild mit der deutlich lesbaren Aufschrift „Vorsicht, gefährlicher Hund!" kenntlich zu machen.

§ 5 Verbot der Zucht, der Ausbildung und des Handels

(1) Hunde dürfen nicht mit dem Ziel einer gesteigerten Aggressivität und Gefährlichkeit gegenüber Menschen oder Tieren gezüchtet oder ausgebildet werden. Mit gefährlichen Hunden nach § 1 darf nicht gezüchtet werden. Sie dürfen nicht mit dem Ziel einer weiteren Steigerung ihrer Aggressivität und Gefährlichkeit ausgebildet werden.

(2) Der gewerbsmäßige Handel mit gefährlichen Hunden ist verboten.

§ 6 Halten anderer Hunde

(1) Außerhalb des eingefriedeten Besitztums sowie in Treppenhäusern, in Fluren und auf Zuwegen von Mehrfamilienhäusern sind frei

laufende Hunde so zu beaufsichtigen, dass sie Menschen, Tiere oder Sachen nicht gefährden.

(2) An einer höchstens 2 m langen Leine zu führen sind

1. Hunde, die nicht zuverlässig gehorchen,
2. Hunde, die bereits mehrfach Menschen oder Tiere verfolgt, anhaltend angebellt oder sie sonst erheblich belästigt haben,
3. Läufige Hündinnen,
4. Hunde, die in Einkaufszentren, Fußgängerzonen, Haupteinkaufsbereichen und bei Veranstaltungen mit großen Menschenansammlungen mitgeführt werden.

§ 4 Absatz 1 Sätze 4 und 7 gilt entsprechend. Weitergehende Regelungen, besonders über Anleinpflichten und Mitnahmeverbote, die sich aus anderen Gesetzen und Verordnungen ergeben, bleiben unberührt.

(3) Die zuständige Behörde kann das Halten eines Hundes besonders durch Anordnung eines Leinen- oder Maulkorbzwangs oder einer ausbruchssicheren Haltung beschränken, wenn der Hund ein Verhalten aufweist, durch das Menschen oder Tiere gefährdet werden.

§ 7 Untersagung des Haltens, Einziehung und Tötung von Hunden

(1) Die zuständige Behörde untersagt das Halten eines Hundes, wenn die nach § 2 erforderliche Erlaubnis nicht vorliegt oder die Hundehalterin oder der Hundehalter gegen die Vorschriften des § 4 verstößt.

(2) Die zuständige Behörde kann das Halten eines Hundes untersagen, wenn gegen die Vorschriften des § 6 verstoßen wird.

(3) Die zuständige Behörde kann im Zusammenhang mit der Untersagung der Haltung eines Hundes dessen Einziehung anordnen.

(4) Die zuständige Behörde kann die Tötung eines Hundes anordnen, wenn Tatsachen die Annahme rechtfertigen, dass der Hund auch in Zukunft eine Gefahr für Leben und Gesundheit von Mensch oder Tier darstellt.

§ 8 Weitere Bestimmungen für Hunde außerhalb eingefriedeten Besitztums

(1) Außerhalb eingefriedeten Besitztums müssen frei laufende Hunde ein Halsband tragen, auf dem der Name und die Anschrift der Halterin oder des Halters angebracht sind.

(2) Beim Ausführen von Hunden i.S.d. § 1 ist die Erlaubnis oder der Bescheid über die Freistellung von der Erlaubnispflicht nach § 2 Absatz 3 stets mitzuführen.

(3) Gefährliche Hunde, die nicht in der Freien und Hansestadt Hamburg gehalten werden, sind außerhalb eingefriedeten Besitztums sowie in Treppenhäusern, Fluren und auf Zuwegen von Mehrfamilienhäusern anzuleinen und müssen einen Maulkorb tragen.

§ 9 Ausnahmen

Diese Verordnung gilt nicht für

1. Diensthunde der Bundes- und Landesbehörden und Herdengebrauchshunde, soweit diese im Rahmen ihrer jeweiligen Zweckbestimmung eingesetzt werden,
2. Jagdhunde im Rahmen weidgerechter Jagdausübung.

§ 10 Ordnungswidrigkeiten

(1) Ordnungswidrig handelt, wer vorsätzlich oder fahrlässig

1.

a. entgegen § 2 Absatz 1 Satz 2 einen gefährlichen Hund ohne Erlaubnis hält,

b. entgegen § 2 Absatz 2 Satz 5 einer Auflage über die Unterrichtung über den Tod oder die Abgabe eines gefährlichen Hundes zuwiderhandelt,

c. entgegen § 4 Absatz 1 Satz 2 einen gefährlichen Hund nicht ausbruchsicher unterbringt, entgegen § 4 Absatz 1 Satz 3 nicht anleint oder keinen Maulkorb tragen lässt, entgegen § 4 Absatz 1 Satz 6 mehrere gefährliche Hunde gleichzeitig führt oder entgegen § 4 Absatz 1 Satz 7 als Hundehalterin oder Hundehalter einen Hund einer ungeeigneten Aufsichtsperson überlässt,

d. entgegen § 4 Absatz 2 nicht durch ein Warnschild auf das Halten eines gefährlichen Hundes hinweist,

2.

a. entgegen § 5 Absatz 1 Satz 1 Hunde mit dem Ziel einer gesteigerten Aggressivität und Gefährlichkeit gegenüber Menschen oder Tieren züchtet oder ausbildet, entgegen § 5 Absatz 1 Satz 2 mit gefährlichen Hunden nach § 1 züchtet oder entgegen § 5 Absatz 1 Satz 3 solche Hunde mit dem Ziel einer weiteren Steigerung ihrer Aggressivität und Gefährlichkeit ausbildet,

b. entgegen § 5 Absatz 2 mit gefährlichen Hunden gewerbsmäßig handelt,

3.

a. entgegen § 6 Absatz 1 einen Hund ohne Aufsicht frei umherlaufen lässt, so dass Menschen, Tiere oder Sachen gefährdet werden,

b. entgegen § 6 Absatz 2 Satz 1 einen Hund nicht an einer höchstens 2 m langen Leine führt,

c. entgegen § 6 Absatz 2 Satz 2 in Verbindung mit § 4 Absatz 1 Satz 7 als Hundehalterin oder Hundehalter einen Hund einer ungeeigneten Aufsichtsperson überlässt,

d. entgegen § 6 Absatz 3 der Anordnung eines Leinen- oder Maulkorbzwangs oder einer ausbruchssicheren Haltung zuwiderhandelt,

4.

a. entgegen § 8 Absatz 1 seinen Hund nicht mit einem dieser Vorschrift entsprechenden Halsband versieht,

b. entgegen § 8 Absatz 2 nicht die Erlaubnis oder den Freistellungsbescheid mitführt,

c. entgegen § 8 Absatz 3 einen gefährlichen Hund nicht anleint oder keinen Maulkorb tragen lässt.

(2) Die Ordnungswidrigkeit kann mit einer Geldbuße bis zu einhunderttausend Deutsche Mark geahndet werden.

§ 11 Übergangsbestimmungen

(1) Mit dem In-Kraft-Treten dieser Verordnung tritt die Hundeverordnung vom 28. Juni 2000 (Hamburgisches Gesetz und Verordnungsblatt Seite 111) außer Kraft.

(2) Wer zum Zeitpunkt des In-Kraft-Tretens dieser Verordnung einen gefährlichen Hund i.S.d. § 1 hält, hat bis zum 28. November 2000 die Erlaubnis nach § 2 zu beantragen und die Vorraussetzungen für die Erteilung dieser Erlaubnis nachzuweisen.

(3) Mit In-Kraft-Treten dieser Verordnung unterliegen alle Hunde der in § 1 Absätze 1 und 2 genannten Rassen, Kreuzungen und sonstigen Gruppen bis zur endgültigen Entscheidung über den Antrag nach Absatz 2 einem Leinen- und Maulkorbzwang i.S.d. § 4.

(4) Bei Verstößen gegen Absätze 2 und 3 findet § 7 entsprechende Anwendung.

(5) Ordnungswidrig handelt auch, wer vorsätzlich oder fahrlässig entgegen Absatz 3 einen gefährlichen Hund nicht anleint oder keinen Maulkorb tragen lässt.

Überblick

Die Hamburger Hundeverordnung hat einen Katalog von insgesamt 14 Rassen aufgestellt, deren Hunde als „gefährliche Hunde" gelten. Drei Rassen werden dabei als unwiderlegbar gefährlich vermutet, elf Rassen gelten als widerlegbar gefährlich. Ferner kann sich die Gefährlichkeit eines Hundes rasseunabhängig aus einem übermäßigen Aggressionsverhalten ergeben.

Die Verordnung schreibt für **alle Hunde** das Tragen eines Halsbandes mit Namen und Anschrift des Halters vor, sofern sie außerhalb von Privatgrundstücken frei laufen. Leinenpflicht (maximal zwei Meter) besteht nur für Hunde, die nicht zuverlässig gehorchen, die mehrfach Menschen oder Tiere belästigt haben, die in Einkaufszentren, Fußgängerzonen, Haupteinkaufsbereiche und Veranstaltungen mit Menschenansammlungen mitgeführt werden sowie für läufige Hündinnen.

Die Verordnung gilt nicht für Diensthunde der Bundes- und Landesbehörden, Herdengebrauchs- und Jagdhunde, sofern sie zweckbestimmt eingesetzt werden.

Anwendung findet die Verordnung auch auf Behindertenbegleit- und Blindenführhunde; Ausnahmen bestehen für diese Hunde nicht.

Gem. § 7 Abs. 4 kann die Tötung eines Hundes angeordnet werden, sofern dieser eine Gefahr für Mensch und Tier darstellt.

„Unwiderlegbar gefährliche Hunde"

Hunde der Rassen Pitbull Terrier, American Staffordshire Terrier und Staffordshire Bullterrier gelten stets als gefährlich. Die vermutete Gefährlichkeit der Hunde kann auch nicht durch Vorlage eines Negativzeugnisses widerlegt werden. Die Konsequenz daraus ist, dass die Haltung von Hunden dieser Rassen immer erlaubnispflichtig ist und somit unter anderem ein genereller Leinen- und Maulkorbzwang herrscht. Es gelten – ohne Möglichkeit von Ausnahmen – die Vorschriften für „gefährliche Hunde" (siehe unten).

„Widerlegbar gefährliche Hunde"

Widerlegbar gefährlich bedeutet, dass die zunächst vermutete Gefährlichkeit dieser Rassen durch ein **Negativzeugnis** widerlegt werden kann mit der Folge, dass auf diese Hunde nur die allgemeinen Vorschriften Anwendung finden, die auch für die Haltung anderer Hunde gelten. Bis zur Vorlage eines Negativzeugnisses besteht für diese Hunde ein genereller **Leinen- und Maulkorbzwang**.

Es handelt sich um folgende Rassen: Bullmastiff, Bullterrier, Dogo Argentino, Bordeaux-Dogge, Fila Brasileiro, Mastiff, Mastin Espaniol, Mastin Napoletano, Kangal, Kaukasischer Owtscharka und Tosa Inu sowie Kreuzungen dieser Rassen untereinander oder mit anderen Hunden.

Sonstige „gefährliche Hunde"

Unabhängig von der Rasse gelten Hunde als gefährlich, die ein der Situation nicht angemessenes oder ausgeprägtes Aggressionsverhalten gegenüber Menschen oder Tiere zeigen. Ein derartiges Verhalten weisen besonders Hunde auf, die durch Zucht, Haltung oder Ausbildung eine erhöhte Aggressivität entwickelt haben, die sich als bissig erwiesen haben, die zum Hetzen oder Reißen von Wild oder Nutztieren neigen oder die in gefahrdrohender Weise Menschen angesprungen haben. Auch für diese Hunde gelten die nachfolgenden Vorschriften.

Erlaubnispflicht und -voraussetzungen für die Haltung von „gefährlichen Hunden"

Das Halten von „gefährlichen Hunden" ist in Hamburg verboten, sofern die zuständige Behörde nicht ausdrücklich die Erlaubnis hierzu erteilt hat. Zuständig sind die örtlichen Wirtschafts- und Ordnungsämter. Wird für den Hund ein Negativzeugnis vorgelegt, kann die Behörde von der Erlaubnispflicht befreien. Erforderlich ist ein Gutachten eines Tierarztes oder eines Sachverständigen, aus dem sich ergibt, dass der Hund nicht übermäßig aggressiv und gefährlich ist.

Im Rahmen seines Antrages muss der Halter eines „gefährlichen Hundes" folgende Nachweise führen:

Ein **berechtigtes Interesse** an der Haltung des Hundes dürfte – wie in den meisten anderen Ländern auch – nur in Ausnahmefällen begründet sein. Die Hamburger Verordnung enthält keinerlei Erläuterungen zu diesem Erfordernis.

Der Halter gilt in der Regel als **persönlich zuverlässig**, es sei denn, einer der in § 3 aufgeführten Tatbestände wurde verwirklicht. Der Halter ist verpflichtet, seine Ausweispapiere und gegebenenfalls ein polizeiliches Führungszeugnis vorzulegen. Die Hamburger Verordnung sieht Minderjährige generell als unzuverlässig an.

Darüber hinaus muss der Halter einen **Sachkundenachweis** beibringen. Es ist mangels weiterer Angaben davon auszugehen, dass auch in Hamburg die Ablegung einer entsprechenden Prüfung verlangt wird.

Der Hund schließlich muss eine Hundeschule besucht und mit Erfolg die **Prüfung zum verkehrssicheren Begleithund** abgelegt haben. Er ist zu **kastrieren beziehungsweise zu sterilisieren** sowie durch einen **Mikrochip** zu kennzeichnen. Für das Tier muss eine **Haftpflichtversicherung** abgeschlossen werden.

Liegen sämtliche Voraussetzungen vor, erteilt die Behörde die Erlaubnis zur Haltung des Hundes. Die entsprechende Bescheinigung muss stets mitgeführt werden. Kann die Erlaubnis nicht erteilt werden oder verstößt der Halter gegen § 4 (siehe unten), untersagt die Behörde die Haltung des Hundes und kann diesen gegebenenfalls einziehen.

Haltungsvoraussetzungen für „gefährliche Hunde"

Gemäß § 4 sind die Hunde ausbruchsicher zu halten und müssen in Treppenhäusern, Fluren und auf Zuwegen von Mehrfamilienhäusern mit einem **Maulkorb** versehen und an der **Leine** geführt werden (maximal zwei Meter). Der Zugang zu einer Wohnung oder einem Grundstück, in dem ein „gefährlicher Hund" gehalten wird, ist mit einem **Warnschild** mit der Aufschrift „Vorsicht, gefährlicher Hund" zu kennzeichnen. Außerhalb von befriedeten Besitztümern besteht für „gefährliche Hunde" stets Maulkorb- und Leinenzwang. Ausnahmevorschriften, besonders für Hundeauslaufgebiete, enthält die Verordnung nicht.

Wer einen „gefährlichen Hund" führt, muss **körperlich und geistig in der Lage** sein, den Hund sicher an der Leine zu halten und darüber hinaus – ebenso wie der Halter – persönlich zuverlässig im Sinne des § 3 sein. Vergleiche hierzu unter Brandenburg, Seite 37. Mehrere „gefährliche Hunde" dürfen nicht gleichzeitig geführt werden.

Zucht- und Ausbildungsverbot für „gefährliche Hunde"

§ 5 verbietet die Zucht mit Hunden der in § 1 aufgelisteten 14 Rassen. "Gefährliche Hunde" dürfen darüber hinaus nicht mit dem Ziel einer weiteren Steigerung ihrer Aggressivität und Gefährlichkeit ausgebildet werden. Ob hiervon auch die Ausbildung von Schutzhunden erfasst wird, bleibt offen.

Hessen

Gefahrenabwehrverordnung über das Halten und Führen von gefährlichen Hunden (Gefahrenabwehrverordnung gefährliche Hunde) vom 15. August 2000.

§ 1 Halten und Führen von Hunden

(1) Hunde sind so zu halten und zu führen, dass von ihnen keine Gefahr für Leben oder Gesundheit von Menschen oder Tieren ausgeht.

(2) Wer außerhalb des eingefriedeten Besitztums der Halterin oder des Halters einen Hund führt oder laufen lässt, hat diesem ein Halsband anzulegen, auf dem oder an dem Name und Anschrift der Halterin oder des Halters anzugeben sind; besteht ein Telefonanschluss, ist auch die Telefonnummer anzugeben.

(3) Gefährliche Hunde darf nur halten, wer über eine Erlaubnis nach § 14 verfügt, besonders die notwendige Sachkunde und Zuverlässigkeit besitzt sowie das 18. Lebensjahr vollendet hat; § 14 Abs. 3 Satz 1 bleibt unberührt.

(4) Die zuständige Behörde kann jedermann das Halten und Führen von Hunden dauerhaft untersagen, wenn Tatsachen die Annahme rechtfertigen, dass davon eine Gefahr für Leben oder Gesundheit von Menschen oder Tieren ausgeht.

§ 2 Gefährliche Hunde

(1) Gefährlich sind Hunde, bei denen auf Grund rassespezifischer Merkmale oder Zucht eine gesteigerte Aggressivität und Gefährlichkeit gegenüber Menschen oder Tieren anzunehmen ist. Bei den folgenden Rassen und Gruppen von gefährlichen Hunden sowie deren Kreuzungen untereinander oder mit anderen Hunden werden die in Satz 1 genannten Eigenschaften

1. unwiderleglich vermutet (Kampfhund):
a. American Pittbull Terrier oder Pitbull Terrier,
b. American Stafford Terrier oder American Staffordshire Terrier,
c. Staffordshire Bullterrier;
2. solange vermutet, bis der zuständigen Behörde für den einzelnen Hund durch eine Begutachtung des Hundes (Wesensprüfung) durch einen geeigneten Sachverständigen oder eine geeignete sachverständige Stelle nachgewiesen wird, dass dieser keine gesteigerte Aggressivität und Gefährlichkeit gegenüber Menschen oder Tieren aufweist:
a. American Bulldog,
b. Bullmastiff,
c. Bullterrier,
d. Bordeaux Dogge, Dogue de Bordeaux,
e. Dogo Argentino,
f. Fila Brasileiro,
g. Kangal (Karabash),
h. Kaukasischer Owtscharka,
i. Mastiff,
j. Mastin Espanol,
k. Mastino Napoletano
l. Tosa Inu.

(2) Gefährlich sind auch die Hunde, die
1. durch Zucht, Haltung, Ausbildung oder Abrichtung eine über das natürliche Maß hinausgehende Kampfbereitschaft, Angriffslust, Schärfe oder eine andere in ihren Wirkungen vergleichbare mensch- oder tiergefährdende Eigenschaft besitzen,
2. einen Menschen gebissen oder in Gefahr drohender Weise angesprungen haben, sofern dies nicht aus begründetem Anlass geschah,
3. ein anderes Tier durch Biss geschädigt haben, ohne selbst angegriffen worden zu sein, oder die einen anderen Hund trotz dessen erkennbarer artüblicher Unterwerfungsgestik gebissen haben oder

4. durch ihr Verhalten gezeigt haben, dass sie unkontrolliert andere Tiere hetzen oder reißen.

§ 3 Sachkunde

(1) Sachkundig ist eine Person, die über die Kenntnisse und Fähigkeiten verfügt, einen Hund nach § 2 so zu halten und zu führen, dass von diesem keine Gefahr für Leben oder Gesundheit von Menschen oder Tieren ausgeht. Der Nachweis der Sachkunde ist durch eine Sachkundebescheinigung eines geeigneten Sachverständigen oder einer geeigneten sachverständigen Stelle zu erbringen.

(2) Die Sachkundebescheinigung gilt jeweils nur in Verbindung mit dem Hund nach § 2, für den sie erworben worden ist.

(3) Die in einem anderen Land erworbene Sachkundebescheinigung kann von der zuständigen Behörde anerkannt werden, wenn sie den in Hessen gestellten Anforderungen entspricht. Die im Inland bestandene Jägerprüfung oder die Anerkennung als behördlicher Diensthundeführer gelten als Nachweis der erforderlichen Sachkunde.

§ 4 Zuverlässigkeit

(1) Die erforderliche Zuverlässigkeit besitzt in der Regel nicht, wer

1. wegen vorsätzlichen Angriffs auf Leben oder Gesundheit, Vergewaltigung, Zuhälterei, Land- oder Hausfriedensbruchs, Widerstandes gegen die Staatsgewalt, einer gemeingefährlichen Straftat oder einer Straftat gegen das Eigentum oder Vermögen,

2. mindestens zweimal wegen einer im Zustand der Trunkenheit begangenen Straftat oder

3. wegen einer Straftat gegen das Tierschutzgesetz, das Waffengesetz, das Gesetz über die Kontrolle von Kriegswaffen, das Sprengstoffgesetz, das Bundesjagdgesetz

oder das Betäubungsmittelgesetz rechtskräftig verurteilt worden ist und wenn seit dem Eintritt der Rechtskraft der letzten Verurteilung fünf Jahre noch nicht vergangen sind. In die Frist wird nicht die Zeit eingerechnet, die auf behördliche Anordnung wegen einer Straftat i.S.d. Satzes 1 in einer Anstalt verbracht worden ist.

(2) Die erforderliche Zuverlässigkeit besitzt in der Regel auch nicht, wer

1. wiederholt oder gröblich gegen Vorschriften des Tierschutzgesetzes, des Waffengesetzes, des Gesetzes über die Kontrolle von Kriegswaffen, des Sprengstoffgesetzes, des Bundesjagdgesetzes, des Betäubungsmittelgesetzes oder gegen die Vorschriften dieser Verordnung verstoßen hat,

2. alkoholsüchtig, rauschmittelsüchtig, geisteskrank oder geistesschwach ist.

(3) Zum Nachweis der Zuverlässigkeit ist ein Führungszeugnis vorzulegen. Sind Tatsachen bekannt, die Bedenken gegen die Zuverlässigkeit i.S.d. Abs. 2 Nr. 2 begründen, so kann die zuständige Behörde von Halterin, Halter oder Aufsichtsperson ein amts- oder fachärztliches Gutachten verlangen.

§ 5 Führen eines gefährlichen Hundes

(1) Einen gefährlichen Hund darf außerhalb des eingefriedeten Besitztums nur führen, wer

1. das 18. Lebensjahr vollendet hat,

2. die erforderliche Sachkunde und Zuverlässigkeit oder eine befristete Erlaubnis nach § 14 Abs. 3 Satz 1 besitzt und

3. körperlich und geistig in der Lage ist, den gefährlichen Hund sicher zu führen.

(2) Gefährliche Hunde dürfen nur einzeln geführt werden.

(3) Die Halterin, der Halter oder eine Aufsichtsperson im Sinne von Abs. 1 darf einen gefährlichen Hund außerhalb des eingefriedeten Besitztums keiner Person überlassen,

die die Voraussetzungen des Abs. 1 nicht erfüllt.

§ 6 Leinen- und Maulkorbzwang

(1) Wer einen gefährlichen Hund außerhalb des eingefriedeten Besitztums oder der Wohnung der Halterin oder des Halters laufen lässt, hat diesen an der Leine zu führen. Leine, Halsband und Halskette müssen so beschaffen sein, dass der Hund sicher gehalten werden kann. Die Leine darf nur so lang sein, dass keine Gefahr von dem Hund ausgehen kann, höchstens jedoch zwei Meter. Satz 1 gilt nicht für Gebiete, die von den Gemeinden als Freilaufgebiete für gefährliche Hunde ausgewiesen sind und nicht für Hundeübungsplätze.

(2) An der Leine zu führen sind ferner alle Hunde, die mitgeführt werden

1. bei öffentlichen Versammlungen, Aufzügen, Volksfesten, Märkten, Messen und sonstigen Veranstaltungen mit Menschenansammlungen sowie in Gaststätten,

2. in von den Gemeinden zu bestimmenden, der Allgemeinheit zugänglichen umfriedeten oder anderweitig begrenzten Park-, Garten- und Grünanlagen sowie Fußgängerzonen oder Teilen davon,

3. in öffentlichen Verkehrsmitteln.

(3) Wer einen gefährlichen Hund nach § 2 Abs. 1 Satz 2 Nr. 1, der älter als neun Monate ist, außerhalb seiner Wohnung oder seines eingefriedeten Besitztums führt, hat diesem eine Vorrichtung anzulegen, die das Beißen zuverlässig verhindert; für andere gefährliche Hunde kann die zuständige Behörde das Tragen einer solchen Vorrichtung anordnen.

(4) Die Erlaubnis der zuständigen Behörde nach § 13 ist mitzuführen. Die Person, die den Hund führt, aber nicht auch Halterin oder Halter ist, hat zusätzlich ihre Sachkundebescheinigung mitzuführen.

(5) Für Diensthunde von Behörden und Rettungshunde besteht während ihres Einsatzes oder ihrer Ausbildung kein Leinen- und Maulkorbzwang. Für anerkannte Blindenhunde kann auf Antrag der Halterin oder des Halters eine Ausnahme vom Leinen- und Maulkorbzwang gemacht werden.

§ 7 Sicherung von Grundstücken und Wohnungen

(1) Grundstücke und Zwinger, auf und in denen ein gefährlicher Hund gehalten wird, sind so einzuzäunen und zu sichern, dass Personen außerhalb dieser Grundstücke und Zwinger nicht gefährdet werden können, besonders ein Entweichen des Hundes ausgeschlossen ist. Gleiches gilt für Wohnungen, wenn ein gefährlicher Hund in einer Wohnung gehalten wird.

(2) Alle Zugänge zu dem eingefriedeten Besitztum oder der Wohnung sind mit deutlich sichtbarem Warnschild in Signalfarbe mit der Aufschrift „Vorsicht Hund!" zu versehen.

§ 8 Ausbildung von Hunden

(1) Es ist verboten, Hunde mit dem Ziel einer gesteigerten Aggressivität und Gefährlichkeit gegenüber Menschen oder Tieren auszubilden. Über Ausnahmen entscheidet auf Antrag der Halterin oder des Halters die zuständige Behörde nach Maßgabe des Abs. 2.

(2) Die Erlaubnis darf nicht erteilt werden für die Ausbildung von Hunden nach § 2 Abs. 1. Ansonsten kann sie erteilt werden, wenn

1. die antragstellende Person nachweist, dass die Ausbildung Schutzzwecken dient,

2. sie die erforderliche Sachkunde sowie Befähigung zur Ausbildung besitzt und das 18. Lebensjahr vollendet hat,

3. keine Tatsachen die Annahme rechtfertigen, dass die antragstellende Person die erforderliche Zuverlässigkeit nicht besitzt, und

4. die der Ausbildung dienenden Räumlichkeiten, Einrichtungen und Freianlagen eine verhaltensgerechte und ausbruchsichere Unterbringung ermöglichen, so dass die körperliche Unversehrtheit von Menschen oder Tieren nicht gefährdet wird.

§ 9 Kennzeichnung

Hunde nach § 2 Abs. 1 sind mit einer zur Identifizierung geeigneten, elektronisch lesbaren Marke (Chip) unveränderlich zu kennzeichnen.

§ 10 Unfruchtbarmachung

Die Halterin oder der Halter eines fortpflanzungsfähigen Hundes nach § 2 Abs. 1 Satz 2 Nr. 1 hat die fachgerechte, endgültige Unfruchtbarmachung unverzüglich zu veranlassen, soweit nicht nachgewiesen wird, dass aus tiermedizinischen Gründen hiervon abzusehen ist. In diesem Fall ist die Unfruchtbarmachung durch andere geeignete Maßnahmen durchzuführen. Die Unfruchtbarkeit ist durch eine Bescheinigung einer Tierärztin oder eines Tierarztes zu belegen.

§ 11 Sicherstellung und Tötung von Hunden

(1) Die zuständige Behörde kann die Sicherstellung sowie die Verwahrung nach §§ 40 und 41 des Hessischen Gesetzes über die öffentliche Sicherheit und Ordnung anordnen, wenn die nach dieser Verordnung bestehenden Verbote oder Gebote nicht eingehalten werden oder den Anordnungen oder Auflagen der zuständigen Behörde nicht nachgekommen wird. § 12 Satz 2 bleibt unberührt.

(2) Die zuständige Behörde kann die Tötung eines gefährlichen Hundes anordnen, wenn Tatsachen die Annahme rechtfertigen, dass von dem Hund eine Gefahr für Leben oder Gesundheit von Menschen oder Tieren ausgeht. Die Tötung ist anzuordnen, wenn der Hund einen Menschen getötet oder ernstlich verletzt hat.

§ 12 Abgabeverbot für gefährliche Hunde

Handel, Erwerb sowie die Abgabe von gefährlichen Hunden nach § 2 Abs. 1 Satz 2 Nr. 1 sind verboten, soweit das Bundesrecht nichts anderes vorschreibt. Zulässig bleibt die Abgabe an und die Annahme eines gefährlichen Hundes durch Tierheime in gemeinnütziger oder öffentlicher Trägerschaft sowie an Personen, die für diesen eine Erlaubnis nach § 14 Abs. 1 erhalten können. § 42 Abs. 1 Nr. 2 des Hessischen Gesetzes über die öffentliche Sicherheit und Ordnung gilt entsprechend.

§ 13 Erlaubnis für das Halten gefährlicher Hunde

Wer einen Hund i.S.d. § 2 halten will, bedarf der Erlaubnis der zuständigen Behörde, soweit das Bundesrecht nichts anderes vorschreibt. Die Erlaubnispflicht gilt nicht für die Haltung von Diensthunden von Behörden.

§ 14 Erteilung der Erlaubnis

(1) Die Erlaubnis zum Halten eines gefährlichen Hundes nach § 2 Abs. 1 Satz 2 Nr. 1 darf nur erteilt werden, wenn

1. die antragstellende Person ein besonderes Interesse zur Haltung des gefährlichen Hundes nachweist,

2. gegen ihre Zuverlässigkeit keine Bedenken bestehen,

3. sie über die erforderliche Sachkunde verfügt,

4. sie das 18. Lebensjahr vollendet hat,

5. für den Hund eine Haftpflichtversicherung abgeschlossen wurde,

6. die bereits fällig gewordene Hundesteuer entrichtet worden ist,

7. sie nachweist, dass der Hund artgerecht gehalten wird und die erforderlichen Maß-

nahmen getroffen worden sind, damit von ihm keine Gefahren für Leben, Gesundheit, Eigentum oder Besitz ausgehen,

8. durch eine Begutachtung des Hundes (Wesensprüfung) durch einen geeigneten Sachverständigen oder eine geeignete sachverständige Stelle nachgewiesen ist, dass dieser keine gesteigerte Aggressivität und Gefährlichkeit gegenüber Menschen oder Tieren aufweist,

9. der Hund mit einer zur Identifizierung geeigneten, elektronisch lesbaren Marke (Chip) unveränderlich gekennzeichnet ist, und

10. die Bescheinigung über die Unfruchtbarkeit i.S.d. § 10 vorliegt.

Versagungsgründe aus anderen Vorschriften bleiben unberührt. Ein besonderes Interesse nach Abs.1 Nr.1 kann besonders dann vorliegen, wenn der gefährliche Hund bereits vor dem 15. Juli 2000 von der antragstellenden Person gehalten und die Erlaubnis bis zum 15. August 2000 beantragt wurde. Die Erlaubnis ist auf zwei Jahre zu befristen.

(2) Die Erlaubnis zum Halten eines gefährlichen Hundes nach § 2 Abs. 1 Satz 2 Nr. 2 darf nur erteilt werden, wenn der Nachweis durch eine Begutachtung des Hundes (Wesensprüfung) durch einen geeigneten Sachverständigen oder eine geeignete sachverständige Stelle erbracht wird, dass dieser keine gesteigerte Aggressivität und Gefährlichkeit gegenüber Menschen oder Tieren aufweist. Weiterhin müssen die in Abs. Voraussetzungen des Abs. 1 1 Nr. 2 bis 7 und 9 genannten Voraussetzungen erfüllt sein. Für Hunde, die vor dem 15. Juli 2000 gehalten wurden, kann die Erlaubnis nur erteilt werden, wenn sie bis zum 15. August 2000 beantragt wurde. Von diesem Erfordernis kann die zuständige Behörde besonders dann absehen, wenn ein besonderes Interesse an der Haltung des Hundes nachgewiesen wird. Die Erlaubnis ist auf zwei Jahre zu befristen.

(3) Erlangt die Behörde Kenntnis von der Gefährlichkeit eines Hundes nach § 2 Abs. 2, erteilt sie eine befristete Erlaubnis zum Halten des Hundes, sofern die Voraussetzungen der Nr. 4 bis 7 und 9 erfüllt sind und keine Anhaltspunkte für die Unzuverlässigkeit der Halterin oder des Halters bestehen. Von dem Erfordernis der Nr. 9 kann sie im Einzelfall absehen. Die Erlaubnis kann unbefristet erteilt werden, wenn die Halterin oder der Halter innerhalb der von der zuständigen Behörde gesetzten Frist nachweist, dass auch die Voraussetzungen des Abs. 1 Nr. 2, 3 und 8 vorliegen. In diesem Fall gilt der Hund nicht mehr als gefährlich.

(4) Der Nachweis der Sachkunde und der Unfruchtbarkeit muss erst erbracht werden, wenn der Hund ausgewachsen ist. Eine Begutachtung muss erst vorgenommen werden, wenn der Hund fünfzehn Monate alt ist, soweit er nicht vorher auffällig geworden ist oder einer Aggressionszucht entstammt. Bis dahin kann jeweils eine befristete Erlaubnis erteilt werden, wenn die übrigen Voraussetzungen erfüllt sind.

(5) Eine auf Grund bisherigen Rechts erteilte Erlaubnis erlischt ein Jahr nach In-Kraft-Treten dieser Verordnung, so weit sie nicht für einen darüber hinausgehenden Zeitraum befristet wurde. Für bei In-Kraft-Treten dieser Verordnung gehaltene gefährliche Hunde ist eine Haftpflichtversicherung innerhalb von drei Monaten nach In-Kraft-Treten abzuschließen und nachzuweisen.

§ 15 Mitwirkungs- und Mitteilungspflichten

(1) Erhält die Halterin oder der Halter Kenntnis davon, dass es sich um einen Hund nach § 2 handeln könnte, hat sie oder er der zuständigen Behörde dies unverzüglich anzuzeigen.

(2) Die Halterin oder der Halter sind ver-

pflichtet, die nach dieser Verordnung erforderlichen Feststellungen und Begutachtungen zuzulassen und alle dafür notwendigen Unterlagen und Bescheinigungen vorzulegen sowie alle für die Durchführung eines Erlaubnis-, Untersagungs- oder Sicherstellungsverfahrens erforderlichen Daten an die zuständige Behörde und die zur Sachverhaltsermittlung eingeschalteten Sachverständigen oder sachverständigen Stellen zu übermitteln.

(3) Wer einen Hund nach § 2 veräußert oder abgibt, hat dem Erwerber oder dem Annehmenden mitzuteilen, dass es sich um einen solchen Hund handelt.

(4) Der zuständigen Behörde sind innerhalb einer Woche anzuzeigen:

1. Zucht, Kreuzung, Handel, Erwerb, Abgabe und Aufgabe der Haltung eines Hundes nach § 2 unter Angabe von Namen, Anschriften neuer und früherer Halterinnen und Halter und der Ort der Haltung des Hundes, falls dieser von der Anschrift der Halterin oder des Halters abweicht,

2. Zuzug, Wegzug oder Umzug der Halterin oder des Halters eines Hundes nach § 2, sowie dessen Abhandenkommen oder Tod.

(5) Die bisher zuständige Behörde hat die neu zuständige Behörde über die Sachverhalte nach Abs. 2 unter Angabe der Namen der Halterinnen und Halter der Hunde zu unterrichten.

(6) Die zuständige Behörde teilt der für die Erhebung der Hundesteuer zuständigen Stelle innerhalb der Gemeinde Namen und Anschriften von Halterinnen und Haltern von Hunden nach § 2 mit.

§ 16 Zuständigkeit

Zuständige Behörde für die Durchführung dieser Verordnung sind die Bürgermeister (Oberbürgermeister) als örtliche Ordnungsbehörden.

§ 17 Geltungsbereich

Die für die Haltung und Ausbildung geltenden Vorschriften dieser Verordnung finden nur auf Hunde Anwendung, die an einem Ort in Hessen gehalten oder ausgebildet werden.

§ 18 Ordnungswidrigkeiten

(1) Ordnungswidrig i.S.d. § 77 Abs. 1 des Hessischen Gesetzes über die öffentliche Sicherheit und Ordnung handelt, wer vorsätzlich oder fahrlässig

1. entgegen § 1 Abs. 2 einen Hund außerhalb des eingefriedeten Besitztums ohne das vorgeschriebene Halsband führt oder laufen lässt,

2. entgegen § 1 Abs. 4 einer vollziehbaren Untersagung nicht nachkommt,

3. entgegen § 5 Abs. 1 Nr. 1 einen gefährlichen Hund außerhalb des eingefriedeten Besitztums führt, ohne das 18. Lebensjahr vollendet zu haben,

4. entgegen § 5 Abs. 1 Nr. 2 einen gefährlichen Hund außerhalb des eingefriedeten Besitztums führt, ohne die erforderliche Sachkunde oder Zuverlässigkeit zu besitzen,

5. entgegen § 5 Abs. 1 Nr. 3 einen gefährlichen Hund außerhalb des eingefriedeten Besitztums führt, ohne körperlich oder geistig in der Lage zu sein, den gefährlichen Hund sicher zu führen,

6. entgegen § 5 Abs. 2 gefährliche Hunde nicht einzeln führt,

7. entgegen § 5 Abs. 3 einen gefährlichen Hund außerhalb des eingefriedeten Besitztums einer Person überlässt, die die Voraussetzungen des § 5 Abs. 1 nicht erfüllt,

8. entgegen § 6 Abs. 2 Nr. 1 einen Hund bei öffentlichen Versammlungen, Aufzügen, Volksfesten, Märkten, Messen oder sonstigen Veranstaltungen mit Menschenansammlungen sowie in Gaststätten mitführt, ohne diesen anzuleinen,

9. entgegen § 6 Abs. 2 Nr. 2 einen Hund in der Allgemeinheit zugänglichen umfriedeten oder anderweitig begrenzten Park-, Garten- und Grünanlagen sowie Fußgängerzonen oder Teilen davon mitführt, ohne diesen anzuleinen,

10. entgegen § 6 Abs. 2 Nr. 3 einen Hund in öffentlichen Verkehrsmitteln mitführt, ohne diesen anzuleinen,

11. entgegen § 6 Abs. 3 einen gefährlichen Hund nach § 2 Abs. 1 Satz 2 Nr. 1 außerhalb seiner Wohnung oder des eingefriedeten Besitztums ohne Vorrichtung, die das Beißen zuverlässig verhindert, führt,

12. entgegen § 6 Abs. 4 Satz 1 die erforderliche Erlaubnis nicht mitführt,

13. entgegen § 6 Abs. 4 Satz 2 die erforderliche Sachkundebescheinigung nicht mitführt,

14. entgegen § 7 Abs. 1 Satz 1 das Grundstück nicht oder nicht ausreichend einzäunt oder den Zwinger nicht oder nicht ausreichend sichert,

15. entgegen § 7 Abs. 1 Satz 2 die Wohnung nicht oder nicht ausreichend sichert,

16. entgegen § 7 Abs. 2 alle Zugänge zu dem eingefriedeten Besitztum oder der Wohnung nicht mit deutlich sichtbarem Warnschild mit der Aufschrift „Vorsicht Hund!" versieht,

17. entgegen § 8 Abs. 1 Satz 1 Hunde mit dem Ziel einer gesteigerten Aggressivität und Gefährlichkeit gegenüber Menschen und Tieren ausbildet,

18. entgegen § 9 Hunde nach § 2 Abs. 1 nicht oder nicht unveränderlich mit einer zur Identifizierung geeigneten, elektronisch lesbaren Marke (Chip) kennzeichnet,

19. entgegen § 10 die fachgerechte, endgültige Unfruchtbarmachung eines fortpflanzungsfähigen Hundes nach § 2 Abs. 1 Satz 2 Nr. 1 nicht unverzüglich veranlasst,

20. entgegen erwirbt oder abgibt,

21. entgegen § 13 Satz 1 einen Hund nach § 2 ohne die erforderliche Erlaubnis hält,

22. entgegen § 15 Abs. 1 die Gefährlichkeit des Hundes nach § 2 nicht oder nicht unverzüglich anzeigt,

23. entgegen § 15 Abs. 2 die erforderlichen Feststellungen und Begutachtungen nicht zulässt, die notwendigen Unterlagen und Bescheinigungen nicht oder nicht vollständig vorlegt sowie die erforderlichen Daten nicht oder nicht vollständig übermittelt,

24. entgegen § 15 Abs. 3 dem Erwerber oder Annehmenden nicht mitteilt, dass es sich um einen Hund nach § 2 handelt,

25. entgegen § 15 Abs. 4 Nr. 1 nicht oder nicht rechtzeitig die Zucht, die Kreuzung, den Handel, den Erwerb, die Abgabe oder Aufgabe der Haltung eines Hundes nach § 2 anzeigt,

26. entgegen § 15 Abs. 4 Nr. 2 nicht oder nicht rechtzeitig den Zuzug, den Wegzug oder Umzug der Halterin oder des Halters eines Hundes nach § 2 sowie dessen Abhandenkommen oder Tod anzeigt.

(2) Die Ordnungswidrigkeit kann nach § 77 Abs. 2 des Hessischen Gesetzes über die öffentliche Sicherheit und Ordnung mit einer Geldbuße bis zu zehntausend Deutsche Mark geahndet werden.

▷ Überblick

Die hessische Verordnung beinhaltet einen Katalog von 15 „gefährlichen Hunden" und differenziert dabei zwischen „unwiderlegbar gefährlichen Hunden" (drei Rassen) sowie „widerlegbar gefährlichen Hunden" (zwölf Rassen). Darüber hinaus kann sich die Gefährlichkeit eines Hundes – unabhängig von seiner Rasse – aus seiner gesteigerten Aggressivität ergeben (sonstige „gefährliche Hunde").

Ferner wurden einige **Verschärfungen für alle Hunde** eingeführt:

Außerhalb von Privatgrundstücken haben alle Hunde ein Halsband mit Name, Anschrift und Telefonnummer des Halters zu tragen. Leinenzwang gilt für alle Hunde an den in § 6 Abs. 2 angegebenen Orten.

Die hessische Verordnung stellt in § 6 Abs. 5 klar, dass für Diensthunde von Behörden und Rettungshunde während ihres Einsatzes und im Rahmen ihrer Ausbildung kein Leinen- und Maulkorbzwang besteht. Für Blindenhunde besteht diesbezüglich die Möglichkeit, eine Ausnahmeerteilung zu beantragen. In Anbetracht dieser Regelung wird wohl davon auszugehen sein, dass Gleiches für Behindertenbegleithunde gilt.

Gem. § 11 Abs. 1 *kann* die Tötung eines Hundes angeordnet werden, sofern von dem Tier eine Gefahr für Menschen oder Tiere ausgeht. Darüber hinaus *ist* die Tötung anzuordnen, wenn der Hund einen Menschen getötet oder ernstlich verletzt hat, § 11 Abs. 2.

„Unwiderlegbar gefährliche Hunde" (Kampfhunde)

Drei Rassen gelten gemäß § 2 Abs. 1 Satz 2 Nr. 1 als unwiderlegbar gefährlich und damit als „Kampfhund". Es handelt sich um den Pitbull Terrier, den American Staffordshire Terrier und den Staffordshire Bullterrier. Für diese und die übrigen gefährlichen Hunde im Sinne der Verordnung gelten besondere Haltungsvoraussetzungen, die im Weiteren detailliert dargestellt werden.

Für Hunde der drei oben genannten Rassen bestehen nach der hessischen Verordnung aber darüber hinaus noch besondere Regelungen: Für die Halter besteht keine Möglichkeit, durch einen Wesenstest die Ungefährlichkeit ihrer Hunde nachzuweisen. Aufgrund ihrer unwiderlegbar vermuteten Gefährlichkeit wurde bestimmt, dass sie endgültig unfruchtbar zu machen (§ 10) und dauerhaft mit einem Mikrochip zu kennzeichnen sind (§ 9). Darüber hinaus müssen die Hunde außerhalb von Privatgrundstücken einen beißsicheren Maulkorb tragen (§ 6 Abs. 3 Satz 1), sofern sie älter als neun Monate sind. Schließlich ist ihre Haltung – ebenso wie die anderer „gefährlicher Hunde" – erlaubnispflichtig, allerdings mit erschwerten Voraussetzungen.

Durch den Beschluss des Verwaltungsgerichtshofs (VGH) Kassel vom 08.09.2000 (AZ: 11 NG 2500/00) wurde die Verordnung teilweise außer Vollzug gesetzt: Der VGH Kassel führt aus, dass er keinen hinreichenden Grund für eine Differenzierung zwischen den als „Kampfhund" definierten Rassen gemäß § 2 Abs. 1 Satz 2 **Nr. 1** und den als „widerlegbar gefährlich" definierten Hunden gemäß § 2 Abs. 1 Satz 2 **Nr. 2** erkennen kann:

„Einstweilen sei kein sachlicher Grund dafür erkennbar, warum für Hunde der in Nr. 2 genannten zwölf Rassen die vermutete Gefährlichkeit durch eine positiv verlaufene Wesensprüfung widerlegt werden könne, nicht aber für Hunde der drei „Kampfhundrassen" gemäß Nr. 1. Entsprechend gesicherte, kynologische Erkenntnisse für eine solche Ungleichbehandlung gebe es derzeit nicht".

Um keine vollendeten, irreparablen Tatsachen für die Hundehalter zu schaffen, wurden deshalb einzelne Bestimmungen außer Vollzug gesetzt. Für die hessischen „Kampfhunde"-Halter bedeutet dies, dass ihre Hunde zunächst nicht unfruchtbar gemacht und auch nicht per Mikrochip dauerhaft gekennzeichnet werden müssen. Darüber hinaus besteht vorerst die Möglichkeit, die Ungefährlichkeit der Hunde durch Ablegung eines Wesenstests nachzuweisen – mit der Konsequenz, dass der Maulkorbzwang für Hunde im Alter über neun Monate entfällt.

Der VGH ist ferner der Ansicht, dass ein Erlaubnisverfahren für „gefährliche Hunde" keine unzumutbar schweren Nachteile für deren Halter mit sich bringt. Aufgrund der nach Ansicht des Gerichts unzulässigen Differenzierung zwischen „Kampfhunden" und „widerlegbar gefährlichen Hunden" entfällt aber auch für erstere zunächst das Erfordernis des Nachweises eines berechtigten Interesses für eine Haltung.

Wie es in Zukunft für Hunde dieser drei Rassen und ihre Halter weitergeht, hängt von der endgültigen Entscheidung des VGH Kassel ab, die bei Drucklegung noch nicht vorlag.

„Widerlegbar gefährliche Hunde"

Folgende Hunderassen gelten gemäß § 1 Abs. 2 solange als gefährlich, bis durch eine Wesensprüfung nachgewiesen wird, dass der Hund nicht gesteigert aggressiv und gefährlich ist: American Bulldog, Bullmastiff, Bullterrier, Bordeaux Dogge (Dogue de Bordeaux), Dogo Argentino, Fila Brasileiro, Kangal (Karabash), Kaukasischer Owtscharka, Mastiff, Mastin Espanol, Mastino Napoletano und Tosa Inu sowie Kreuzungen dieser Rassen untereinander oder mit anderen Hunden. Sofern für Hunde dieser Rassen die Vermutung ihrer Gefährlichkeit widerlegt werden kann, gelten für sie lediglich die allgemeinen Vorschriften, die auch für die Haltung aller anderen Hunde gelten.

Sonstige „gefährliche Hunde"

Als gefährlich gelten ferner Hunde, die – unabhängig von ihrer Rasse – durch Zucht, Haltung, Ausbildung oder Abrichtung übermäßig aggressiv geworden sind, die einen Menschen aus unbegründetem Anlass gebissen oder in Gefahr drohender Weise angesprungen haben, die ein anderes Tier ohne Verteidigungsabsicht oder einen anderen Hund trotz dessen artüblicher Unterwerfung gebissen haben und die unkontrolliert andere Tiere hetzen oder reißen.

Erlaubnispflicht für die Haltung von „gefährlichen Hunden"

Die Haltung eines „gefährlichen Hundes" ist in Hessen von der Erteilung einer entsprechenden Erlaubnis der zuständigen örtlichen Ordnungsbehörde abhängig.

Hinsichtlich der Voraussetzungen differenziert die Verordnung geringfügig nach den Kategorien unwiderlegbar gefährlicher Hund („Kampfhund"), widerlegbar gefährlicher Hund und sonstiger „gefährlicher Hund".

Voraussetzungen für die Erlaubniserteilung zur Haltung eines „Kampfhundes"

Der Hund muss einer **Wesensprüfung** durch einen Sachverständigen unterzogen werden, im Rahmen derer der Hund auf eine gesteigerte Aggressivität oder Gefährlichkeit getestet wird. Für die Prüfung ist ein Mindestalter des Hundes von 15 Monaten erforderlich, da bei jüngeren Hunden in der Regel noch keine zuverlässige Aussage über ihr Wesen und Verhalten getroffen werden kann. Bis zum Erreichen dieses Alters kann dem Halter eine befristete Erlaubnis zur Haltung des Hundes erteilt werden, sofern die übrigen Voraussetzungen erfüllt sind.

Der **volljährige Halter** muss ein **besonderes Interesse** zur Haltung des gefährlichen Hundes nachweisen (vergleiche aber die Entscheidung des VGH). Während in den meisten anderen Ländern, die dieses Erfordernis eingeführt haben, das besondere Interesse nur in eng begrenzten Ausnahmefällen vorliegt, hatte der hessi-

sche Innenminister bereits anlässlich der nunmehr überholten Verordnung vom 05.07.2000 erklärt, das dieses Erfordernis in Absprache mit dem Verband für das deutsche Hundewesen (VDH) so ausgelegt wird, das im Falle der erfolgreichen Absolvierung des Wesenstests der Hund auch weiterhin gehalten werden dürfe, sofern die übrigen Voraussetzungen erfüllt seien. In Anbetracht dessen, dass die aktuelle Verordnung bereits eine Abschwächung der damaligen Fassung darstellt, ist davon auszugehen, dass diese Erklärung weiterhin Bestand hat.

Die **persönliche Zuverlässigkeit** des Halters liegt in der Regel vor, es sei denn, einer der in § 4 aufgeführten Tatbestände wurde verwirklicht. Zum Nachweis ist ein polizeiliches Führungszeugnis vorzulegen.

Die notwendige **Sachkunde** hat der Halter, wenn er über die Kenntnisse und Fähigkeiten verfügt, einen „Kampfhund" sicher zu halten und zu führen. Die Jägerprüfung sowie die Anerkennung als behördlicher Diensthundeführer ist ausreichend. Im Übrigen ist das Ablegen einer Sachkundeprüfung vor einem Sachverständigen erforderlich, sobald der Hund fünfzehn Monate alt ist.

Die in einem anderen Land erworbene Sachkundebescheinigung wird von den hessischen Behörden anerkannt, sofern sie den hessischen Anforderungen entspricht.

Für den Hund muss eine **Haftpflichtversicherung** abgeschlossen und die fällig gewordene **Hundesteuer** entrichtet worden sein. Er muss artgerecht und ausbruchsicher untergebracht werden. Hinsichtlich des Erfordernisses der Kennzeichnung des Hundes durch Mikrochip sowie der Vorlage einer Bescheinigung über die Unfruchtbarkeit vergleiche Seite 58. Liegen alle Voraussetzungen vor, wird dem Halter die Haltung des Hundes erlaubt. Die Erlaubnis wird auf zwei Jahre befristet. Danach muss erneut nachgewiesen werden, dass alle Voraussetzungen für die Erteilung der Erlaubnis vorliegen.

Voraussetzungen für die Haltung eines „widerlegbar gefährlichen Hundes"

Die Haltung eines Hundes der in dieser Kategorie aufgelisteten zwölf Rassen setzt die Wesensprüfung des Hundes, den Abschluss einer Haftpflichtversicherung für das Tier, die Entrichtung der fälligen Hundesteuer, eine artgerechte und ausbruchssichere Unterbringung des Hundes sowie die Sachkunde, Zuverlässigkeit und Volljährigkeit des Halters voraus. Insoweit kann auf die Ausführungen unter Seite xx verwiesen werden. Entfallen ist für Hunde dieser Rassen das Erfordernis des Nachweises eines berechtigten Interesses sowie der Bescheinigung über die Unfruchtbarkeit.

Die Verordnung verlangt auch für diese Hunde eine dauerhafte Kennzeichnung durch Mikrochip. Vergleiche zum Beschluss des VGH Kassel vom 08.09.2000 unter Seite 58.

Auch diese Erlaubnis wird auf zwei Jahre befristet. Danach sind die Voraussetzungen erneut nachzuweisen.

Voraussetzungen für die Haltung sonstiger „gefährlicher Hunde"

Sobald ein Hund verhaltensauffällig im Sinne des § 2 Abs. 2 geworden ist, gilt er nach der Verordnung als gefährlich, und seine Haltung wird erlaubnispflichtig. Die zuständigen Behörden überprüfen in diesen Fällen folgende Voraussetzungen:

Der Halter muss bereits **volljährig** und **Zuverlässigkeit** im Sinne des § 3 sein. Für den Hund muss der Abschluss einer **Haftpflichtversicherung** sowie die **Entrichtung der fälligen Hundesteuer** nachgewiesen werden. Er ist darüber hinaus per **Mikrochip** zu kennzeichnen (vergleiche aber Seite 58), wovon im Einzelfall abgesehen werden kann. Die Behörden werden bei der Überprüfung des Hundes im Rahmen ihres Ermessens einzelfallbezogen entscheiden und besonders den Vorgang, in dem sich der Hund verhaltensauffällig erwiesen hat, werten.

Sind alle Voraussetzungen erfüllt, erteilt die Behörde eine *befristete* Erlaubnis. Eine *unbefristete* Erlaubnis zur Haltung des Hundes wird nur dann erteilt, wenn *neben* den oben dargelegten Erfordernissen der Halter seine Zuverlässigkeit und Sachkunde nachweist und der Hund einem Wesenstest unterzogen wird. Der Hund gilt dann nicht mehr als gefährlich.

Haltungsvoraussetzungen für „gefährliche Hunde"

Wohnungen und Grundstücke, in denen ein „gefährlicher Hund" gehalten wird, sind **ausbruchsicher** zu umzäunen. Daneben sind alle Zugänge zum Haus oder Grundstück mit einem deutlich sichtbaren **Warnschild** in Signalfarbe mit der Aufschrift „Vorsicht Hund" zu kennzeichnen. Außerhalb von Privatgrundstücken herrscht **Leinenzwang** (maximal zwei Meter). Ausgenommen hiervon sind Hundeauslaufgebiete *für gefährliche Hunde* (demnach also wohl nicht „normale" Freilaufgebiete) und Hundeübungsplätze.

Maulkorbzwang besteht für „Kampfhunde", vergleiche aber insoweit Seite 58. Für die übrigen „gefährlichen Hunde" kann die zuständige Behörde das Tragen eines Maulkorbes im Einzelfall anordnen.

„Gefährliche Hunde" dürfen nur einzeln geführt werden und dies außerhalb von Privatgrundstücken auch nur von volljährigen Personen, die zuverlässig und sachkundig im Sinne des Verordnung sind oder die eine befristete Erlaubnis für einen verhaltensauffälligen, gefährlichen Hund besitzen. Darüber hinaus muss der Führer eines „gefährlichen Hundes" **körperlich und geistig in der Lage** sein, den Hund sicher zu führen.

Grundsätzlich ist der Halter dafür verantwortlich, dass nur solche Personen den Hund führen, die diese Voraussetzungen erfüllen.

Ausbildung von Hunden

Die Ausbildung von Hunden mit dem Ziel einer gesteigerten Aggressivität oder Gefährlichkeit ist verboten. Auf Antrag können Ausnahmen erteilt werden, sofern die Ausbildung Schutzzwecken dient. Voraussetzung für eine Ausnahmeerteilung ist die Befähigung der antragstellenden Person zur Ausbildung von Hunden, deren Volljährigkeit, Zuverlässigkeit und Sachkunde.

Die Ausbildung muss in einer artgerechten und ausbruchsicheren Umgebung erfolgen.

Hunde der in § 2 Abs. 1 aufgelisteten 15 Rassen dürfen generell nicht mit diesem Ziel ausgebildet werden.

Mecklenburg-Vorpommern

Verordnung über das Führen und Halten von Hunden (Hundehalterverordnung – HundehVO M-V) vom 04.07.2000.

§ 1 Allgemeine Vorschriften für die Hundehaltung

(1) Gefährliche Hunde dürfen nicht gezüchtet (nichtgewerbsmäßige Zucht), gehalten und geführt werden, es sei denn, es liegt eine Erlaubnis nach § 4 vor. Die Ausbildung zu einer gesteigerten Aggressivität und Gefährlichkeit gegenüber Menschen oder Tieren ist untersagt.

(2) Wer Hunde außerhalb des befriedeten Besitztums führt, muss körperlich und geistig in der Lage sein, den Hund jederzeit so zu beaufsichtigen, dass Menschen, Tiere oder Sachen nicht gefährdet werden.

(3) Es ist verboten, Hunde außerhalb des befriedeten Besitztums ohne Aufsicht frei laufen zu lassen. Hunde, die zu Versammlungen, Umzügen, Volksfesten, sonstigen öffentlichen Veranstaltungen sowie an Orte mit großen Menschenansammlungen und in öffentliche Verkehrsmittel, Verkaufsstätten oder Tiergärten mitgenommen werden, sind an der Leine zu führen.

(4) Außerhalb des befriedeten Besitztums müssen Hunde ein Halsband mit Namen und Wohnanschrift des Hundehalters oder eine gültige Steuermarke tragen.

(5) Hunde sind so zu halten, dass sie das befriedete Besitztum nicht gegen den Willen des Hundehalters verlassen können.

§ 2 Gefährliche Hunde

(1) Als gefährlich im Sinne dieser Verordnung gelten Hunde,

1. bei denen von einer durch Zucht, Ausbildung oder Abrichten herausgebildeten, über das natürliche Maß hinausgehenden Kampfbereitschaft, Angriffslust, Schärfe oder einer anderen, in ihrer Wirkung vergleichbaren Mensch oder Tier gefährdenden Eigenschaft auszugehen ist,

2. die einen Menschen oder ein Tier durch Biss geschädigt haben, ohne selbst angegriffen oder dazu durch Schläge oder in ähnlicher Weise provoziert worden zu sein (bissige Hunde),

3. die wiederholt Menschen gefährdet haben, ohne selbst angegriffen oder provoziert worden zu sein, oder wiederholt Menschen in gefahrdrohender Weise angesprungen haben.

(2) Bei Zweifeln hinsichtlich der Gefährlichkeit eines Hundes kann die örtliche Ordnungsbehörde das Vorliegen der Voraussetzungen des Absatzes 1 feststellen. Der zuständige Amtstierarzt soll vor einer Entscheidung nach Satz 1 angehört werden.

(3) Bei Hunden der Rassen und Gruppen

1. American Pitbull Terrier,
2. American Staffordshire Terrier,
3. Staffordshire Bull Terrier,
4. Bull Terrier,
5. Bullmastiff,
6. Dogo Argentino,
7. Dogue de Bordeaux,
8. Fila Brasileiro,
9. Mastiff,
10. Mastino Espanol,
11. Mastino Napoletano,
12. Tosa Inu

sowie deren Kreuzungen untereinander und mit anderen Hunderassen oder -gruppen wird vermutet, dass es sich um gefährliche Hunde i.S.d. Absatzes 1 Nr. 1 handelt. Der Hundehalter kann der örtlichen Ordnungsbehörde im Einzelfall, besonders durch eine Bescheinigung des Amts- oder eines durch diesen beauftragten Tierarztes, nachweisen, dass der von ihm gehaltene Hund keine gesteigerte Kampfesbereitschaft, Angriffslust, Schärfe oder eine andere in ihrer Wirkung vergleichbare Eigenschaft gegenüber Menschen oder Tieren aufweist. Satz 2 gilt sinngemäß für nichtgewerbsmäßige Hundezüchter und die von ihnen gezüchteten Hunde. Über den Nachweis des Nichtvorliegens gefahrdrohender Eigenschaften stellt die örtliche Ordnungsbehörde eine Bescheinigung aus. Die Bescheinigung verliert mit dem Wechsel des Hundehalters sowie nach Feststellung der Gefährlichkeit des Hundes, spätestens jedoch fünf Jahre nach der Ausstellung ihre Gültigkeit. Beim Führen der in der Bescheinigung aufgeführten Hunde außerhalb des befriedeten Besitztums ist die Bescheinigung mitzuführen und den zur Personenkontrolle Befugten auf Verlangen zur Prüfung auszuhändigen. Satz 6 gilt auch für Personen, die gefährliche Hunde an Stelle des Halters führen.

(4) Ist ein nach Absatz 1 als gefährlich eingestufter Hund nicht mit einer unveränderlichen Kennzeichnung, besonders mit einer tätowierten Zuchtregistrier-Nummer oder einem implantierten und nach einem öffentlich anerkannten Standard codierten Mikrochip, versehen, so hat die örtliche Ordnungsbehörde anzuordnen, dass der Halter des Hundes eine unveränderliche Kennzeichnung binnen angemessener, von ihr zu bestimmender Frist auf seine Kosten anbringt oder anbringen lässt und dies der Behörde nachweist. Für Hunde, deren Gefährlichkeit festgestellt wurde, sowie für Hunde, bei denen die Vermutung der Gefährlichkeit nicht widerlegt wurde kann die örtliche Ordnungsbehörde darüber hinaus die Kennzeichnung mit einem Großbuchstaben „G" im linken Ohr oder auf dem linken Hinterlauf anordnen.

§ 3 Verbote und Gebote für den Umgang mit gefährlichen Hunden
(1) Die Mitnahme gefährlicher Hunde auf Kinderspielplätze, an Badestellen oder auf Flächen, die als Liegeplatz für Menschen ausgewiesen sind, ist verboten.
(2) Zugänge zu befriedetem Besitztum sind vom Besitzer durch deutlich sichtbare Warnschilder mit der Aufschrift „Vorsicht, gefährlicher Hund!" oder „Vorsicht, bissiger Hund!" kenntlich zu machen, wenn auf ihm gefährliche Hunde gehalten werden.
(3) Für gefährliche Hunde besteht über § 1 Abs. 3 hinaus außerhalb des befriedeten Besitztums Leinenzwang. Hundeleinen und -halsbänder müssen hinreichend fest sein und eine ununterbrochene Kontrolle des Führenden über die Bewegungen des Hundes gewährleisten. Die Länge der Leine darf höchstens zwei Meter betragen. Ist der Hund gefährlich i.S.d. § 2 Abs. 1 Nr. 1 und 2, ist ihm außerhalb des eigenen befriedeten Besitztums zusätzlich ein das Beißen verhindernder Maulkorb anzulegen. Die Regelungen der Sätze 1 bis 4 gelten auch für das Führen gefährlicher Hunde auf den Zuwegen und in den Treppenhäusern von Mehrfamilienhäusern. Im befriedeten Besitztum Dritter dürfen gefährliche Hunde nur mit Zustimmung des Inhabers des Hausrechtes ohne Leine und ohne Maulkorb geführt werden.
(4) Eine Person darf nicht gleichzeitig mehrere gefährliche Hunde führen.
(5) Die tatsächliche Gewalt über einen gefährlichen Hund darf nur solchen Personen eingeräumt werden, die die Gewähr dafür bieten, dass die Bestimmungen dieser Verordnung beachtet werden. Wer einen gefährlichen Hund nicht nur vorübergehend einem anderen privaten Halter überlässt, hat Namen und Wohnanschrift des neuen Halters unverzüglich der für den gewöhnlichen Aufenthaltsort des bisherigen Halters zu-

ständigen örtlichen Ordnungsbehörde mitzuteilen. Die Pflicht zur unverzüglichen Benachrichtigung der örtlichen Ordnungsbehörde besteht auch für den Fall, dass ein gefährlicher Hund dauerhaft aus dem Einwirkungsbereich seines Halters entwichen ist.

§ 4 Erlaubnispflicht

(1) Das nichtgewerbsmäßige Züchten, Halten und Führen gefährlicher Hunde bedarf der Erlaubnis der örtlichen Ordnungsbehörde. Eine Erlaubnis zum nichtgewerbsmäßigen Züchten von gefährlichen Hunden berechtigt gleichzeitig zum Halten und Führen gefährlicher Hunde.

(2) Die Erlaubnis wird nur erteilt, wenn

1. die antragstellende Person die erforderliche Sachkunde besitzt und das 18. Lebensjahr vollendet hat,

2. keine Tatsachen die Annahme rechtfertigen, dass die antragstellende Person die erforderliche Zuverlässigkeit oder körperliche Eignung nicht besitzt,

3. die der Zucht oder dem Halten dienenden Räumlichkeiten, Einrichtungen und Freianlagen eine verhaltensgerechte und ausbruchsichere Unterbringung ermöglichen, so dass die körperliche Unversehrtheit von Menschen oder Tieren nicht gefährdet wird und

4. der Halter das Bestehen einer Haftpflichtversicherung mit ausreichender Deckungssumme nachweist.

(3) Die Erlaubnis ist auf diejenigen Hunderassen oder -gruppen zu beschränken, für die die Sachkunde nachgewiesen wurde. Die Erlaubnis kann befristet und unter dem Vorbehalt des Widerrufs erteilt sowie mit Bedingungen und Auflagen verbunden werden. Gegenstand einer Auflage soll die Verpflichtung zur Nachweisführung über den Hundebestand sein. Auflagen können auch nachträglich aufgenommen, geändert oder er-

gänzt werden. Beim Führen gefährlicher Hunde außerhalb des befriedeten Besitztums ist die Erlaubnis mitzuführen und den zur Personenkontrolle Befugten auf Verlangen zur Prüfung auszuhändigen.

(4) Liegt kein Regelfall des § 2 Abs. 3 vor, haben Hundehalter, die bei ihren Hunden das Vorliegen der Voraussetzungen des § 2 Abs. 1 erkannt haben, und Hundehalter, bei deren Hunden die Gefährlichkeit nach § 2 Abs. 2 festgestellt wurde, unverzüglich die Erteilung einer Erlaubnis nach Absatz 1 zu beantragen und die für die Erteilung der Erlaubnis notwendigen Voraussetzungen nach Absatz 2 nachzuweisen. Bis zur Entscheidung über den Antrag können gefährliche Hunde, die nicht der Regelung des § 2 Abs. 3 unterliegen, ohne die nach Absatz 1 erforderliche Erlaubnis gehalten werden. Anstelle der Erlaubnis genügt ein schriftlicher Nachweis darüber, dass ein Antrag nach dieser Vorschrift gestellt worden ist.

(5) Die örtliche Ordnungsbehörde kann das nichtgewerbsmäßige Züchten und das Halten sowie Führen gefährlicher Hunde untersagen, wenn

1. die Erlaubnis nach Absatz 1 nicht vor Erwerb des Hundes und in den Fällen des Absatzes 4 nicht unverzüglich beantragt worden ist oder

2. eine dringende Gefahr für Leben oder körperliche Unversehrtheit von Menschen oder Tieren nicht anders beseitigt werden kann.

Darüber hinaus kann die örtliche Ordnungsbehörde anordnen, dass die Hunde des von der Untersagungsverfügung betroffenen Halters binnen angemessener, von ihr zu bestimmender Frist einem Berechtigten überlassen oder tierschutzgerecht getötet werden. Nach fruchtlosem Ablauf der Frist können die Hunde sichergestellt und verwertet werden. Ein Erlös aus der Verwertung steht nach Abzug der Verwaltungskosten dem bisherigen Halter zu. Die Sätze 2 bis 4 gelten sinngemäß, wenn die Erteilung der erforderlichen Erlaubnis unanfechtbar versagt wurde, eine Erlaubnis zurückgenommen oder widerrufen wurde oder eine Erlaubnis auf andere Weise unwirksam geworden ist. Im Falle des Satzes 1 Nr. 2 können die Hunde sofort sichergestellt werden.

§ 5 Sachkundenachweis

(1) Den Nachweis der erforderlichen Sachkunde im Sinne von § 4 Abs. 2 Nr. 1 hat erbracht, wer eine Prüfung vor der zuständigen Behörde bestanden oder eine gleichwertige Ausbildung bei staatlichen oder nichtstaatlichen Stellen absolviert hat. Eine erfolgreich abgelegte Jägerprüfung gilt als Nachweis der Sachkunde.

(2) Zuständige Behörde ist die Kreisordnungsbehörde. Sie bildet für die Abnahme der Sachkundeprüfung einen Prüfungsausschuss.

(3) Der Prüfungsausschuss besteht aus dem Vorsitzenden und zwei Beisitzern. Für den Ausschussvorsitz kommen vorzugsweise veterinärwissenschaftlich ausgebildete Bedienstete der Kreisordnungsbehörden in Betracht. Es darf nur einer der Beisitzer im Bereich der Hundezucht tätig sein.

(4) Bei der Sachkundeprüfung nach Absatz 1 Satz 1 sind besonders ausreichende Kenntnisse nachzuweisen über

1. das Wesen und die Verhaltensweisen von Hunden,

2. das richtige Verhalten des Menschen gegenüber Hunden sowie

3. die wichtigsten Rechtsvorschriften für den Umgang mit Hunden.

Die Sachkunde braucht nur für die Hunderasse oder -gruppe nachgewiesen zu werden, deren nichtgewerbsmäßige Haltung beabsichtigt ist. Antragsteller, die gefährliche Hunde nichtgewerbsmäßig züchten wollen, haben außerdem gefestigte, auf die jeweilige Zucht bezogene kynologische Kenntnisse nachzuweisen. In den Sachkundebescheinigungen sind die Hunderassen oder -gruppen, für die die Sachkunde nachgewiesen wurde, anzugeben.

(5) Die sonstigen Einzelheiten des Sachkundenachweises regelt das Innenministerium durch Verwaltungsvorschrift.

§ 6 Zuverlässigkeit und körperliche Eignung

(1) Die erforderliche Zuverlässigkeit im Sinne von § 4 Abs. 2 Nr. 2 besitzen in der Regel Personen nicht, die

1. wegen vorsätzlichen Angriffs auf das Leben oder die Gesundheit, Vergewaltigung, Zuhälterei, Land- oder Hausfriedensbruch, Widerstandes gegen die Staatsgewalt, einer gemeingefährlichen Straftat oder einer Straftat gegen das Eigentum und das Vermögen,

2. mindestens zweimal wegen einer im Zustand der Trunkenheit begangenen Straftat oder

3. wegen einer Straftat gegen das Tierschutzgesetz, das Waffengesetz, das Betäubungsmittelgesetz oder das Bundesjagdgesetz rechtskräftig verurteilt worden sind, wenn seit dem Eintritt der Rechtskraft der letzten Verurteilung fünf Jahre noch nicht verstrichen sind. In die Frist wird die Zeit nicht eingerechnet, in welcher der Antragsteller auf behördliche Anordnung in einer Anstalt verwahrt worden ist. Gleiches gilt für Personen, die wiederholt oder gröblich gegen die Vorschriften des Tierschutzgesetzes, des Waffengesetzes, des Betäubungsmittelgesetzes, des Bundesjagdgesetzes oder dieser Verordnung verstoßen haben.

(2) Die erforderliche körperliche Eignung im Sinne von § 4 Abs. 2 Nr. 2 besitzen in der Regel Personen nicht, die

1. auf Grund einer psychischen Krankheit

oder einer geistigen oder seelischen Behinderung nach § 1896 des Bürgerlichen Gesetzbuches betreut werden oder

2. trunk- oder rauschmittelsüchtig sind.

(3) Sind Tatsachen bekannt, die Bedenken gegen die körperliche Eignung begründen, so kann die zuständige Behörde verlangen, dass der Antragsteller ein amts- oder fachärztliches Zeugnis über seine körperliche Eignung vorlegt.

(4) Inhaber von Erlaubnissen nach § 4 Abs. 1 sind spätestens nach fünf Jahren erneut auf ihre Zuverlässigkeit hin zu überprüfen.

§ 7 Ausnahmeregelungen

(1) Diese Verordnung gilt nicht für Diensthunde der Behörden sowie Hunde des Rettungsdienstes und des Katastrophenschutzes, soweit der bestimmungsgemäße Einsatz dies erfordert.

(2) § 1 Abs. 2 und 3 gilt nicht für Blindenhunde und Behindertenbegleithunde. § 1 Abs. 3 Satz 1 und § 3 Abs. 3 und 4 gelten nicht für Jagd- und Herdengebrauchshunde, soweit diese im Rahmen ihrer jeweiligen Zweckbestimmung eingesetzt werden.

(3) Die Vorschriften des § 2 Abs. 4 Satz 1, des § 3 Abs. 1 und des § 3 Abs. 5 sind auch auf die § 2 Abs. 3 Satz 1 genannten Hunde anzuwenden, bei denen die Vermutung der Gefährlichkeit im Einzelfall widerlegt wurde.

(4) Die örtliche Ordnungsbehörde kann auf Antrag weitere Ausnahmen von den Verboten und Geboten dieser Verordnung zulassen, wenn unter Berücksichtigung der örtlichen Verhältnisse sichergestellt ist, dass Menschen, Tiere oder Sachen durch die Hundezüchtung oder -haltung nicht gefährdet werden.

(5) Hundehalter und Hundeführer, die sich nur vorübergehend mit einem gefährlichen Hund im Geltungsbereich dieser Verordnung aufhalten, sind von der Erlaubnispflicht nach

§ 4 befreit. Sie haben bei einem Aufenthalt von mehr als drei Tagen der örtlich zuständigen Ordnungsbehörde das Mitführen des gefährlichen Hundes und die Dauer des Aufenthaltes anzuzeigen.

(6) Die Kreis- und örtlichen Ordnungsbehörden können für ihren Bereich ergänzende Verordnungen erlassen, wenn dies aufgrund der örtlichen Verhältnisse erforderlich ist.

(7) Die Bestimmungen kommunaler Satzungen über die Benutzung öffentlicher Einrichtungen bleiben unberührt.

§ 8 Kosten

(1) Für folgende Amtshandlungen nach dieser Verordnung werden Gebühren erhoben:

Nr.1: Feststellung der Gefährlichkeit von Hunden nach § 2 Abs.2 : je Hund DM 80,

Nr. 2: Ausstellung einer Bescheinigung über den Nachweis des Nichtvorliegens gefahrdrohender Eigenschaften gem. § 2 Abs.3 Satz 4 : je Hund DM 80,

Nr. 3: Entscheidung über die Erteilung einer Erlaubnis nach § 4 Abs. 1: DM 75,

Nr. 4: Erlass einer Untersagungsverfügung nach § 4 Abs. 5 Satz 1 und 10 Abs. 2: DM 50 bis 200,

Nr. 5: Sicherstellung von Tieren nach § 4 Abs. 5 Satz 3 und § 4 Abs. 5 Satz 6: DM 50 bis 200,

Nr.6: Abnahme der Sachkundeprüfung nach § 5: DM 60 bis 250,

Nr. 7: Entscheidung über die Zulassung von Ausnahmen nach § 7 Abs. 4: DM 30 bis 500,

Nr. 8: Maßnahmen, besonders Prüfungen und Untersuchungen, die im Interesse oder auf Veranlassung des Gebührenschuldners vorgenommen werden und nicht unter Nummer 1 bis 7 aufgeführt sind: DM 50 bis 1000.

(2) Wird ein Antrag ausschließlich wegen Unzuständigkeit der Behörde abgelehnt, wird keine Gebühr erhoben. Im Falle der Zu-

rücknahme eines Antrags kann die Gebühr um die Hälfte ermäßigt werden, wenn mit der sachlichen Bearbeitung zwar schon begonnen, die Amtshandlung aber noch nicht beendet wurde. Die Gebühren für Amtshandlungen nach Absatz 1 Nr. 1, 2 und 7 können aus Gründen der Billigkeit um die Hälfte ermäßigt oder erlassen werden. Die Gebühr nach Absatz 1 Nr. 6 wird auch erhoben, wenn die Sachkundeprüfung nach § 5 ohne Verschulden der Prüfbehörde und ohne ausreichende Entschuldigung des Antragstellers am festgesetzten Termin nicht stattfinden konnte oder abgebrochen werden musste.

(3) Die Gebührenschuld entsteht

1. in den Fällen des § 4 Abs. 4 und des § 7 Abs. 4 mit dem Eingang des Antrags bei der zuständigen Behörde,

2. mit der Bekanntgabe des Termins der Sachkundeprüfung gegenüber dem Bewerber,

3. im Übrigen mit der Beendigung der gebührenpflichtigen Amtshandlung.

(4) Als Auslagen werden erhoben

1. Aufwendungen nach § 10 Abs. 1 Satz 2 Nr. 1 bis 8 des Verwaltungskostengesetzes des Landes Mecklenburg-Vorpommern,

2. Aufwendungen, die durch die notwendige Hinzuziehung sonstiger Auskunftsperso nen und Hilfspersonen durch die Ordnungsbehörde entstehen,

3. Ausgaben für

a) die Reinigung von Diensträumen und Sachen bei über das gewöhnliche Maß hinausgehender Verschmutzung durch die Sicherstellung und amtliche Verwahrung von Tieren,

b) die Beförderung, Beaufsichtigung, Fütterung und Pflege von Tieren,

c) die Verwertung von Tieren.

(5) Auslagen sind auch dann zu erstatten, wenn in dem Verfahren keine Gebühren-

schuld entsteht oder eine zunächst entstandene Gebührenschuld ganz oder teilweise fortgefallen ist.

(6) Gebührenschuldner ist derjenige, der nach dieser Verordnung verpflichtet ist oder gegen den nach dieser Verordnung Anordnungen getroffen werden sollen. Eine Kostenschuld, die gegenüber mehreren Pflichtigen, die nicht Gesamtschuldner sind, bei derselben Gelegenheit entsteht, wird in angemessenem Verhältnis geteilt.

(7) Die durch die Übertragung von Aufgaben durch diese Verordnung entstehende Mehrbelastung der Ämter, amtsfreien Gemeinden, Landkreise und kreisfreien Städte wird durch die Erhebung von Gebühren und Auslagen für die ausgeführten Amtshandlungen ausgeglichen.

§ 9 Ordnungswidrigkeiten

(1) Ordnungswidrig i.S.d. § 19 Abs. 1 des Sicherheits- und Ordnungsgesetzes handelt, wer vorsätzlich oder fahrlässig

1. entgegen § 1 Abs. 2 Hunde führt, obwohl er nicht in der Lage ist, diese jederzeit so zu beaufsichtigen, dass Menschen, Tiere oder Sachen nicht gefährdet werden,

2. entgegen § 1 Abs. 3 Satz 1 Hunde außerhalb des befriedeten Besitztums ohne Aufsicht frei laufen lässt,

3. entgegen § 1 Abs. 3 Satz 2 Hunde, die zu Versammlungen, Umzügen, Volksfesten oder sonstigen öffentlichen Veranstaltungen sowie an Orte mit großen Menschenansammlungen und in öffentliche Verkehrsmittel, Verkaufsstätten oder Tiergärten mitgenommen werden, nicht an der Leine führt,

4. entgegen § 1 Abs. 4 außerhalb des befriedeten Besitztums Hunde laufen lässt, obwohl diese kein Halsband mit Namen und Wohnanschrift des Halters oder eine gültige Steuermarke tragen,

5. entgegen § 1 Abs. 5 Hunde so hält, dass

sie gegen den Willen des Hundehalters das befriedete Besitztum verlassen können,

6. entgegen § 2 Abs. 3 Satz 6 und 7 die Bescheinigung nicht mit sich führt oder den zur Personenkontrolle Befugten nicht aushändigt und

7. entgegen § 2 Abs. 4 Satz 1 oder 2 eine Kennzeichnung nicht, nicht rechtzeitig oder nicht in der vorgeschriebenen Art und Weise anbringt oder anbringen lässt,

8. entgegen § 3 Abs. 1 und § 7 Abs. 3 einen in § 2 Abs. 1 oder § 2 Abs. 3 Satz 1 aufgeführten Hund auf Kinderspielplätze, an Badestellen oder auf Flächen, die als Liegeplatz für Menschen ausgewiesen sind, mitnimmt,

9. entgegen § 3 Abs. 2 das befriedete Besitztum nicht mit Warnschildern kenntlich macht, die die Aufschrift „Vorsicht, gefährlicher Hund!" oder „Vorsicht, bissiger Hund!" tragen,

10. entgegen § 3 Abs. 3 Satz 1, 2 oder 5 gefährliche Hunde nicht an der Leine führt oder für das Anleinen ungeeignete Leinen oder Halsbänder verwendet,

11. entgegen § 3 Abs. 3 Satz 4 oder 5 gefährlichen Hunden keinen das Beißen verhindern den Maulkorb anlegt,

12. entgegen § 3 Abs. 3 Satz 6 gefährliche Hunde im befriedeten Besitztum Dritter trotz fehlender Zustimmung des Hausrechtsinhabers ohne Leine oder Maulkorb führt,

13. entgegen § 3 Abs. 4 Satz 2 gleichzeitig mehrere gefährliche Hunde führt,

14. entgegen § 3 Abs. 5 Satz 1 und § 7 Abs. 3 einen in § 2 Abs. 1 oder § 2 Abs. 3 Satz 1 aufgeführten Hund Personen überlässt, die nicht die Gewähr dafür bieten, dass sie die Bestimmungen der Verordnung einhalten,

15. entgegen § 3 Abs. 5 Satz 2 und 3 erforderliche Mitteilungen an die örtliche Ordnungsbehörde nicht oder nicht unverzüglich vornimmt,

16. entgegen § 4 Abs. 1 gefährliche Hunde ohne behördliche Erlaubnis nichtgewerblich züchtet, hält oder führt,

17. einer inhaltlichen Beschränkung oder vollziehbaren Auflage nach § 4 Abs. 3 zuwiderhandelt,

18. entgegen § 4 Abs. 3 Satz 5 die dort bezeichneten Urkunden nicht mit sich führt oder den zur Personenkontrolle Befugten nicht aushändigt und

19. entgegen § 4 Abs. 4 Satz 1 erforderliche Anträge nicht oder nicht unverzüglich stellt oder die Erbringung der erforderlichen Nachweise verzögert.

(2) Die Ordnungswidrigkeit kann mit einer Geldbuße bis zu 10 000 Deutsche Mark geahndet werden.

(3) Verwaltungsbehörden i.S.d. § 36 Abs. 1 Nr. 1 des Gesetzes über Ordnungswidrigkeiten sind die örtlichen Ordnungsbehörden.

(4) Gegenstände und Tiere, auf die sich die Ordnungswidrigkeiten des Absatzes 1 Nr. 1 bis 5, 7 bis 14 und 16 beziehen oder die zu ihrer Vorbereitung oder Begehung verwendet worden sind, können nach § 19 Abs. 4 des Sicherheits- und Ordnungsgesetzes eingezogen werden.

§ 10 Übergangsbestimmung

(1) Für die in § 2 Abs. 3 aufgeführten Hunde ist binnen sechs Wochen nach In-Kraft-Treten dieser Verordnung eine Erlaubnis nach § 4 zu beantragen. Bei fristgerechter Antragstellung nach Satz 1 gilt § 4 Abs. 4 Satz 2 und 3 entsprechend.

(2) Nach Ablauf der in Absatz 1 Satz 1 bestimmten Frist gilt § 4 Abs. 5 entsprechend.

Überblick

Nach der Landeshundeverordnung Mecklenburg – Vorpommerns ist die Haltung eines „gefährlichen Hundes" erlaubnispflichtig. Ein Hund gilt als gefährlich, wenn er übermäßig aggressiv oder gefährlich ist, sich gegenüber Menschen oder Tieren als bissig erwiesen hat oder wiederholt Menschen in gefahrdrohender Weise angesprungen hat.

Darüber hinaus enthält die Verordnung einen Katalog von insgesamt zwölf Hunderassen, hinsichtlich derer eine Gefährlichkeit aufgrund übermäßiger Kampfbereitschaft, Angriffslust, Schärfe oder einer ähnlichen Eigenschaft vermutet wird. Für Halter dieser Hunde besteht aber die Möglichkeit, die vermutete Gefährlichkeit zu widerlegen („widerlegbar gefährliche Hunde").

Für **alle Hunde** bestimmt § 1, dass sie ausbruchsicher zu halten sind und außerhalb von befriedeten Besitztümern ein Halsband mit Namen und Anschrift des Halters oder mit einer gültigen Steuermarke zu tragen haben. Leinenzwang besteht an den in § 1 Abs. 3 aufgeführten Orten. Im Übrigen dürfen Hunde nicht unbeaufsichtigt frei laufen gelassen werden und sind nur von solchen Personen zu führen, die hierzu körperlich und geistig in der Lage sind.

Die Verordnung gilt nicht für Diensthunde der Behörden sowie für Hunde des Rettungsdienstes und des Katastrophenschutzes, soweit der bestimmungsgemäße Einsatz dies erfordert. Blindenführ- und Behindertenbegleithunde sind vom Leinenzwang ausgenommen. Ferner bestehen Ausnahmen für die Führung von Jagd- und Herdengebrauchshunden im Rahmen ihrer Zweckbestimmung.

„Gefährliche Hunde" und ihre Halter, die sich nur vorübergehend im Durchreise- oder Urlaubsverkehr in Mecklenburg-Vorpommern aufhalten, sind von der Erlaubnispflicht befreit. Das Mitführen eines solchen Hundes in Mecklenburg-Vorpommern ist aber der zuständigen Ordnungsbehörde anzuzeigen, sofern der Aufenthalt länger als drei Tage dauert.

Eine Überprüfung der Verordnung im Normenkontrollverfahren vor dem Oberverwaltungsgericht lehnte das OVG Greifswald ab (AZ: 4 K 29/00).

„Widerlegbar gefährliche Hunde"

Gemäß § 2 Abs. 3 handelt es sich um Hunde der folgenden Rassen: American Pitbull Terrier, American Staffordshire Terrier, Staffordshire Bullterrier, Bull Terrier, Bullmastiff, Dogo Argentino, Dogue de Bordeaux, Fila Brasileiro, Mastiff, Mastino Espanol, Mastino Napoletano und Tosa Inu sowie deren Kreuzungen untereinander oder mit Hunden anderer Rassen.

Kann der Halter eines Hundes dieser Rassen die Bescheinigung vorlegen, dass der Hund keine gesteigerte Aggressivität aufweist, gilt die Vermutung der Gefährlichkeit als widerlegt und der Hund damit nicht mehr als „gefährlicher Hund" im Sinne des Verordnung. Voraussetzung für die Erteilung einer derartigen Bescheinigung ist die erfolgreiche **Ablegung eines Wesenstestes**. Zum Inhalt einer solchen Prüfung vergleiche beispielhaft unter Baden-Württemberg, Seite 14, Niedersachsen, Seite 75 und Nordrhein-Westfalen, Seite 87 f. Es finden dann lediglich die Vorschriften Anwendung, die ohnehin für alle Hunde gelten (vergleiche oben im Überblick). Besteht der Hund den Wesenstest nicht, gilt er weiterhin als „gefährlicher Hund" mit den dargestellten Konsequenzen.

Trotz der widerlegten Vermutung bleiben einige Verschärfungen bestehen: § 7 Abs. 4 bestimmt, dass diese Hunde durch **Tätowierung oder Mikrochip** zu kennzeichnen sind und nicht auf Kinderspielplätzen, an Badestellen und auf Liegeplätzen mitgeführt werden dürfen. Schließlich dürfen diese Hunde nur Personen überlassen werden, die die Gewähr dafür bieten, dass die Bestimmungen der Verordnung auch eingehalten werden. Die nicht nur vorübergehende Überlassung des Hundes an Dritte sowie das Entweichen eines Hundes ist der zuständigen Behörde anzuzeigen.

Erlaubnispflicht und -voraussetzungen für „gefährliche Hunde"

Das Halten und Führen „gefährlicher Hunde" im Sinne der Verordnung bedarf der Erlaubnis der zuständigen Behörde.

Die notwendige Erlaubnis ist für Hunde der zwölf katalogisierten Rassen *vor* Erwerb des Tieres einzuholen. Für Hunde, die sich erst im Nachhinein durch ihr Verhalten als gefährlich erwiesen haben, ist sie *unverzüglich*, das heißt ohne schuldhaftes Verzögern, zu beantragen. Die Erlaubnis zur Haltung eines „gefährlichen Hundes"

wird nur erteilt, wenn der Halter bereits **volljährig** ist, gegen seine körperliche Eignung und persönliche Zuverlässigkeit keine Bedenken bestehen und er die erforderliche Sachkunde besitzt. Der Hund muss verhaltensgerecht und ausbruchsicher untergebracht und **haftpflichtversichert** sein.

Die **Sachkunde** ist durch Ablegen einer Prüfung vor dem Prüfungsausschuss der Kreisordnungsbehörde nachzuweisen. Prüfungsinhalte sind insbesondere das Wesen und die Verhaltensweisen von Hunden, das richtige Verhalten des Menschen gegenüber Hunden sowie die wichtigsten Rechtsvorschriften im Umgang mit dem Hund.

Die **persönliche Zuverlässigkeit** ist in der Regel gegeben, es sei denn, einer der in § 6 Abs. 1 aufgeführten Tatbestände wurde verwirklicht. Die erforderliche **körperliche Eignung** besitzt *besonders* nicht, wer psychisch krank, seelisch oder geistig behindert oder wer trunk- oder rauschmittelsüchtig ist.

Werden alle Voraussetzungen erfüllt, erteilt die Behörde die Erlaubnis zur Haltung und Führung des Hundes, die allerdings auf fünf Jahre beschränkt ist. Danach ist das Vorliegen der Voraussetzungen erneut nachzuweisen. Beim Führen des Hundes ist die Bescheinigung stets mitzuführen.

Haltungsvoraussetzungen für „gefährliche Hunde"

Alle „gefährlichen Hunde" sind dauerhaft durch eine **Tätowierung oder** per **Mikrochip** zu kennzeichnen. Dies gilt auch für Hunde, deren vermutete Ge-

fährlichkeit widerlegt werden konnte
und die damit nicht mehr als gefährlich im Sinne des Verordnung gelten.
Darüber hinaus *kann* die örtliche Ordnungsbehörde anordnen, dass die
Hunde mit dem Großbuchstaben „G"
im linken Ohr oder auf dem linken
Hinterlauf besonders gekennzeichnet
werden, ob von dieser Möglichkeit
Gebrauch gemacht wird, hängt von
der jeweiligen Behörde ab.

Alle Zugänge zu Grundstücken und
Wohnungen, in denen „gefährliche
Hunde" gehalten werden, sind durch
deutlich sichtbare **Warnschilder** mit
der Aufschrift „Vorsicht, gefährlicher
Hund" oder „Vorsicht, bissiger Hund"
zu versehen.

Die Hunde dürfen auf Kinderspielplätze, an Badestellen und auf Liege-
plätze nicht mitgenommen werden.

Daneben besteht außerhalb von Privatgrundstücken allerorts **Leinenzwang** (maximal zwei Meter), ebenso
auf Zuwegen und in Treppenhäusern
von Mehrfamilienhäusern. **Maulkorbzwang** besteht für Hunde, die sich als
bissig erwiesen haben oder die eine
übermäßige Kampfbereitschaft, Angriffslust, Schärfe oder vergleichbare
Eigenschaft aufweisen. Damit besteht
die Pflicht zum Tragen eines Maulkorbes für alle Hunde der zwölf aufgelisteten Rassen, sofern ihre vermutete
Gefährlichkeit nicht widerlegt wurde.

Örtliche Ausnahmen vom Leinen-
und Maulkorbzwang – zum Beispiel
für Hundeauslaufgebiete – sieht die
Verordnung nicht vor.

„Gefährliche Hunde" dürfen
schließlich nur an zuverlässige Personen übergeben werden. Die nicht nur
vorübergehende Überlassung des
Hundes an einen Dritten muss der zuständigen Behörde angezeigt werden,
zum Beispiel die Abgabe des Hundes
an Bekannte während der Urlaubszeit.
Die Hunde dürfen nur einzeln geführt
werden.

Zucht und Ausbildung

„Gefährliche Hunde" im Sinne der
Verordnung dürfen nicht gewerbsmäßig gezüchtet werden.

Die nichtgewerbsmäßige Zucht „gefährlicher Hunde" ist erlaubnispflichtig. Hierfür bestehen die gleichen Voraussetzungen wie bei der Erlaubnis
zur Haltung der Hunde, vergleiche
oben unter Seite 70. Allerdings werden im Rahmen der Sachkundeprüfung zusätzlich spezielle kynologische
Kenntnisse verlangt. Die Erlaubnis
zum nichterwerbsmäßigen Züchten
berechtigt gleichzeitig auch zum Führen und Halten dieser Hunde, es muss
also keine doppelte Erlaubnis beantragt werden.

Die Ausbildung von „gefährlichen
Hunden" zu einer gesteigerten Aggressivität und Gefährlichkeit gegenüber Menschen und Tieren ist verboten. Ob hiervon auch die Ausbildung
zu Schutzzwecken umfasst wird, bleibt
offen. Die übrigen Länderverordnungen enthalten insoweit differenzierte
Regelungen.

Niedersachsen

Verordnung über das Halten gefährlicher Tiere (Gefahrtier-Verordnung – GefTVO) vom 05.07.2000.

§ 1

(1) Es ist verboten, nicht gewerblich
1. Hunde der Rassen Bullterrier und American Staffordshire Terrier,
2. Hunde des Typs Pitbull Terrier und
3. Kreuzungen mit Hunden dieser Rassen oder dieses Typs zu halten, zu züchten oder zu vermehren.

(2) Der Landkreis oder die kreisfreie Stadt erteilt für die Haltung von Hunden nach Absatz 1, die bei Inkrafttreten dieser Verordnung vorhanden waren, eine schriftliche Ausnahmegenehmigung, wenn
1. der Tierhalter die Fähigkeit des Hundes zu sozialem Verhalten durch einen Wesenstest vor einer von dem Landkreis oder der kreisfreien Stadt benannten sachverständigen Person oder Stelle nachgewiesen hat,
2. durch die Haltung dieses Hundes im Einzelfall keine Gefahr für Dritte entsteht und
3. der Tierhalter über die persönliche Eignung zur Haltung des Hundes, die auch durch Vorlage eines Führungszeugnisses (Auszug aus dem Bundeszentralregister) nachzuweisen ist, und die notwendige Sachkunde verfügt.

(3) Hunde, die dem Wesenstest nach Absatz 2 Nr.1 unterzogen worden sind, sind nach Anordnung des Landkreises oder der kreisfreien Stadt leicht erkennbar und dauerhaft zu kennzeichnen.

(4) Hat der Hund den Wesenstest nach Absatz 2 Nr.1 bestanden, so hat der Landkreis oder die kreisfreie Stadt dem Tierhalter aufzugeben, den Hund innerhalb einer bestimmten Frist unfruchtbar machen zu lassen.

(5) Wird der Wesenstest nicht bestanden, weil ein außergewöhnliches Aggressionspotential zu erkennen ist, durch das eine erhebliche Gefahr für Menschen besteht, so hat der Landkreis oder die kreisfreie Stadt die Tötung des Hundes anzuordnen.

(6) Der Tierhalter darf Hunde nach Absatz 1 außerhalb einer Privatwohnung oder eines ausbruchsicheren Grundstückes nur persönlich führen oder eine Person, die eine Bescheinigung des Landkreises oder der kreisfreien Stadt über die notwendige Sachkunde besitzt, damit beauftragen. Beim Führen des Hundes außerhalb einer Privatwohnung oder eines ausbruchsicheren Grundstücks ist dieser anzuleinen und mit einem Maulkorb zu versehen. Außerdem ist die Ausnahmegenehmigung mitzuführen und auf verlangen berechtigten Personen oder Stellen vorzuzeigen und zur Prüfung auszuhändigen. Die beauftragte Person hat zusätzlich ihre Bescheinigung über die Sachkunde mitzuführen und ebenso vorzuzeigen und zur Prüfung auszuhändigen.

(7) Die Kosten des Wesenstests, des Eignungs- und des Sachkundenachweises nach Absatz 2, der Kennzeichnung nach Ansatz 3 und der Unfruchtbarmachung nach Absatz 4 oder der Tötung nach Absatz 5 trägt der Tierhalter.

§ 2

(1) Wer nicht gewerblich einen in der Anlage 1 aufgeführten Hund hält, hat diesen außerhalb einer Privatwohnung oder eines ausbruchsicheren Grundstücks stets mit Maulkorb versehen und angeleint zu führen.

(2) Der Landkreis oder die kreisfreie Stadt kann vom Gebot des Absatz 1 Ausnahmen in entsprechender Anwendung des § 1 Abs. 2 genehmigen; § 1 Abs.3, 6 und 7 gilt entsprechend.

§ 5

(2) Bis zur Erteilung einer Genehmigung nach den §§ 1 oder 2 dieser Verordnung müssen die Hunde beim Verlassen einer Privatwohnung oder eines ausbruchsicheren Grundstücks einen Maulkorb tragen und angeleint sein.

(3) das recht der Verwaltungsbehörden, allgemein durch Verordnung oder im Einzelfall weiter gehende Regelungen über den Umgang mit Hunden, auch hins. der in § 2 Abs.1 und in Anlage 1 genannten Tiere, zu treffen, bleibt unberührt.

§ 6

(1) Ordnungswidrig i.S.d. § 59 Abs.1 des Niedersächsischen Gefahrenabwehrgesetzes handelt, wer vorsätzlich oder fahrlässig

1. entgegen § 1 Abs.1 (...) ohne Genehmigung ein Tier hält, jedoch nicht bis über einen Antrag auf Ausnahmegenehmigung (§ 1 Abs.2) noch nicht unanfechtbar entschieden ist, wenn dieser Antrag innerhalb von 10 Tagen nach Inkrafttreten dieser Verordnung gestellt worden ist,

2. entgegen § 1 Abs.1 einen Hund zur Zucht oder Vermehrung verwendet,

3. entgegen einer vollziehbaren Anordnung nach § 1 Abs.4 den Hund nicht oder nicht innerhalb der von der Behörde vorgegebenen frist unfruchtbar machen lässt,

4. entgegen einer vollziehbaren Anordnung nach § 1 Abs.5 den Hund nicht töten lässt,

5. entgegen § 1 Abs.6 S.1 den Hund durch eine Person führen lässt, die keine Bescheinigung über die notwendige Sachkunde besitzt,

6. entgegen einer vollziehbaren Anordnung nach § 1 Abs.6 S.2 den Hund ohne Maulkorb oder unangeleint führt,

7. entgegen § 1 Abs.6 S.3 und 4, auch in Verbindung mit § 2 Abs.2 Halbsatz 2 die Ausnahmegenehmigung oder die Bescheinigung über die Sachkunde nicht mitführt, vorzeigt oder aushändigt,

8. entgegen § 2 Abs.1 den Hund außerhalb einer Privatwohnung oder eines ausbruchsicheren Grundstücks ohne Maulkorb oder unangeleint führt, ohne im Besitz einer Ausnahmegenehmigung zu sein, oder

9. entgegen § 5 Abs.2 den Hund außerhalb einer Privatwohnung oder eines ausbruchsicheren Grundstücks ohne Maulkorb oder unangeleint führt.

(2) Die Ordnungswidrigkeit kann mit einer Geldbuße bis zu 10 000 Deutsche Mark geahndet werden.

Anlage 1 (zu § 2 Abs.1)

Dem § 2 Abs.1 unterfallen

1. Bullmastiff
2. Dobermann
3. Dogo Argentino
4. Fila Brasileiro
5. Kaukasischer Owtscharka
6. Mastiff
7. Mastin Espanol
8. Mastino Napoletano
9. Rottweiler
10. Staffordshire Bullterrier
11. Tosa-Inu und
12. Kreuzungen mit Hunden der Nummern 1 bis 11; ausgenommen sind Hunde bis zur Vollendung des 6. Lebensmonats und dienstlich geführte Hunde öffentlicher Stellen.

Überblick

Das Innenministerium hat drei Monate nach Erlass der Gefahrtier-Verordnung Durchführungshinweise erstellt. Daneben hat das niedersächsische Ministerium für Ernährung, Landwirtschaft und Forsten unter Mithilfe von Tierärzten und Sachverständigen ein „Anforderungsprofil" für den Wesenstest erstellt; das Ergebnis wurde in einer 30-seitigen Schrift mit dem Titel „Wesenstest für Hunde" zusammengefasst.

Die Haltung von Hunden dreier Rassen ist in Niedersachsen ausnahmslos verboten. Für weitere zwölf Rassen (Anlage 1) besteht Leinen- und Maulkorbzwang. Ausnahmen werden nur unter engen Voraussetzungen, unter anderem dem erfolgreichen Ablegen des Wesenstestes, erteilt. Verschärfungen für eine Haltung *aller* Hunde enthält die Verordnung dagegen nicht.

Auf dienstlich geführte Hunde finden die Vorschriften keine Anwendung. Die Durchführungshinweise stellen insoweit klar, dass als dienstlich geführte Hunde auch Blindenführhunde sowie Suchhunde in Suchstaffeln gelten. Sofern diese Hunde den in der Anlage 1 aufgelisteten Rassen angehören, dürfen sie entgegen § 2 Abs. 1 ohne Leine und Maulkorb geführt werden. Leider wurden die Behindertenbegleithunde nicht von der Verordnung ausgenommen.

Gemäß § 5 ist die Tötung eines Hundes anzuordnen, wenn dieser wegen eines außergewöhnlichen Aggressionspotentials den Wesenstest nicht bestanden hat und deshalb eine

erhebliche Gefahr für Menschen darstellt. Diese Regelung wurde durch Urteil des Oberverwaltungsgerichts OVG Lüneburgs, (AZ: 11 K 2877/00) für rechtswidrig erklärt. Nach Auffassung der Richter sei Maulkorb- und Leinenzwang auch für diese Hunde ausreichend. Die Revision zum Bundesverwaltungsgericht BVerwG wurde zugelassen, um eine bundeseinheitliche Regelung zu schaffen.

Haltungs- und Zuchtverbot für drei Rassen

§ 1 Abs. 1 verbietet die nicht gewerbliche Haltung, Züchtung und Vermehrung von Hunden der Rassen Bullterrier, American Staffordshire Terrier und Pit-Bull-Terrier sowie von Kreuzungen mit Hunden dieser Rassen. Allerdings bedeutet dies nicht die Abgabe sämtlicher Hunde dieser Rassen mit In-Kraft-Treten der Verordnung. In § 1 Abs. 2 wurde für bereits vorhandene Tiere eine Übergangsregelung geschaffen: Für diese Hunde kann eine **Ausnahmegenehmigung** zur Haltung erteilt werden, wenn der Hund einen Wesenstest erfolgreich abgelegt hat, gekennzeichnet und unfruchtbar gemacht wurde und der Halter darüber hinaus seine Sachkunde und persönliche Zuverlässigkeit nachweisen kann.

Die Durchführungshinweise stellen klar, dass als „Hunde, die bei In-Kraft-Treten der Verordnung vorhanden waren", auch Welpen gelten, die innerhalb von circa 65 Tagen nach dem 08.07.2000 geboren wurden. Gleiches gilt für Hunde, die aufgrund eines Wohnungswechsels des Halters nach Niedersachsen kamen oder noch kommen oder von einem niedersächsischen Halter mit Ausnahmegenehmigung übernommen wurden oder werden.

Voraussetzungen für die Erteilung einer Ausnahmegenehmigung zur Haltung eines Hundes gemäß § 1 Abs. 1

Der Hund muss durch einen **Wesenstest** die Fähigkeit zu sozialem Verhalten nachweisen. Der Test ist nach den Vorgaben des Ministeriums für Ernährung, Landwirtschaft und Forsten durchzuführen. Entsprechende Prüfungen anderer Bundesländer werden anerkannt, sofern sie den Anforderungen Niedersachsens entsprechen. Das Mindestalter der Hunde beträgt 15 Monate, da bei jüngeren Hunden noch kein dauerhaftes Verhalten und Wesen nachgewiesen werden kann. Die Hunde sind *vor* dem Ablegen des Wesenstestes dauerhaft durch **Mikrochip oder Tätowierung** zu kennzeichnen.

Geprüft wird der Hund auf sein Sozial- und Kommunikationsverhalten, indem er auf einem ihm unbekannten Gelände optischen und akustischen Reizen ausgesetzt wird. Der Hund wird mit verschiedenen Situationen konfrontiert, wie zum Beispiel vorbeilaufenden Joggern, weinenden Kindern, torkelnden und sich dem Hund nähernden Personen, Personen mit langen Mänteln und Hut, den Hund streifenden Personen (Körperkontakt). Ferner finden Begegnungen mit anderen Hunden und mit fremden Gegenständen, zum Beispiel Bällen, Kinderwagen, Blechdosen, Ballons et cetera, statt.

Die Prüfungssituationen sollen trotz allem einen alltäglichen Charakter bewahren, das heißt es darf zu keinem Abenteuerspaziergang für den Hund werden. Der Halter muss das Ergebnis des Wesenstests im Regelfall spätestens sechs Monate nach Antragstellung der zuständigen Behörde vorlegen.

Bei alten oder kranken Hunden kann ein „Wesenstest unter erleichterten Bedingungen" durchgeführt werden. In Zweifelsfällen entscheidet die zuständige Behörde auf der Grundlage eines tierärztlichen Gutachtens, in welchem Umfang der Test für den betreffenden Hund durchzuführen ist. Voraussetzung ist aber auch hier, dass der Halter zuverlässig und sachkundig ist und keine Anhaltspunkte dafür vorliegen, dass der Hund über ein außergewöhnliches Aggressionspotenzial verfügt.

Neben dieser „Erleichterung" machen die Durchführungshinweise aber auch scharfe Vorgaben: Für den Fall, dass sich aus den Angaben des Halters oder aus sonstigen (amtlichen) Erkenntnissen Anhaltspunkte dafür ergeben, dass der Hund ein übermäßiges Aggressionsverhalten aufweist und damit eine erhebliche Gefahr für Menschen darstellt, kann statt der Durchführung des Wesenstestes die Tötung des Hundes angeordnet werden. Eine im Ländervergleich einmalige „Möglichkeit", die Tötung eines Tieres *vor* Ablegung des Wesenstestes anzuordnen! Aus der Formulierung „kann" wird deutlich, dass die zuständige Gemeinde im Rahmen ihres eigenen Ermessens handeln und entscheiden muss, so dass abzuwarten bleibt, ob von dieser Möglichkeit tatsächlich Gebrauch gemacht werden wird.

Hat der Hund den Wesenstest bestanden, ist er innerhalb von vier Wochen **unfruchtbar** zu machen. Sofern bei einem Hund dies chirurgisch aus medizinischen Gründen nicht möglich ist, müssen auf der Grundlage eines tierärztlichen Gutachtens andere geeignete Maßnahmen getroffen werden, um Zucht und Vermehrung des Tieres zu verhindern.

Die **persönliche Zuverlässigkeit** des Halters ist durch Vorlage eines polizeilichen Führungszeugnisses nachzuweisen. Sie liegt nach den Durchführungsbestimmungen dann nicht vor, wenn einer der dort aufgelisteten Tatbestände verwirklicht wurde. Der Katalog ist mit denen der übrigen Länder identisch. Als nicht zuverlässig gelten in Niedersachsen darüber hinaus Minderjährige sowie solche Personen, die aufgrund ihrer körperlichen Verfassung nicht in der Lage sind, einen Hund sicher zu führen.

Als **sachkundig** gilt, wer einen Jagdschein oder die erfolgreiche Jägerprüfung nachweisen kann, wer eine Erlaubnis nach § 11 Abs.1 Nr.3 a TierschG zur Zucht oder Haltung von Hunden besitzt, wer mit seinem Hund die Begleithundeprüfung nach den Richtlinien des VDH oder nach vergleichbaren Richtlinien abgelegt hat und schließlich Personen, die seit mehr als drei Jahren Hunde halten und der Behörde schriftlich versichern, dass es während dieser Zeit zu keinen tierschutz- oder ordnungsbehördlich erfassten Vorkommnissen gekommen ist. Offen bleibt, ab welchem Zeitpunkt die Drei-Jahres-Frist berechnet

wird. In Anlehnung an die nordrhein-westfälische Verordnung ist vom Zeitpunkt des Inkrafttretens der Verordnung auszugehen.

Letztlich wird geprüft, ob von dem gehaltenen Hund im konkreten Fall eine **Gefahr für Dritte** ausgehen kann. Die Behörden treffen hier eine Prognoseentscheidung, in der sie alle ihnen vorliegenden Erkenntnisse berücksichtigen.

Haltungsvoraussetzungen für Hunde gemäß § 1 Abs. 1

Mit der Erteilung der Ausnahmegenehmigung wird dem Halter eine **rote Marke** übergeben, die der Hund am Halsband zu tragen hat.

Außerhalb von befriedeten Besitztümern besteht ständiger **Leinen- und Maulkorbzwang**. Die Leine darf eine Länge von maximal zwei Metern haben. Abweichend davon dürfen aber Hunde, die den Wesenstest bestanden haben, an einer Laufleine geführt werden.

Vom ständigen Tragen eines Maulkorbes können Ausnahmen gemacht werden, wenn durch ein tierärztliches Gutachten belegt wird, dass aufgrund einer akuten oder chronischen Erkrankung oder durch Anomalien vom Tragen eines Maulkorbes dem Hund erhebliche Schmerzen, Leiden oder Schäden zugefügt werden. Der Hund muss aber nachweislich soziales Verhalten aufweisen und darf keine Gefahr für Menschen darstellen. Darüber hinaus bestehen weder für den Leinen- noch für den Maulkorbzwang Ausnahmemöglichkeiten, auch nicht in Hundeauslaufgebieten.

Die Verordnung beinhaltet – im Gegensatz zu den meisten anderen Landesverordnungen – hinsichtlich der Pflicht zum Tragen eines Maulkorbes keine altersmäßige Beschränkung. Der Maulkorbzwang besteht also ab Geburt des Hundes. Zu Recht wird die Frage gestellt, wie der Junghund damit überhaupt das von der Verordnung geforderte soziale Verhalten erlernen und im Alter von 15 Monaten in einem Wesenstest beweisen soll.

Neben dem **Halter** dürfen nur sachkundige Personen den Hund führen. Ebenso wie der Hundehalter auch, müssen **Dritte**, die den Hund alleine führen wollen, einen **Sachkundenachweis** erbringen und diesen der zuständigen Behörde vorlegen. Diese behält sich im Einzelfall vor, die sonstige Eignung der Person zu überprüfen. Die Sachkundebescheinigung sowie die Bescheinigung über die Ausnahmegenehmigung sind stets mitzuführen.

Halten sich Halter von Hunden der drei benannten Rassen vorübergehend, zum Beispiel im Rahmen eines Urlaubes oder Wochenendbesuches, in Niedersachsen auf, müssen die Tiere ausbruchsicher untergebracht werden und dürfen nur mit Leine und Maulkorb geführt werden. Übersteigt die Aufenthaltsdauer sechs Wochen im Kalenderjahr, so ist ein Antrag auf Erteilung einer Ausnahmegenehmigung zur Haltung des Hundes zu beantragen.

Haltungsvoraussetzungen für „Anlagehunde"

Für Hunde der Anlage 1 besteht ein genereller **Leinen- und Maulkorbzwang**. Es handelt sich um folgende Rassen: Bullmastiff, Dobermann, Dogo Argentino, Fila Brasileiro, Kaukasischer Owtscharka, Mastiff, Mastin Espanol, Mastino Napoletano, Rottweiler, Staffordshire Bullterrier, Tosa Inu sowie Kreuzungen mit Hunden der ersten elf Rassen. Ausgenommen von dieser Regelung sind Hunde bis zur Vollendung des sechsten Lebensmonates.

Vom Leinen- und Maulkorbzwang können Ausnahmen erteilt werden. Dafür gelten die gleichen Voraussetzungen wie zur Erteilung einer Ausnahmegenehmigung (vergleiche Seite 75 f).

Für Hunde, die eine Begleithundeprüfung nach den Richtlinien des VDH erfolgreich abgelegt haben sowie für Junghunde über sechs Monate, die sich in einer Begleithundeausbildung befinden, kann eine Ausnahme von der Maulkorbpflicht erteilt werden, wenn der Halter sachkundig und zuverlässig und der Hund gekennzeichnet und bislang nicht auffällig geworden ist.

Bei einem vorübergehenden Aufenthalt solcher Hunde in Niedersachsen (bis zu sechs Wochen) ist zu beachten, dass die Tiere ausbruchsicher unterzubringen sind und nur angeleint (maximal zwei Meter) geführt werden dürfen. Vom Tragen eines Maulkorbes kann nur dann abgesehen werden, wenn der Hund eine Begleithunde- oder vergleichbare Prüfung erfolgreich abgelegt hat und dies belegt werden kann.

Nordrhein-Westfalen

Ordnungsbehördliche Verordnung über das Halten, die Zucht, die Ausbildung und das Abrichten bestimmter Hunde (Landeshundeverordnung – LHV Nordrhein-Westfalen) vom 30. Juni 2000.

§ 1 Anwendungsbereich und Meldepflicht
(1) Diese Verordnung gilt für das Halten von Hunden, die ausgewachsen eine Widerristhöhe von mindestens 40 cm oder aber ein Gewicht von mindestens 20 kg erreichen. Darüber hinaus gilt diese Verordnung für das Halten, die Zucht, die Ausbildung und das Abrichten von Hunden, die die Kriterien nach § 2 erfüllen, sowie ferner für Hunde der Rassen der Anlagen 1 und 2 oder Kreuzungen der darin genannten Rassen mit Hunden anderer Rassen oder Mischlingen, unabhängig von deren Größe oder Gewicht.
(2) Das Halten eines Hundes im Sinne von Absatz 1 ist der zuständigen Behörde vom Halter anzuzeigen.

§ 2 Begriffsbestimmungen
Als gefährliche Hunde im Sinne dieser Verordnung gelten:
a) Hunde, die auf Angriffslust oder Kampfbereitschaft oder Schärfe oder andere in der Wirkung gleichstehende Zuchtmerkmale gezüchtet werden oder die eine Ausbildung zum Nachteil des Menschen, zum Schutzhund oder eine Abrichtung auf Zivilschärfe begonnen oder abgeschlossen haben,
b) Hunde, die sich nach dem Gutachten des beamteten Tierarztes als bissig erwiesen haben,
c) Hunde, die in gefahrdrohender Weise einen Menschen angesprungen haben,
d) Hunde, die bewiesen haben, dass sie unkontrolliert Wild, Vieh, Katzen oder Hunde hetzen oder reißen.

§ 3 Voraussetzungen für das Halten von Hunden nach §1 Abs.1 Satz 1
(1) Hunde, die unter den Anwendungsbereich von § 1 Abs. 1 Satz 1 fallen, dürfen nur von Personen gehalten werden, die die dazu erforderlichen Kenntnisse und Fähigkeiten (Sachkunde) besitzen und über die dafür notwendige Zuverlässigkeit verfügen. Die Kenntnisse und Fähigkeiten sind der zuständigen Behörde für jeden gehaltenen Hund durch eine Bescheinigung einer Tierärztekammer des Landes Nordrhein-Westfalen nachzuweisen.
(2) Als sachkundig i.S.d. Absatzes 1 gelten
a) Personen, die seit mehr als 3 Jahren Hunde im Sinne von § 1 Abs. 1 Satz 1 halten, sofern es dabei zu keinen tierschutz- oder ordnungsbehördlich erfassten Vorkommnissen gekommen ist, und die dies der zuständigen Behörde schriftlich versichert haben,
b) Inhaber eines Jagdscheines oder Personen, die die Jägerprüfung mit Erfolg abgelegt haben,
c) Personen, die eine Erlaubnis nach § 11 Abs. 1 Nr. 3 Buchstabe a des Tierschutzgesetzes zur Zucht oder Haltung von Hunden besitzen.
(3) Zum Nachweis der Zuverlässigkeit ist vom Halter ein Führungszeugnis vorzulegen (Auszug aus dem Bundeszentralregister).
(4) Hunde im Sinne von § 1 Abs. 1 Satz 1 dürfen innerhalb im Zusammenhang bebauter Ortsteile auf öffentlichen Straßen und Plätzen sowie in öffentlichen Verkehrsmitteln nur angeleint geführt werden.
(5) Für Hunde im Sinne dieser Verordnung muss der Abschluss einer Haftpflichtversicherung nachgewiesen werden.
(6) Jeder Hund im Sinne dieser Verordnung

ist dauerhaft auf Kosten des Halters per Mikrochip zu kennzeichnen. Die Identität des Hundes (Rasse, Gewicht, Größe, Alter, Fellfarbe, Chipnummer) ist der zuständigen Behörde vom Halter mitzuteilen.

§ 4 Voraussetzungen für das Halten, die Zucht, die Ausbildung und das Abrichten von Hunden der Anlagen 1 und 2 sowie von gefährlichen Hunden

(1) Das Halten, die Ausbildung und das Abrichten von Hunden der Anlagen 1 und 2, von Kreuzungen der darin genannten Rassen, von Kreuzungen dieser Rassen mit Hunden anderer Rassen oder Mischlingen sowie von gefährlichen Hunden i.S.d. § 2 bedürfen der ordnungsbehördlichen Erlaubnis.

(2) Die Erlaubnis wird der antragstellenden Person nur erteilt, wenn

1. sie das 18. Lebensjahr vollendet hat,

2. sie ihre Sachkunde gegenüber der für den Vollzug des Tierschutzgesetzes zuständigen Behörde nachgewiesen hat,

3. sie die erforderliche Zuverlässigkeit besitzt,

4. die der Zucht, der Ausbildung, dem Abrichten oder dem Halten dienenden Räumlichkeiten, Einrichtungen und Freianlagen eine verhaltensgerechte und ausbruchsichere Unterbringung ermöglichen, so dass die körperliche Unversehrtheit von Mensch oder Tier nicht gefährdet wird,

5. die Voraussetzungen des § 3 Abs. 3, 5 und 6 erfüllt sind.

(3) Haltern von Hunden i.S.d. § 2 Buchstabe a oder der Anlage 1 wird die Erlaubnis darüber hinaus nur erteilt, wenn ein überwiegendes besonderes Interesse für das Halten, die Ausbildung oder das Abrichten nachgewiesen wird. Ein überwiegendes besonderes Interesse kann besonders dann vorliegen, wenn es der Bewachung eines gefährdeten Besitztums dient.

(4) Die Erlaubnis soll befristet und unter Vorbehalt des Widerrufs erteilt werden und kann besonders mit Bedingungen und Auflagen verbunden werden. Gegenstand einer Auflage kann auch die Verpflichtung zur Unfruchtbarmachung aufgrund des Gutachtens des beamteten Tierarztes sein. Auflagen können auch nachträglich aufgenommen, geändert und ergänzt werden. Die Erlaubnis ist zurückzunehmen, wenn nachträglich bekannt wird, dass eine der Voraussetzungen des Absatzes 2 bei der Erteilung der Erlaubnis nicht vorgelegen hat oder eine Voraussetzung nach Erteilung der Erlaubnis entfallen ist.

(5) Die Zucht mit gefährlichen Hunden im Sinne von § 2 und mit Hunden der Anlage 1 ist verboten.

§ 5 Zuverlässigkeit

(1) Die erforderliche Zuverlässigkeit (§ 3 Abs. 3, § 4 Abs. 2 Nr. 3) besitzen in der Regel Personen nicht, die besonders

a) wegen vorsätzlichen Angriffs auf das Leben oder die Gesundheit, Vergewaltigung, Zuhälterei, Land- oder Hausfriedensbruchs, Widerstandes gegen die Staatsgewalt, einer gemeingefährlichen Straftat oder einer Straftat gegen das Eigentum oder das Vermögen,

b) wegen einer im Zustand der Trunkenheit begangenen Straftat oder

c) wegen einer Straftat gegen das Tierschutzgesetz, das Waffengesetz, das Gesetz über die Kontrolle von Kriegswaffen, das Sprengstoffgesetz oder das Bundesjagdgesetz rechtskräftig verurteilt worden sind, wenn seit dem Eintritt der Rechtskraft der letzten Verurteilung fünf Jahre noch nicht verstrichen sind. In die Frist wird die Zeit nicht eingerechnet, in welcher der Antragsteller auf behördliche Anordnung in einer Anstalt verwahrt worden ist.

(2) Die erforderliche Zuverlässigkeit besitzen

ferner in der Regel Personen nicht, die
a) gegen die Vorschriften des Tierschutzgesetzes, des Waffengesetzes, des Gesetzes über die Kontrolle von Kriegswaffen, des Sprengstoffgesetzes oder des Bundesjagdgesetzes oder gegen § 4 Abs. 1 oder § 6 Abs. 2 und 3 dieser Verordnung verstoßen haben,
b) aufgrund einer psychischen Krankheit oder einer geistigen oder seelischen Behinderung Betreute nach § 1896 des Bürgerlichen Gesetzbuches sind,
c) trunksüchtig oder rauschmittelsüchtig sind oder
d) wahrheitswidrig eine Erklärung i.S.d. § 3 Abs. 2 Buchstabe a abgegeben haben.

§ 6 Halten gefährlicher Hunde und von Hunden der Anlagen 1 und 2

(1) Gefährliche Hunde und Hunde der Anlagen 1 und 2, Kreuzungen der darin genannten Rassen, Kreuzungen dieser Rassen mit Hunden anderer Rassen oder Mischlingen sind so zu halten, dass Menschen, Tiere oder Sachen nicht gefährdet werden.

(2) Innerhalb befriedeten Besitztums sind gefährliche Hunde und Hunde der Anlagen 1 und 2, Kreuzungen der darin genannten Rassen, Kreuzungen dieser Rassen mit Hunden anderer Rassen oder Mischlingen so zu halten, dass sie dieses gegen den Willen des Hundehalters nicht verlassen können.

(3) Außerhalb befriedeten Besitztums, bei Mehrfamilienhäusern auf Zu wegen und in deren Treppenhäusern, auf öffentlichen Straßen und Plätzen, in öffentlichen Verkehrsmitteln und in öffentlichen Räumen Mischlingen an der Leine zu führen. Darüber hinaus müssen sie einen das Beißen verhindernden Maulkorb oder eine in der Wirkung gleichstehende Vorrichtung tragen. Der Halter oder eine andere Aufsichtsperson muss von der körperlichen Konstitution her in der Lage sein, den Hund sicher an der Leine zu halten; die Leine muss so beschaffen sein, dass der Hund sicher gehalten werden kann. Eine andere Aufsichtsperson als der Halter muss das 18. Lebensjahr vollendet haben.

(4) Die zuständige Behörde kann für Hunde der Anlagen 1 und 2, Kreuzungen der darin genannten Rassen, Kreuzungen dieser Rassen mit Hunden anderer Rassen oder Mischlingen – sofern diese nicht die Kriterien des § 2 erfüllen – Ausnahmen von Absatz 3 Satz 1 und 2 zulassen, wenn der Hundehalter nachweist, dass eine Gefahr für die öffentliche Sicherheit nicht zu befürchten ist. Die Zulassung der Ausnahme kann befristet und unter dem Vorbehalt des Widerrufs erteilt sowie mit Bedingungen und Auflagen verbunden werden. Auflagen können auch nachträglich aufgenommen, geändert und ergänzt werden.

§ 7 Untersagung der Haltung gefährlicher Hunde sowie von Hunden der Anlagen 1 und 2

(1) Die zuständige Behörde hat das Halten eines gefährlichen Hundes und von Hunden der Anlagen 1 und 2 zu untersagen, wenn Tatsachen die Annahme rechtfertigen, dass die Erlaubnisvoraussetzungen des § 4 Abs. 2 nicht erfüllt werden oder dass durch das Halten eine Gefahr für Leben oder Gesundheit von Menschen oder Tieren besteht.

(2) Eine Untersagung nach Absatz 1 sowie andere nach Maßgabe des Ordnungsbehördengesetzes im Einzelfall getroffene Anordnungen zur Gefahrenabwehr, wie Verhaltenstherapierung, Unfruchtbarmachung, Unterbringung in einem Tierheim, Sicherstellung und Einschläferung sind unter Beachtung tierschutzrechtlicher Vorschriften unabhängig davon zulässig, ob eine Erlaubnis nach § 4 beantragt oder erteilt worden ist.

(3) Das Halten eines Hundes im Sinne von

§ 2 oder im Sinne der Anlagen 1 oder 2 kann auch untersagt werden, weil eine Erlaubnis nach § 4 nicht innerhalb einer von der zuständigen Behörde gesetzten Frist beantragt wurde oder danach nicht erteilt wurde.

§ 8 Zuständigkeiten
Zuständige Behörde im Sinne dieser Verordnung ist die örtliche Ordnungsbehörde.

§ 9 Ausnahmen vom Anwendungsbereich
Diese Verordnung findet auf Diensthunde der Bundes- und Landesbehörden sowie auf Diensthunde der Gemeinden und Gemeindeverbände keine Anwendung.

§ 10 Ordnungswidrigkeiten
(1) Ordnungswidrig handelt, wer vorsätzlich oder fahrlässig
1. entgegen § 1 Abs. 2 das Halten eines Hundes nicht anzeigt,
2. entgegen § 3 Abs. 1 einen Hund hält, ohne die erforderliche Sachkunde nachzuweisen,
3. entgegen § 3 Abs. 2 Buchstabe a wahrheitswidrig eine Erklärung abgibt,
4. entgegen § 3 Abs. 4 Hunde im Sinne von § 1 Abs. 1 Satz 1 innerhalb im Zusammenhang bebauter Ortsteile auf öffentlichen Straßen und Plätzen sowie in öffentlichen Verkehrsmitteln nicht angeleint führt,
5. entgegen § 3 Abs. 5 keine Haftpflichtversicherung nachweist,
6. entgegen § 3 Abs. 6 einen Hund nicht dauerhaft per Mikrochip kennzeichnet,
7. entgegen § 4 Abs. 5 mit gefährlichen Hunden im Sinne von § 2 oder Hunden der Anlage 1 züchtet,
8. entgegen § 6 Rassen, Kreuzungen dieser Rassen mit Hunden anderer Rassen oder Mischlingen innerhalb befriedeten Besitztums nicht so hält, dass sie dieses gegen den Willen des Hundehalters nicht verlassen können,

9. entgegen § 6 Abs. 3 Satz 1 gefährliche Hunde und Hunde der Anlagen 1 und 2, Kreuzungen der darin genannten Rassen, Kreuzungen dieser Rassen mit Hunden anderer Rassen oder Mischlingen nicht an der Leine führt oder entgegen § 6 Abs. 3 Satz 2 gefährlichen Hunden und Hunden der Anlagen 1 und 2 sowie Nachkommen aus Kreuzungen mit den darin genannten Rassen oder Mischlingen keinen Maulkorb oder eine in der Wirkung gleichstehende Vorrichtung aufsetzt.

(2) Die Ordnungswidrigkeit kann mit einer Geldbuße bis zu zweitausend Deutsche Mark (1.022 EURO) geahndet werden.

(3) Verwaltungsbehörde i.S.d. § 36 Abs. 1 Nr. 1 des Gesetzes über Ordnungswidrigkeiten ist die örtliche Ordnungsbehörde.

§ 11 Kommunale Rechtsvorschriften
Kommunale Rechtsvorschriften über das Halten von Hunden einschließlich von Anleingeboten bleiben unberührt, soweit diese Vorschriften nicht gefährliche Hunde im Sinne dieser Verordnung besonders betreffen.

§ 12 Inkrafttreten, Außerkrafttreten, Übergangsregelungen
(1) Die Verordnung tritt am Tage nach ihrer Verkündung in Kraft. Gleichzeitig tritt die Ordnungsbehördliche Verordnung über die Zucht, die Ausbildung, das Abrichten und das Halten gefährlicher Hunde (GefHuVO Nordrhein-Westfalen) vom 21. September 1994(GV. Nordrhein-Westfalen. S. 1086) außer Kraft.

(2) Abweichend von Absatz 1 Satz 1 treten in Kraft
a) § 1 Abs. 2 für die in § 1 Abs. 1 Satz 1 genannten Hunde ein Jahr nach Inkrafttreten dieser Verordnung,
b) § 3 Abs. 1 bis 3, 5 und 6 am 1. Januar 2002,

c) § 10 Abs. 1 Nr. 1 für die in § 1 Abs.1
Satz 1 genannten Hunde ein Jahr nach Inkrafttreten dieser Verordnung,

d) § 10 Abs. 1 Nr. 2 am 1. Januar 2002,

e) § 10 Abs. 1 Nr. 3 am 1. Januar 2002,

f) § 10 Abs. 1 Nr. 5 am 1. Januar 2002,

g) § 10 Abs. 1 Nr. 6 am 1. Januar 2002,

(3) Die Vorschriften des § 3 Abs. 2 Buchstabe a gelten für Personen, die am 1. Januar
2002 Hunde im Sinne von § 1 Abs. 1 Satz 1
seit mehr als drei Jahren halten.

(4) § 4 Abs. 3 gilt nicht im Hinblick auf
Hunde nach § 2 Buchstabe a oder Anlage 1,
die zum Zeitpunkt des Inkrafttretens dieser
Verordnung von einer bestimmten Person
gehalten werden.

Anlage 1

1. American Staffordshire Terrier
2. Pitbull Terrier
3. Staffordshire Bullterrier
4. Bullterrier
5. Mastino Napolitano
6. Mastino Espanol
7. Bordeaux Dogge
8. Dogo Argentino
9. Fila Brasileiro
10. Römischer Kampfhund
11. Chinesischer Kampfhund
12. Bandog
13. Tosa Inu

Anlage 2

1. Akbas
2. Berger de Brie (Briard)
3. Berger de Beauce (Beauceron)
4. Bullmastiff
5. Carpatin
6. Dobermann
7. Estrela-Berghund
8. Kangal
9. Kaukasischer Owtscharka
10. Mittelasiatischer Owtscharka
11. Südrussischer Owtscharka
12. Karakatschan
13. Karshund
14. Komondor
15. Kraski Ovcar
16. Kuvasz
17. Liptak (Goralenhund)
18. Maremmaner Hirtenhund
19. Mastiff
20. Mastin de los Pirineos
21. Mioritic
22. Polski Owczarek Podhalanski
23. Pyrenäenberghund
24. Raffeiro do Alentejo
25. Rottweiler
26. Slovensky Cuvac
27. Sarplaninac
28. Tibetanischer Mastiff
29. Tornjak

Überblick

Die Landeshundeverordnung Nordrhein-Westfalen wird ergänzt durch eine 36-seitige Verwaltungsvorschrift. Diese betrifft Hunde der in den Anlagen 1 und 2 aufgeführten Rassen („Anlagehunde"), „größere Hunde" (40 cm/20 kg) und individuell „gefährliche Hunde". Für alle unter diese Kategorien fallenden Hunde besteht eine Haftpflichtversicherungs- sowie Kennzeichnungspflicht. Ihre Halter müssen zuverlässig und sachkundig sein. Die Haltung, die Zucht, die Ausbildung und das Abrichten von „Anlagehunden" und „gefährlichen Hunden" ist erlaubnispflichtig. Darüber hinaus besteht eine nach Kategorien differenzierte Anlein- und Maulkorbpflicht. Die Neuanschaffung von Hunden der in Anlage 1 aufgeführten Rassen und von „gefährlichen Hunden" bedarf des Nachweises eines überwiegenden besonderen Interesses.

Die Verordnung findet nur auf Diensthunde keine Anwendung. Damit bleiben Rettungshunde von den neuen Bestimmungen genauso betroffen wie Blindenführ- und Behindertenbegleithunde. Die Verwaltungsvorschriften bestätigen dies, schaffen aber angepasste Ausnahmebestimmungen, um Beeinträchtigungen der Halter und Führer dieser speziell ausgebildeten Hunde zu vermeiden.

Die Möglichkeit einer Tötungsanordnung für „gefährliche Hunde" und Anlagehunde wurde in § 7 Abs. 2 aufgenommen. Das Oberverwaltungsgericht (OVG) Münster hat in einem Urteil vom 21.02.2001 (AZ: 5 B 838/00) entschieden, daß Bissigkeit ein „vernünftiger Grund" zur Tötung im Sinne des Tierschutzgesetzes (TierschG) sei.

Die Verfassungsbeschwerden verschiedener Halter wurden vom **Bundesverfassungsgericht** (BVerfG) nicht zur Entscheidung angenommen (**Beschluss des BVerfG vom 18.08.200, AZ: 1 BvR 1329/00**). Nach Auffassung der Richter lagen die Annahmevoraussetzungen nicht vor, weil den Verfassungsbeschwerden keine grundsätzliche verfassungsrechtliche Bedeutung zukomme und es darüber hinaus den Beschwerdeführern zuzumuten sei, vor Inanspruchnahme des BVerfG den Rechtsweg zu den Verwaltungsgerichten zu beschreiten.

Haltungsvoraussetzungen für „größere Hunde" („20/40"-Hunde)

Hunde, die ausgewachsen eine Widerristhöhe von mindestens 40 cm *oder* ein Gewicht von mindestens 20 kg erreichen, fallen unter die Kategorie „größere Hunde", unabhängig von ihrer Rassezugehörigkeit. Welpen bis zum Alter von sechs Monaten sind hiervon ausgenommen. Die Halter dieser Hunde sind verpflichtet, die Haltung den zuständigen örtlichen Ordnungsbehörden anzuzeigen. Dies gilt allerdings erst ab dem 06.07.2001, weil die Bestimmung erst dann in Kraft tritt. Diese Anzeigepflicht ist zu unterscheiden von der Erlaubnispflicht zur Haltung von „gefährlichen Hunden" und Anlagehunden (vergleiche hierzu unter Seite 86). Alle weiteren für größere Hunde relevanten Vorschriften sind in § 3 zusammengefasst, der erst am 01.01.2002 in Kraft tritt:

Die Hunde müssen dauerhaft per **Mikrochip** gekennzeichnet werden. Darüber hinaus ist der Abschluss einer **Haftpflichtversicherung** nachzuweisen.

Der Halter eines größeren Hundes muss seine **Sachkunde** nachweisen. Diese Voraussetzung ist bereits erfüllt, wenn ein Jagdschein vorgelegt werden kann, die Jägerprüfung mit Erfolg abgelegt oder wenn eine Erlaubnis zur Zucht oder Haltung von Hunden nach § 11 Abs. 1 Nr. 3 a erteilt wurde. Ebenso gilt als sachkundig, wer am 01.01.2001 größere Hunde im Sinne der Verordnung seit mehr als drei Jahren gehalten hat. Hierzu ist eine ununterbrochene Haltungsdauer notwendig. Hundehaltungsfreie Abschnitte von jeweils maximal drei Monaten werden wie Zeiten der Hundehaltung behandelt. In diesen Fällen kann vom Halter die Vorlage von Steuerbelegen, Tierarztbescheinigungen et cetera gefordert werden, um die einzelnen Haltungszeiträume zu dokumentieren. Bei den in der Vergangenheit gehaltenen Hunden kann es sich auch um unterschiedliche Rassen und Kreuzungen gehandelt haben; die Haltung immer nur einer Rasse ist nicht erforderlich. Die Haltungszeiten von Anlagehunden können ebenfalls angerechnet werden, nicht hingegen von solchen Hunden, die nicht von der Verordnung umfasst werden.

Wer sich in Nordrhein-Westfalen erstmals zur Anschaffung eines größeren Hundes entschließt und aufgrund seiner bisherigen „hundefreien Zeit" als nicht sachkundig gilt, muss den geforderten Nachweis im Rahmen eines Fachgespräches beziehungsweise

einer schriftlichen Prüfung erbringen. Näheres hierzu teilt die Behörde bei der Anmeldung des Hundes mit. Regelungsgrundlagen liegen derzeit noch nicht vor, weil die entsprechende Vorschrift auch noch nicht in Kraft ist. Gleiches gilt für Personen, die mit der Neuanschaffung eines größeren Hundes länger als drei Monate warten.

Die persönliche **Zuverlässigkeit** ist in der Regel gegeben, es sei denn, einer der in § 5 aufgeführten Tatbestände wurde verwirklicht. Daneben ist ein polizeiliches Führungszeugnis vorzulegen.

Leinenzwang für „20/40"-Hunde

Für „größere Hunde" besteht innerhalb im Zusammenhang bebauter Ortsteile, auf öffentlichen Straßen und Plätzen sowie in öffentlichen Verkehrsmitteln Leinenzwang, § 3 Abs. 4. Die entsprechende Vorschrift ist bereits in Kraft und ihre Einhaltung wird auch von den zuständigen Behördenvertretern kontrolliert.

Probleme bereitet besonders der Begriff **„im Zusammenhang bebaute Ortsteile"**. Die Verwaltungsvorschriften verweisen insofern auf die Konkretisierung dieses Begriffes im Baurecht, räumen aber im Weiteren ein, dass die Kenntnis dieser Definition von einem Laien nicht erwartet werden kann. Bei der Beurteilung des tatsächlichen Bebauungszusammenhanges ist somit letztlich maßgebend, „inwieweit eine aufeinanderfolgende Bebauung auch unter Berücksichtigung von Baulücken und Freiflächen den Eindruck der Geschlossenheit vermittelt." Entscheidend ist also die allgemeine Verkehrsauffassung unter Berücksichtigung des Schutzzweckes der Verordnung. Allgemein gültige Feststelllungen können nicht gemacht werden.

Innerhalb der im Zusammenhang bebauten Ortsteile besteht der Leinenzwang nur auf öffentlichen Straßen und Plätzen. Dazu gehören all die Bereiche, die dem öffentlichen Verkehr „gewidmet" sind, also Bürgersteige, Fußgängerzonen, Bahnhofsvorplätze, Marktplätze et cetera.

Außerhalb der im Zusammenhang bebauten Ortsteile – im „Außenbereich" – besteht keine Anleinpflicht, es sei denn, sie folgt aus Vorschriften der Kommunen, die nach wie vor Bestand haben. Im Wald dürfen Hunde *außerhalb* von Wegen nur angeleint geführt werden, § 2 Abs. 3 Satz 2 Landesforstgesetz (LFoG). Aus dieser Bestimmung folgt im Umkehrschluss, dass *auf* Waldwegen Hunde unangeleint laufen dürfen. Die Verwaltungsvorschrift stellt allerdings klar, dass diese Ausnahme vom Leinenzwang auf Waldwegen nicht für „gefährliche Hunde" und Anlagehunde gilt. Frei laufen dürfen größere Hunde schließlich auch in Hundeauslaufgebieten.

Auch auf Blindenführ-, Behindertenbegleit-, und Rettungshunde findet § 3 Abs. 4 Anwendung; ein Verstoß gegen die Anleinpflicht soll nach den Vorgaben der Verwaltungsvorschriften jedoch nicht zu einem ordnungsbehördlichen Einschreiten führen, da bei diesen Hunden aufgrund ihrer Ausbildung davon auszugehen ist, dass sie auch unangeleint keine Gefahr darstellen.

Die Anleinpflicht für „größere Hunde" gilt im Übrigen auch für Halter, die sich mit ihren Hunden nur vorübergehend in Nordrhein-Westfalen aufhalten (Urlaubs- und Durchreiseverkehr).

„Gefährliche Hunde" i.S.v. § 2

Rassenunabhängig gelten in Nordrhein-Westfalen Hunde als gefährlich, die auf Angriffslust, Kampfbereitschaft, Schärfe oder andere, in der Wirkung gleichstehende Zuchtmerkmale gezüchtet werden. Gleiches gilt für Hunde, die sich als bissig erwiesen haben, die in gefahrdrohender Weise einen Menschen angesprungen haben oder die wiederholt unkontrolliert Wild, Vieh, Katzen oder Hunde gehetzt oder gerissen haben.

Als gefährlich gelten nach dem Wortlaut der Verordnung auch Hunde, die zum Schutzhund ausgebildet werden. Diese Ausbildung ist aber nicht zu verwechseln mit der Schutzdienst- oder Sporthundeausbildung. Die Schutzhundausbildung ist ausschließlich den diensthundehaltenden Verwaltungen vorbehalten, das heißt solche Ausbildungen dürfen nicht in privaten Einrichtungen oder Vereinen durchgeführt werden. Hunde in der Ausbildung zum Schutzdienst oder in der Sporthundeausbildung sind dagegen keine „gefährlichen Hunde", soweit eine ordnungsgemäße Ausbildung begonnen oder bereits erfolgreich abgeschlossen wurde und eine Begleithundeausbildung vorausgegangen ist.

Werden Hunde für Wachdienstzwecke auf Zivilschärfe abgerichtet, gelten sie als „gefährliche Hunde" im Sinne der Verordnung.

Bestehen Zweifel an der Gefährlichkeit eines Hundes, ist ein tierärztliches Gutachten einzuholen. Wurde die individuelle Gefährlichkeit festgestellt, ist sie unwiderlegbar, das heißt für den Halter besteht keine Möglichkeit, die Ungefährlichkeit seines Hundes (zum Beispiel durch das erfolgreiche Ablegen eines Wesenstestes) zu beweisen.

Erlaubnispflicht und -voraussetzungen für die Haltung von „gefährlichen Hunden" und „Anlagehunden"

Das Halten, die Ausbildung und das Abrichten dieser Hunde bedarf der ordnungsbehördlichen Erlaubnis. Die Verwaltungsvorschriften weisen darauf hin, dass Leitern von Tierheimen eine generelle Erlaubnis zum Halten von Hunden erteilt werden kann; berufs- oder gewerbsmäßige Hundehalter und -ausbilder können eine Erlaubnis für bestimmte Hunderassen oder Kategorien erlangen. Keine Erlaubnis benötigen Personen, die sich nur vorübergehend (nicht länger als vier Wochen) in Nordrhein-Westfalen aufhalten. Erlaubniserteilungen anderer Bundesländer werden anerkannt, sofern sie den Anforderungen in Nordrhein-Westfalen entsprechen.

Voraussetzung für die Erlaubnis zur Haltung eines „gefährlichen Hundes" oder eines Anlagehundes ist die **Sachkunde** des Halters. Erforderlich ist die Ablegung einer theoretischen Prüfung, die folgende Themenbereiche umfasst:
- Sozialverhalten und Ausdrucksformen des Hundes
- Rassespezifische Eigenschaften
- Haltung, Fütterung und allgemeine Hygiene

- Erkennen typischer Gefahrensituationen mit Hunden
- Erziehung des Hundes
- Rechtsvorschriften über den Umgang mit Hunden.

Kann für einen Hund der Anlage 2 das erfolgreiche Absolvieren einer Verhaltensprüfung nachgewiesen werden (vergleiche Seite 87 f), ist automatisch auch von der Sachkunde des Halters auszugehen.

Zum **Zuverlässigkeit**serfordernis vergleiche oben Seite 84.

Im Übrigen muss der Halter **volljährig** und der Hund per **Mikrochip** gekennzeichnet und **haftpflichtversichert** sein. Die **verhaltensgerechte und ausbruchsichere Unterbringung** des Hundes ist durch Vorlage von Lageplänen, Grundrissen, Fotos und ähnliches zu belegen.

Wer die Erlaubnis zum Halten eines „gefährlichen Hundes" im Sinne von § 2 a oder eines Hundes der in der Anlage 1 aufgeführten Rassen beantragt, muss darüber hinaus ein **überwiegend besonderes Interesse** nachweisen. Dies gilt allerdings nur für diejenigen, die sich einen solchen Hund *nach* dem Inkrafttreten der Verordnung anschaffen wollen oder angeschafft haben; auf die zu diesem Zeitpunkt bereits vorhandenen Tiere findet die Vorschrift keine Anwendung. Das geforderte Interesse liegt besonders im Falle der Bewachung eines gefährdeten Besitztums vor, wobei das allgemeine Einbruchsrisiko hierfür nicht ausreicht. Im Übrigen werden sowohl private als auch öffentliche Interessen anerkannt. Die Verwaltungsvorschriften weisen aber ausdrücklich darauf hin, dass ein besonderes Interesse nur in Ausnahmefällen vorliegen wird: So zum Beispiel „wenn ein Hund aufgrund seiner Ausbildung oder Abrichtung eine besondere Funktion erfüllt, die ohne unverhältnismäßig hohen Aufwand nicht auf andere Art oder Weise oder kurzfristig durch andere Hunde erfüllt werden kann." Ein Beispiel wird für diesen Ausnahmefall leider nicht angeführt. Betroffenen Halter müssen sich also insoweit mit der für sie zuständigen Behörde auseinandersetzen. Zu bejahen ist das besondere private Interesse ausdrücklich bei Haltung ausgemusterter Diensthunde. Ein öffentliches Interesse kann im Einzelfall bei der Übernahme eines Hundes aus dem Tierheim vorliegen.

Die Erlaubnis wird immer nur befristet erteilt, um so das Vorliegen aller Voraussetzungen in regelmäßigen Abständen überprüfen zu können. Die Dauer der Befristung wird individuell festgelegt.

Haltungsvoraussetzungen für „gefährliche Hunde" und „Anlagehunde"

Die Hunde sind ausbruchsicher und verhaltensgerecht unterzubringen. **Leinen- und Maulkorbzwang** besteht außerhalb befriedeten Besitztums, auf Zuwegen und in Treppenhäusern von Mehrfamilienhäusern, auf öffentlichen Straßen und Plätzen in öffentlichen Verkehrsmitteln und in öffentlichen Räumen. Ohne Leine und Maulkorb dürfen sich „gefährliche Hunde" und „Anlagehunde" nur in Hundeauslaufgebieten bewegen, wobei für letztere die Möglichkeit weiterer Ausnahmen besteht.

Halter und Führer der Hunde müssen **körperlich in der Lage** sein, sie sicher zu führen. Die Leine darf nicht länger als anderthalb Meter sein. Minderjährige dürfen generell keine Hunde dieser Kategorien führen.

Zur Behandlung von Blindenführ- und Rettungshunden vergleiche die Ausführungen Seite 83. Warum die Behindertenbegleithunde in diesem Zusammenhang nicht erwähnt werden, bleibt offen.

Ausnahmen vom Leinen- und Maulkorbzwang für „Anlagehunde"

Ausnahmen können unter der Voraussetzung der erfolgreichen Ablegung einer **Verhaltensprüfung** erteilt werden. Diese wird durch den Tierarzt beim Veterinäramt sowie durch Sachverständige durchgeführt. Im Rahmen der Prüfung werden die Hunde mit optischen und akustischen Reizen sowie mit körperlichen Berührungen konfrontiert, wie sie im normalen Alltag vorkommen können. Ziel der Verhaltensprüfung soll nicht die Überprüfung des Wesens des Hundes in seiner Gesamtheit sein. Getestet wird vielmehr im Hinblick auf übermäßige, der jeweiligen Situation unangemessene Aggressionen.

Die zu prüfenden Hunde müssen mindestens fünfzehn Monate alt sein, da sich der Hund in jüngerem Alter noch in der Entwicklung befindet. Bis die Junghunde dieses Alter erreicht haben, wird den Haltern eine befristete Ausnahme bis zum Erreichen der fünfzehn Monate erteilt, sofern die Hunde mindestens alle zwei Wochen nachweislich an einer Junghundeausbildung teilnehmen. Junghunde, die von verhaltensgeprüften Elterntieren eines privaten Zuchtvereins abstammen, dessen Verhaltensprüfung vom Ministerium für Umwelt und Naturschutz, Landwirtschaft und Verbraucherschutz des Landes Nordrhein-Westfalen (MUNLV) anerkannt wurden, gelten bereits aufgrund ihrer Abstammung als ungefährlich. Diesen Tieren kann bis zum Erreichen des Mindestalters eine befristete Ausnahme ohne weitere Voraussetzungen erteilt werden.

Abweichend von der Verhaltensprüfung vor dem Tierarzt des Veterinäramtes kann für Hunde der in Anlage 2 aufgeführten Rassen die Verhaltensprüfung privater Zuchtvereine als Nachweis anerkannt werden, sofern die Prüfung durch das MUNLV als gleichwertig anerkannt wurde. Dies ist bei der Begleithundeprüfung des VDH sowie beim Team-Test des VDH bereits der Fall. In diesen Fällen können bereits die Vereine dem Halter eine Bescheinigung über die bestandene Verhaltensprüfung ausstellen. Gleiches gilt für Prüfungen anderer Bundesländer, sofern auch insoweit eine Gleichwertigkeit vom MUNLV bestätigt wurde.

Hunde, die von dem Leinen- und Maukorbzwang befreit wurden, müssen zur entsprechenden Kennzeichnung eine **grüne Plakette** tragen. Die Befreiungen können sowohl ganz als auch teilweise, zum Beispiel bezogen auf bestimmte Gebiete oder Tageszeiten erfolgen. Eine Befreiung von der Anleinpflicht darf jedoch nicht weiter gehen als der Leinenzwang für „40/20"-Hunde gilt, denn wenn schon für lediglich anzeigepflichtige, größere Hunde eine ausnahmslose Anleinpflicht in bestimmten Gebieten besteht, muss dies erst recht für die erlaubnispflichtigen Anlagehunde gelten.

Die dargestellten Ausnahmemöglichkeiten bestehen im Übrigen auch für Personen, die sich mit ihren Hunden nur vorübergehend (nicht länger als vier Wochen) in Nordrhein-Westfalen aufhalten.

Zuchtverbot

Die Zucht mit „gefährlichen Hunden" und mit Hunden der in Anlage 1 aufgeführten Rassen ist verboten. Für bestehende Zuchten bedeutet dies, dass die Hunde unter Beachtung der oben dargelegten Vorschriften zwar noch weiter gehalten werden dürfen, eine Zucht jedoch nicht mehr stattfinden darf.

Rheinland-Pfalz

**Gefahrenabwehrverordnung
vom 30.06.2000.**

§ 1 Gefährliche Hunde

(1) Als gefährliche Hunde im Sinne dieser Verordnung gelten:

1. Hunde, die sich als bissig erwiesen haben,
2. Hunde, die durch ihr Verhalten gezeigt haben, dass sie Wild oder Vieh hetzen oder reißen,
3. Hunde, die in aggressiver oder gefahrdrohender Weise Menschen angesprungen haben, und
4. Hunde, die eine über das natürliche Maß hinausgehende Kampfbereitschaft, Angriffslust, Schärfe oder andere in ihrer Wirkung vergleichbare Eigenschaften entwickelt haben.

(2) Hunde der Rassen Pitbull Terrier, American Staffordshire Terrier und Staffordshire Bull Terrier sowie Hunde, die von einer dieser Rassen abstammen, sind gefährliche Hunde i.S.d. Abs. 1.

§ 2 Zucht- und Handelsverbote, Unfruchtbarmachung

(1) Die Zucht, die Vermehrung und der Handel mit gefährlichen Hunden sind verboten.

(2) Die örtliche Ordnungsbehörde soll die Unfruchtbarmachung eines gefährlichen Hundes anordnen, wenn die Gefahr der Heranbildung gefährlicher Nachkommen besteht.

(3) Hunde dürfen nicht durch Zuchtauswahl, Ausbildung oder Haltung zu gefährlichen Hunden herangebildet werden.

§ 3 Haltung gefährlicher Hunde

(1) Wer einen gefährlichen Hund halten will, bedarf der Erlaubnis der örtlichen Ordnungsbehörde. Die Erlaubnis wird nur erteilt, wenn

1. ein berechtigtes Interesse an der Haltung eines gefährlichen Hundes besteht,
2. die antragstellende Person die zur Haltung eines gefährlichen Hundes erforderliche Sachkunde besitzt und das 18. Lebensjahr vollendet hat und
3. keine Tatsachen die Annahme rechtfertigen, dass die antragstellende Person die zur Haltung eines gefährlichen Hundes erforderliche Zuverlässigkeit nicht besitzt.

(2) Ein berechtigtes Interesse an der Haltung eines gefährlichen Hundes kann besonders vorliegen, wenn diese der Bewachung eines gefährdeten Besitztums dient.

(3) Der Nachweis der zur Haltung eines gefährlichen Hundes erforderlichen Sachkunde wird durch die Bescheinigung einer von der Landestierärztekammer Rheinland-Pfalz benannten sachverständigen Person oder Stelle über eine nach dem Prüfungsstandards der Landestierärztekammer Rheinland-Pfalz erfolgreich abgelegte Sachkundeprüfung erbracht. Er gilt für die Halterin oder den Halter nur in Verbindung mit dem Hund, mit dem die Sachkundeprüfung abgelegt worden ist, und nur für einen Zeitraum von fünf Jahren.

(4) Die zur Haltung eines gefährlichen Hundes erforderliche Zuverlässigkeit besitzt in der Regel nicht, wer

1. wegen der vorsätzlichen Begehung einer Straftat oder mindestens zweimal wegen einer im Zustand der Trunkenheit begangenen Straftat rechtskräftig verurteilt worden ist, wenn seit dem Eintritt der Rechtskraft der letzten Verurteilung fünf Jahre noch nicht verstrichen sind,
2. trunksüchtig, rauschmittelsüchtig, geisteskrank oder geistesschwach ist oder
3. wiederholt gegen Bestimmungen in Abs. 1 Satz 1 oder Abs. 5, § 2 Abs. 1 oder 3, § 4 oder § 5 verstoßen hat.

(5) Zum Nachweis der Zuverlässigkeit kann die Vorlage eines Führungszeugnisses verlangt werden.

(6) Gefährliche Hunde sind so zu halten, dass Menschen, Tiere und Sachen nicht gefährdet werden. Sie sind besonders in sicherem Gewahrsam zu halten.

§ 4 Kennzeichnungs- und Mitteilungspflichten

(1) Gefährliche Hunde sind durch einen elektronisch lesbaren Chip dauerhaft und unverwechselbar so zu kennzeichnen, dass ihre Identität und Gefährlichkeit festgestellt werden kann. Die Kennzeichnung hat durch eine praktizierende Tierärztin oder einen praktizierenden Tierarzt zu erfolgen. Die Halterin oder der Halter des gefährlichen Hundes hat der örtlichen Ordnungsbehörde die Kennzeichnung des gefährlichen Hundes durch eine Bescheinigung der Tierärztin oder des Tierarztes, die oder der die Kennzeichnung vorgenommen hat, nachzuweisen. In der Bescheinigung sind die auf dem Chip gespeicherten Daten anzugeben.

(2) Wer als Halterin oder Halter einen gefährlichen Hund einer anderen Person länger als vier Wochen zur Obhut überlässt, hat unter Angabe des Namens und der Anschrift dieser Person den dortigen Verbleib des Hundes unverzüglich der für den Wohnsitz der Halterin oder des Halters zuständigen örtlichen Ordnungsbehörde mitzuteilen. Der gefährliche Hund darf nur einer Person zur Obhut überlassen werden, die das 18. Lebensjahr vollendet hat und die erforderliche Zuverlässigkeit besitzt; § 3 Abs. 4 gilt entsprechend. Die örtliche Ordnungsbehörde kann die Überlassung untersagen, wenn Tatsachen die Annahme rechtfertigen, dass dadurch eine Gefahr für die öffentliche Sicherheit besteht.

(3) Das Abhandenkommen eines gefährlichen Hundes ist von der Halterin oder dem Halter unverzüglich der örtlichen Ordnungsbehörde mitzuteilen.

§ 5 Führen gefährlicher Hunde

(1) Außerhalb des befriedeten Besitztums sowie bei Mehrfamilienhäusern auf Zuwegen, in Treppenhäusern und Fluren sowie in sonstigen, von der Hausgemeinschaft gemeinsam genutzten Räumen darf einen gefährlichen Hund nur führen, wer das 18. Lebensjahr vollendet hat, körperlich in der Lage ist, den Hund sicher zu führen, und die zur Führung eines gefährlichen Hundes erforderliche Zuverlässigkeit besitzt. § 3 Abs. 4 gilt entsprechend.

(2) Es ist unzulässig, einen gefährlichen Hund außerhalb des befriedeten Besitztums sowie bei Mehrfamilienhäusern auf Zuwegen, in Treppenhäusern und Fluren sowie in sonstigen, von der Hausgemeinschaft gemeinsame genutzten Räumen von einer Person führen zu lassen, die nicht die Voraussetzungen des Abs. 1 erfüllt.

(3) Eine Person darf nicht gleichzeitig mehrere gefährliche Hunde führen.

(4) Außerhalb des befriedeten Besitztums sowie bei Mehrfamilienhäusern auf Zuwegen, in Treppenhäusern und Fluren sowie in sonstigen, von der Hausgemeinschaft gemeinsam genutzten Räumen sind gefährliche Hunde anzuleinen und haben einen das Beißen verhindernden Maulkorb zu tragen.

(5) Die örtliche Ordnungsbehörde kann Ausnahmen vom Maulkorbzwang nach Abs. 4 zulassen, wenn im Einzelfall eine Gefahr für die öffentliche Sicherheit nicht zu befürchten ist.

§ 6 Ordnungswidrigkeiten

(1) Ordnungswidrig i.S.d. § 37 Abs. 1 POG handelt, wer unerlaubt vorsätzlich oder fahrlässig

1. entgegen § 2 Abs. 1 eine Zucht oder einen Handel mit gefährlichen Hunden betreibt oder eine Vermehrung nicht verhindert,
2. entgegen § 2 Abs. 3 einen Hund durch Zuchtauswahl, Ausbildung oder Haltung zu einem gefährlichen Hund heranbildet,
3. entgegen § 3 Abs. 1 Satz 1 einen gefährlichen Hund ohne die erforderliche Erlaubnis hält,
4. entgegen § 3 Abs. 5 einen gefährlichen Hund nicht so hält, dass Menschen, Tiere und Sachen nicht gefährdet werden,
5. entgegen § 4 Abs. 1 Satz 3 als Halterin oder Halter die Kennzeichnung eines gefährlichen Hundes nicht nachweist,
6. entgegen § 4 Abs. 2 Satz 1 als Halterin oder Halter den Verbleib des gefährlichen Hundes nicht, nicht richtig, nicht vollständig oder nicht rechtzeitig mitteilt,
7. entgegen § 4 Abs. 2 Satz 2 als Halterin oder als Halter einen gefährlichen Hund einer anderen Person zur Obhut überlässt, die noch nicht 18 Jahr alt ist oder nicht die erforderliche Zuverlässigkeit besitzt,
8. entgegen § 4 Abs. 3 als Halterin oder Halter das Abhandenkommen des gefährlichen Hundes nicht oder nicht rechtzeitig mitteilt,
9. entgegen § 5 Abs. 1 einen gefährlichen Hund führt, obwohl er noch nicht 18 Jahre alt oder dazu körperlich nicht in der Lage ist oder nicht die zur Führung eines gefährlichen Hundes erforderliche Zuverlässigkeit besitzt,
10. entgegen § 5 Abs. 2 einen gefährlichen Hund von einer Person führen lässt, die noch nicht 18 Jahre als oder dazu körperlich nicht in der Lage ist oder nicht die zur Führung eines gefährlichen Hundes erforderliche Zuverlässigkeit besitzt,
11. entgegen § 5 Abs. 3 mehrere gefährliche Hunde gleichzeitig führt oder

12. entgegen § 5 Abs. 4 einen gefährlichen Hund nicht anleint oder ohne einen das Beißen verhindernden Maulkorb führt.
(2) Die Ordnungswidrigkeit kann mit einer Geldbuße bis zu 10 000,00 DM geahndet werden.
(3) Verwaltungsbehörde i.S.d. § 36 Abs. 1 Nr. 1 des Gesetzes über Ordnungswidrigkeiten ist die örtliche Ordnungsbehörde.

§ 7 Widerruf der Erlaubnis, Zwangsmittel
(1) Die Erlaubnis nach § 3 Abs. 1 kann von der örtlichen Ordnungsbehörde jederzeit widerrufen werden, wenn die Voraussetzungen für ihre Erteilung wegfallen.
(2) Die örtliche Ordnungsbehörde hat bei fortdauernden Verstößen gegen diese Verordnung Zwangsmittel anzuwenden.

§ 8 Ausnahme
Diensthunde des Bundes, des Landes und der kommunalen Gebietskörperschaften, Herdengebrauchshunde und Jagdhunde dürfen abweichend von § 2 Abs. 3 mit dem Ziel einer gesteigerten Aggressivität und Gefährlichkeit gegenüber Menschen und Tieren ausgebildet werden, soweit dies für die jeweilige Zweckbestimmung erforderlich ist. Für Herdengebrauchshunde und Jagdhunde gilt abweichend von § 3 Abs. 3 auch eine Bescheinigung über eine bestandene Jägerprüfung als Sachkundenachweis; § 5 Abs. 3 und 4 gilt für diese Hunde nicht, soweit sie im Rahmen ihrer jeweiligen Zweckbestimmung eingesetzt werden. Die §§ 3 bis 5 finden auf Diensthunde des Bundes, des Landes und der kommunalen Gebietskörperschaften keine Anwendung.

§ 9 Sonstige Vorschriften über das Halten und Führen von Hunden
Gefahrenabwehrverordnungen und sonstige allgemein verbindliche Vorschriften der all-

gemeinen Ordnungsbehörden über das Halten und Führen von Hunden, besonders im Hinblick auf Anleingebote, bleiben unberührt, soweit sie nicht gefährliche Hunde betreffen.

§ 10 Übergangsbestimmungen

(1) Abweichend von § 2 Abs. 1 sind die Zucht und der Handel mit dem bei Inkrafttreten dieser Verordnung vorhandenen Bestand an gefährlichen Hunden zulässig, wenn dieser Bestand binnen zwei Monaten nach Inkrafttreten dieser Verordnung der örtlichen Ordnungsbehörde angezeigt und ihr die Kontrolle ermöglicht wird.

(2) Personen, die beim Inkrafttreten dieser Verordnung einen gefährlichen Hund halten, bedürfen abweichend von § 3 Abs. 1 Satz 1 keine Erlaubnis, wenn sie der örtlichen Ordnungsbehörde binnen zwei Monaten nach Inkrafttreten dieser Verordnung unter Angabe ihrer Personalien die Haltung, die Rasse und das Alter schriftlich anzeigen. In den Fällen des Satzes 1 kann die örtliche Ordnungsbehörde die Haltung untersagen, wenn Tatsachen die Annahme rechtfertigen, dass die Halterin oder der Halter die zur Haltung eines gefährlichen Hundes erforderliche Zuverlässigkeit nicht besitzt, oder wenn nicht binnen vier Monaten nach Inkrafttreten dieser Verordnung die zur Haltung eines gefährlichen Hundes erforderliche Sachkunde gemäß § 3 Abs. 3 nachgewiesen wird.

(3) Personen, die beim Inkrafttreten dieser Verordnung einen gefährlichen Hund halten, haben diesen binnen zwei Monaten nach Inkrafttreten dieser Verordnung gemäß § 4 Abs. 1 kennzeichnen zu lassen und dies unverzüglich der örtlichen Ordnungsbehörde nachzuweisen.

 Überblick

In Rheinland-Pfalz werden Hunde der Rassen Pitbull Terrier, American Staffordshire Terrier und Staffordshire Bullterrier generell als gefährlich angesehen. Diese **vermutete Gefährlichkeit** kann auch nicht widerlegt werden. Gleiches gilt – unabhängig von der Rasse – für Hunde, die sich aufgrund ihres Verhaltens als gefährlich erwiesen haben.

Die Haltung „gefährlicher Hunde" ist erlaubnispflichtig und es besteht ein Zucht- und Handelsverbot. In § 10 wurden hinsichtlich dieser neuen Bestimmungen Übergangsregelungen geschaffen. Die übrigen Haltungsbestimmungen sind selbstverständlich auch für diese Hunde zu beachten.

Auf Diensthunde findet die Verordnung im Wesentlichen keine Anwendung, für Herdengebrauchs- und Jagdhunde bestehen einzelne Ausnahmen, für Blindenführ- und Behindertenbegleithunde leider nicht. Verschärfungen für die Haltung aller Hunde enthält die Verordnung nicht, ebenso wenig die Möglichkeit einer Tötungsanordnung. Eine Überprüfung der Verordnung im Nomenkontrollverfahren vor dem Oberverwaltungsgericht lehnte das OVG Koblenz ab (AZ: 11 C 1130 3/00).

Erlaubnispflicht für „gefährliche Hunde"

Die Haltung eines „gefährlichen Hundes" ohne Erlaubnis ist verboten und stellt eine Ordnungswidrigkeit dar, die mit einer Geldbuße bis zu 10 000 DM geahndet werden kann. Der Antrag ist bei der örtlichen Ordnungsbehörde zu stellen. Nachgewiesen werden muss ein **berechtigtes Interesse** an der Haltung eines „gefährlichen Hundes", z. B. *besonders* dann, wenn der Hund der Bewachung eines gefährdeten Besitztums dient. Wann es darüber hinaus anerkanntermaßen vorliegt, bleibt leider offen. Es ist davon auszugehen, dass nur absolute Ausnahmefälle von den Behörden anerkannt werden.

Neben der **Volljährigkeit** des Halters ist auch dessen **Sachkunde** Voraussetzung. Erforderlich hierfür ist eine entsprechende Prüfung vor der Landestierärztekammer, die aus einem theoretischen und einem praktischen Teil besteht. Im Theorieteil wird folgendes geprüft:

* Hund und Recht
* Der Hundehalter in der Öffentlichkeit
* Verhalten des Hundes
* Welpenkauf- und -aufzucht
* Haltung, Pflege, Gesundheit und Ernährung des Hundes
* Lernverhalten des Hundes und Erziehungshilfsmittel
* Mensch-Hund-Beziehung.

Der praktische Teil wird auf dem Hundeübungsplatz sowie im öffentlichen Verkehrsraum durchgeführt. Geprüft wird der allgemeine Gehorsam und das Verhalten des Hundes auf verschiedene Umwelteinflüsse (wie Jogger, Radfahrer). Die Sachkundeprüfung muss alle fünf Jahre wiederholt werden. Die bestandene Jägerprüfung wird als Nachweis anerkannt.

Die **persönliche Zuverlässigkeit** des Halters ist in der Regel gegeben, es sei denn, einer der in § 3 Abs. 4 aufgeführten Tatbestände wurde verwirk-

licht. Gegebenenfalls ist ein polizeiliches Führungszeugnis vorzulegen.

Haltungsbestimmungen für „gefährliche Hunde"

Die Hunde sind ausbruchsicher unterzubringen. Außerhalb des befriedeten Besitztums sowie auf Zuwegen, in Fluren und Treppenhäusern von Mehrfamilienhäusern besteht **Leinen- und Maulkorbzwang**. Ausnahmen vom Leinenzwang sind nicht möglich, auch nicht in Hundeauslaufgebieten. Von der Pflicht zum ständigen Tragen eines Maulkorbes kann die örtliche Behörde im Einzelfall Ausnahmen zulassen, sofern eine Gefahr für die öffentliche Sicherheit nicht besteht. Für Herdengebrauchs- und Jagdhunde „im Einsatz" besteht kein Leinen- und Maulkorbzwang.

An den oben genannten Orten dürfen die Hunde nur von volljährigen Personen geführt werden, die körperlich dazu in der Lage sind, den Hund sicher zu führen und als zuverlässig im Sinne der Verordnung gelten. Insoweit bestehen die gleichen Anforderungen wie beim Halter. Weder der Hundehalter noch andere Personen dürfen mehrere „gefährliche Hunde" gleichzeitig führen, außer Herdengebrauchs- oder Jagdhunde im Rahmen ihrer zweckmäßigen Verwendung.

Gibt der Halter seinen Hund für mehr als vier Wochen in die Obhut einer anderen (volljährigen und zuverlässigen) Person, ist dies der zuständigen Behörde anzuzeigen.

Außerdem müssen die Hunde durch einen **Mikrochip** gekennzeichnet sein.

Saarland

Polizeiverordnung über den Schutz der Bevölkerung von gefährlichen Hunden im Saarland vom 26. Juli 2000.

§ 1 Gefährliche Hunde

(1) Gefährliche Hunde im Sinne dieser Verordnung sind:

1. Hunde, die sich als bissig erwiesen haben,
2. Hunde, die in aggressiver und gefahrdrohender Weise Menschen oder Tiere angesprungen haben,
3. Hunde, die aus Angriffslust oder Schärfe oder andere in der Wirkung gleichstehende Zuchtmerkmale gezüchtet oder ausgebildet wurden.

(2) Bei Zweifeln über die Gefährlichkeit eines Hundes kann die zuständige Behörde das Vorliegen der Voraussetzungen des Abs. 1 feststellen.

(3) Halterinnen oder Halter von Hunden haben, nachdem sie ihren Hund als gefährlich i.S.d. Abs. 1 Nr. 1 oder 2 erkannt haben oder hätten erkennen müssen, oder die Behörde diesen für gefährlich erklärt hat, unverzüglich die erforderliche Sachkundebescheinigung zu erwerben und eine Erlaubnis i.S.d. § 2 einzuholen.

§ 2 Erlaubnisvorbehalt

(1) Die nicht gewerbsmäßige Zucht, die Ausbildung und das Halten gefährlicher Hunde i.S.d. § 1 Abs. 1 Nr. 3 sowie jegliches Abrichten von Hunden auf Angriffslust oder Schärfe oder ein anderes in der Wirkung gleichstehendes Verhalten sind verboten.

(2) Die Ausbildung und das Halten gefährlicher Hunde i.S.d. § 1 Abs. 1 Nr. 1 und 2 bedürfen der Erlaubnis.

(3) Die Erlaubnis nach Abs. 2 wird nur erteilt, wenn

1. die antragstellende Person die erforderliche Sachkunde (§ 4) nachgewiesen und das 18. Lebensjahr vollendet hat,
2. keine Tatsachen die Annahme rechtfertigen, dass die antragstellende Person die erforderliche Zuverlässigkeit nicht besitzt; ein aktueller Auszug aus dem Bundeszentralregister ist vorzulegen,
3. die der Ausbildung und dem Halten dienenden Räumlichkeiten, Einrichtungen und Freianlagen eine ausbruchsichere Unterbringung des Hundes ermöglichen, so dass die körperliche Unversehrtheit von Mensch oder Tier nicht gefährdet wird,
4. die Hundehalterin oder der Hundehalter den Nachweis des Bestehens einer Haftpflichtversicherung mit einer Mindestdeckungssumme von 2 Mio. DM für Personenschäden und 1 Mio. DM für Sachschäden erbringt und jeweils einmal jährlich deren Fortbestehen nachweist.

(2) Die Erlaubnis kann befristet und unter Vorbehalt des Widerrufs erteilt sowie mit Bedingungen und Auflagen verbunden werden. Auflagen können auch nachträglich aufgenommen, geändert und ergänzt werden. Die Erlaubnis kann wieder zurückgenommen werden, wenn eine der Voraussetzungen für die Erteilung nachträglich wegfällt.

(3) Die zuständige Behörde hat die Haltung eines gefährlichen Hundes zu untersagen, wenn die erforderliche Erlaubnis nicht eingeholt wurde, nicht erteilt werden konnte oder entzogen wurde. Das gleiche gilt, wenn Tatsachen die Annahme rechtfertigen, dass durch das Halten eine Gefahr für Leben oder Gesundheit von Menschen oder Tieren besteht.

§ 3 Zuverlässigkeit

(1) Die erforderliche Zuverlässigkeit besitzen in der Regel Personen nicht, die

1. wegen vorsätzlichen Angriffs auf das Leben oder die Gesundheit, Vergewaltigung, Zuhälterei, Land- oder Hausfriedensbruch, Widerstandes gegen die Staatsgewalt, einer gemeingefährlichen Straftat oder einer Straftat gegen das Eigentum oder das Vermögen
2. mindestens zweimal wegen einer im Zustand der Trunkenheit begangenen Straftat oder
3. wegen einer Straftat gegen das Tierschutzgesetz, das Waffengesetz, das Gesetz über die Kontrolle von Kriegswaffen, das Sprengstoffgesetz, das Bundesjagdgesetz oder das saarländische Jagdgesetz rechtskräftig verurteilt worden sind.

(2) Die erforderliche Zuverlässigkeit besitzen ferner in der Regel Personen nicht, die
1. wiederholt oder gröblich gegen Vorschriften des Tierschutzgesetzes, des Waffengesetzes, des Gesetzes über die Kontrolle von Kriegswaffen, des Sprengstoffgesetzes, des Bundesjagdgesetzes, des saarländischen Jagdgesetzes oder gegen § 2 Abs. 1 oder Abs. 2 oder § 5 Abs. 3 oder § 6 Abs. 1, 3 oder 4 dieser Verordnung verstoßen haben,
2. aufgrund einer psychischen Krankheit oder einer geistigen oder seelischen Behinderung betreute nach § 1896 des BGB sind oder
3. trunksüchtig oder rauschmittelsüchtig sind.

§ 4 Sachkundenachweis

(1) Der Nachweis über die erforderliche Sachkunde wird durch erfolgreiche Teilnahme an einem entsprechenden von der zuständigen Behörde anerkannten Lehrgang erbracht, dessen Kosten die Halterin oder der Halter zu tragen hat. Die Halterin oder der Halter hat besonders ausreichende Kenntnisse über
1. das Wesen und die Verhaltensweisen des Hundes,
2. das richtige Verhalten von Menschen gegenüber Hunden,
3. die wichtigsten Rechtsfragen im Zusammenhang mit der Zucht, dem Abrichten, der Ausbildung und dem Halten von Hunden nachzuweisen.
Die zuständige Behörde benennt hierzu zugelassene Sachverständige. Die zuständige oberste Landesbehörde erlässt die hierzu notwendigen Verwaltungsvorschriften.

(2) Die Sachkundebescheinigung gilt für die Hundehalterin oder den Hundehalter jeweils nur in Verbindung mit dem gefährlichen Hund, für den die Sachkunde nachgewiesen wurde.

§ 5 Haltung

(1) Gefährliche Hunde sind so zu halten, dass Menschen, Tiere oder Sachen nicht gefährdet werden.

(2) Gefährliche Hunde sind innerhalb befriedeten Besitztums so zu halten, dass diese gegen den Willen der Hundehalterin oder des Hundehalters das befriedete Besitztum nicht verlassen können. An jedem Zugang zum Besitztum oder zur Wohnung ist ein Warnschild im Mindestformat 15 x 21 cm mit der deutlich lesbaren Aufschrift „Vorsicht – gefährlicher Hund" anzubringen.

(3) Außerhalb befriedeten Besitztums sowie bei Mehrfamilienhäusern auf Zuwegen oder in Treppenhäusern sind gefährliche Hunde an der Leine zu führen und haben einen das Beißen verhindernden Maulkorb oder eine in der Wirkung gleichstehende Vorrichtung zu tragen. Die Leine muss so kurz und fest beschaffen sein, dass die führende Person die vom Hund ausgehende Gefahr unterbinden kann. Es dürfen nicht gleichzeitig mehrere gefährliche Hunde geführt werden.

(4) Jedem gefährlichen Hund ist außerhalb des befriedeten Besitztums ein Halsband anzulegen, anhand dessen Name, Anschrift

und gegebenenfalls die Telefonnummer der Person, die den Hund hält, feststellbar ist. Darüber hinaus sind gefährliche Hunde in geeigneter Weise dauerhaft zu kennzeichnen. Die Halterin oder der Halter eines gefährlichen Hundes hat der Ortspolizeibehörde die Kennzeichnung des gefährlichen Hundes durch eine Bescheinigung der Tierärztin oder des Tierarztes, die oder der die Kennzeichnung vorgenommen hat, nachzuweisen. Die zuständige oberste Landesbehörde erlässt die hierzu notwendigen Verwaltungsvorschriften.

(5) Wer die Haltung eines gefährlichen Hundes aufgibt und diesen einer neuen Halterin oder einem neuen Halter überlässt, hat deren oder dessen Namen und Anschrift zu erfragen und den Verbleib des Hundes unter Angabe des Namens und der Anschrift der neuen Halterin oder des neuen Halters unverzüglich der bisher zuständigen Behörde anzuzeigen. Auch das Abhandenkommen eines gefährlichen Hundes ist der zuständigen Behörde unverzüglich anzuzeigen.

(6) An der Leine zu führen sind alle Hunde, die mitgeführt werden
1. bei öffentlichen Versammlungen, Aufzügen, Volksfesten und sonstigen Veranstaltungen mit Menschenansammlungen,
2. in Gaststättenbetrieben, in Einkaufszentren, in Fußgängerzonen und in Haupteinkaufsbereichen,
3. in öffentlichen Verkehrsmitteln.
Weitergehende ortspolizeiliche Regelungen bleiben hiervon unberührt.

§ 6 Sondervorschriften

(1) Die Ausbildung und das Halten von Hunden der Rassen American Staffordshire Terrier und Staffordshire Bull Terrier sowie von American Pitbull Terrier bedürfen einer besonderen Erlaubnis. Die Erlaubnis kann erteilt werden, wenn die Voraussetzungen des § 2 Abs. 3 vorliegen und darüber hinaus folgende besondere Anforderung erfüllt ist: Die erforderliche Sachkunde im Sinne der §§ 2 und 4 ist durch die erfolgreiche Teilnahme an einem besonderen Lehrgang nachzuweisen, der hinsichtlich seiner Dauer und Qualität den Anforderungen an den Halter eines Hundes i.S.d. Abs. 1 Satz 1 Rechnung trägt. Die Kosten des Lehrganges trägt die Halterin oder der Halter. Die zuständige oberste Landesbehörde erlässt die hierzu notwendigen Verwaltungsvorschriften.

(2) Die Ortspolizeibehörde kann die Unfruchtbarmachung eines gefährlichen Hundes oder eines in Abs. 1 Satz 1 genannten Hundes anordnen, wenn die Gefahr der Heranbildung gefährlicher Nachkommen besteht.

(3) Die nicht gewerbsmäßige Zucht von Hunden nach Abs. 1 Satz 1 und ihre Kreuzungen sind verboten.

(4) Für die Haltung von Hunden i.S.d. Abs. 1 Satz 1 gilt § 5.

§ 7 Ausnahmeregelungen

(1) Diese Verordnung gilt nicht für
1. Diensthunde des Bundes, des Landes, der kommunalen Gebietskörperschaften und des Rettungswesens,
2. Herdengebrauchshunde,
3. Jagdhunde,
4. Blindenhunde und Behindertenbegleithunde
beim Einsatz im Rahmen ihrer jeweiligen Zweckbestimmung oder während der Ausbildung im Hinblick auf die jeweilige Zweckbestimmung, soweit Ausbildung und Einsatz es im Hinblick auf die Zweckbestimmung erfordern.

(2) Die Ortspolizeibehörde kann Ausnahmen vom Maulkorbzwang nach § 5 Abs. 2 und § 6 Abs. 4 zulassen, wenn im Einzelfall eine Gefahr für die öffentliche Sicherheit nicht zu befürchten ist.

§ 8 Zuständigkeiten
Zuständige Behörde im Sinne dieser Verordnung ist die Ortspolizeibehörde.

§ 9 Übergangsvorschriften
(1) Personen, die beim Inkrafttreten dieser Verordnung einen Hund i.S.d. § 1 Abs. 1 Nr. 3 nicht gewerbsmäßig züchten, ausbilden oder halten oder Hunde auf Angriffslust oder Schärfe oder ein in der Wirkung gleichstehendes Verhalten abrichten, haben dies der Ortspolizeibehörde unverzüglich nach Inkrafttreten dieser Verordnung unter Angabe ihrer Personalien, der Rasse oder des Typs des Hundes und dessen Alter schriftlich anzuzeigen.

(2) Personen, die beim Inkrafttreten dieser Verordnung einen Hund i.S.d. § 1 Abs. 1 Nr. 1 oder 2 oder einen der in § 6 Abs. 1 Satz 1 genannten Hunde halten, haben dies der Ortspolizeibehörde binnen zwei Monaten nach Inkrafttreten dieser Verordnung unter Angabe ihrer Personalien, der Rasse oder des Typs des Hundes und dessen Alter schriftlich anzuzeigen. Die Halterin oder der Halter eines solchen Hundes hat ferner binnen vier Monaten nach Inkrafttreten dieser Verordnung den nach § 4 Abs. 1 oder § 6 Abs. 1 Satz 2 geforderten Lehrgang zu absolvieren und einen aktuellen Auszug aus dem Bundeszentralregister vorzulegen sowie den Hund kennzeichnen zu lassen und dies der Ortspolizeibehörde nachzuweisen. Die Ortspolizeibehörde kann beim Vorliegen von Gründen, die nicht von der Halterin oder dem Halter zu vertreten sind und ihr schriftlich dargelegt wurden, über die vier Monate hinaus eine angemessene Frist zur Ablegung des Lehrganges setzen, wenn die Halterin oder der Halter eine Anmeldebestätigung zu einem Lehrgang bei einer oder einem zugelassenen Sachverständigen vorlegt.

(3) Erlaubnisse, die nach der Polizeiverordnung über das Halten und Beaufsichtigen gefährlicher Hunde im Saarland vom 7. Juli 1998 (Amtsblatt Seite 672) erteilt wurden, werden als Erlaubnis nach § 2 Abs. 2 anerkannt. Diese Erlaubnisse können zurückgenommen werden, wenn eine der Voraussetzungen für die Erteilung nachträglich wegfällt.

§ 10 Ordnungswidrigkeiten
Ordnungswidrig i.S.d. § 63 Abs. 1 des Saarländischen Polizeigesetzes handelt, wer vorsätzlich oder fahrlässig

(1) entgegen § 1 Abs. 3 nicht unverzüglich die erforderliche Sachkundebescheinigung erwirbt und die Erlaubnis einholt,

(2) entgegen § 2 Abs. 1 einen gefährlichen Hund i.S.d. § 1 Abs. 1 Nr. 3 nicht gewerbsmäßig züchtet, ausbildet oder hält,

(3) entgegen § 2 Abs. 1 einen Hund abrichtet,

(4) eine Tätigkeit ohne die nach § 2 Abs. 2 erforderliche Erlaubnis ausübt oder einer mit einer solchen Erlaubnis verbundenen vollziehbaren Auflage zuwider handelt,

(5) entgegen § 5 Abs. 2 Satz 1 einen gefährlichen Hund nicht so hält, dass er gegen den Willen der Hundehalterin oder des Hundehalters das befriedete Besitztum nicht verlassen kann,

(6) entgegen § 5 Abs. 2 Satz 2 das Warnschild nicht anbringt,

(7) entgegen § 5 Abs. 3 Satz 1 und 2 einen gefährlichen Hund nicht oder nicht an einer entsprechenden Leine führt,

(8) entgegen § 5 Abs. 3 Satz 1 einem gefährlichen Hund keinen Maulkorb anlegt,

(9) entgegen § 5 Abs. 3 Satz 3 gleichzeitig mehrere gefährliche Hunde führt,

(10) entgegen § 5 Abs. 4 kein Halsband mit den erforderlichen Angaben anlegt oder nicht dauerhaft kennzeichnet,

(11) entgegen § 5 Abs. 5 der Anzeige- und Angabepflicht nicht nachkommt,

(12) entgegen § 5 Abs. 6 einen Hund ohne Leine führt,

(13) entgegen § 6 Abs. 1 ohne Erlaubnis einen Hund i.S.d. Abs. 1 Satz 1 ausbildet oder hält,

(14) entgegen § 6 Abs. 3 einen Hund i.S.d. Abs. 1 Satz 1 nicht gewerbsmäßig züchtet,

(15) entgegen § 6 Abs. 4 einen Hund i.S.d. Abs. 1 Satz 1 nicht an der Leine führt,

(16) entgegen § 6 Abs. 4 einem Hund i.S.d. Abs. 1 Satz 1 keinen Maulkorb anlegt,

(17) entgegen § 9 Abs. 1 die nicht gewerbsmäßige Zucht, die Ausbildung oder das Halten von Hunden i.S.d. § 1 Abs. 1 Nr. 3 oder das Abrichten von Hunden auf Angriffslust oder Schärfe oder ein der Wirkung gleichstehendes Verhalten nicht schriftlich anzeigt,

(18) entgegen § 9 Abs. 2 das Halten eines Hundes i.S.d. § 1 Abs. 1 Nr. 1 oder 2 oder eines der in § 6 Abs. 1 Satz 1 genannten Hunde nicht schriftlich anzeigt.

Die Ordnungswidrigkeit kann mit einer Geldbuße bis zu 10 000,00 DM geahndet werden.

 ## Überblick

Als gefährlich gelten im Saarland Hunde, die sich als bissig erwiesen oder die in aggressiver und gefahrdrohender Weise Menschen oder Tiere angesprungen haben. Ebenso wie das Nachbarland Rheinland-Pfalz verwendet das Saarland damit den verhaltensbedingten Begriff des „gefährlichen Hundes". Die Haltung und die Ausbildung dieser Hunde steht unter dem Vorbehalt einer Erlaubnis.

Darüber hinaus werden Hunde als gefährlich angesehen, die auf **Angriffslust**, **Schärfe** oder andere in der Wirkung gleichstehende Zuchtmerkmale gezüchtet oder ausgebildet wurden. Für diese Hunde gilt ein **absolutes Haltungs-, Ausbildungs- und Zuchtverbot**, soweit es sich um nicht gewerbsmäßige Zuchten handelt.

Halter und Ausbilder von Hunden der Rassen **American Staffordshire Terrier**, **Staffordshire Bullterrier** und **Pitbull Terrier** benötigen eine **besondere** Erlaubnis, die die Teilnahme an einem *besonderen* Sachkundelehrgang erfordert. Außerdem ist die nicht gewerbsmäßige Zucht von Hunden dieser drei Rassen und ihrer Kreuzungen verboten.

Im Rahmen des Erlaubnisverfahrens muss für „gefährliche Hunde" der Abschluss einer Haftpflichtversicherung (Mindestdeckungssumme: 2 Mio. DM für Personen und 1 Mio. DM für Sachschäden) und einmal jährlich deren Fortbestehen nachgewiesen werden.

Verboten ist jedes Abrichten von Hunden auf Angriffslust oder Schärfe, so dass auch die Ausbildung von Hunden zu Schutzzwecken im Saarland nicht mehr erlaubt ist.

Die Verordnung gilt nicht für Diensthunde der Behörden, Rettungs-, Herdengebrauchs-, Jagd-, Blindenführ- und Behindertenbegleithunde „im Einsatz".

§ 5 Abs. 6 bestimmt für alle Hunde, dass sie an den dort aufgeführten Orten generell an der Leine zu führen sind. Weitergehende Verschärfungen für die generelle Hundehaltung enthält die Verordnung nicht.

Die Möglichkeit zur Tötungsanordnung besteht im Saarland nicht.

Das zuständige Ministerium hat Verwaltungsvorschriften zur Durchführung der Verordnung erlassen, die sich im Wesentlichen mit dem Sachkundenachweis beschäftigen.

Erlaubnisvorbehalt für „gefährliche Hunde"

Für die Haltung und Ausbildung eines „gefährlichen Hundes" wird eine Erlaubnis der Ortpolizeibehörde benötigt, die von folgenden Voraussetzungen abhängt:

Der Hundehalter muss **volljährig** sein und seine **Sachkunde** nachweisen, indem er einen Sachkundelehrgang absolviert. Der Lehrgang enthält einen theoretischen und einen praktischen Teil. Im Theorieteil werden folgende Bereiche geprüft:

- Wesen und Verhaltensweisen des Hundes
- Richtiges Verhalten von Menschen gegenüber Hunden
- Rechtsfragen im Zusammenhang mit der Zucht, dem Abrichten, der Ausbildung und dem Halten von Hunden.

Im Rahmen des praktischen Teils wird das Sozial- und Kommunikationsverhalten des Hundes geprüft, indem er optischen und akustischen Reizen (Regenschirm, Fahrradklingel et cetera) ausgesetzt wird. Darüber hinaus wird der Hund mit verschiedenen Testsituationen konfrontiert (Jogger, Radfahrer, andere Hunde, torkelnde Personen et cetera), die ein Aggressionsverhalten beim Hund auslösen können.

Bereits vor dem Inkrafttreten dieser Verordnung absolvierte Prüfungen sowie Prüfungen anderer Bundesländer werden als gleichwertig akzeptiert, sofern den saarländischen Anforderungen damit Genüge getan ist (Prüfung im Einzelfall).

Die **persönliche Zuverlässigkeit** ist in der Regel gegeben, es sei denn, einer der in § 3 aufgeführten Tatbestände wurde verwirklicht. Darüber hinaus ist ein Auszug aus dem Bundeszentralregister vorzulegen.

Schließlich ist eine **ausbruchsichere Unterbringung des Hundes** zu gewährleisten.

Besondere Erlaubnis für drei Rassen

Neben den oben dargestellten Voraussetzungen bedarf es für die Haltung und Ausbildung von Hunden der Rassen American Staffordshire Terrier, Staffordshire Bullterrier und Pitbull Terrier einer besonderen Erlaubnis.

Ein spezieller Lehrgang soll den Betroffenen spezifische Kenntnisse über Eigenschaften und Charakteristika dieser Hunde vermitteln. Zusätzlich zu den oben genannten Bereichen werden im Theorieteil folgende Bereiche geprüft:

Historie der Rasse beziehungsweise des Typs/Charakteristika der Rasse beziehungsweise des Typs/Besondere Anforderungen in Bezug auf Zucht, Abrichten, Ausbildung, Erziehung und Haltung.

Der praktische Prüfungsteil ist identisch, soll aber zeitlich umfassender sein, um Hunde dieser drei Rassen intensiver prüfen zu können.

Haltungsbestimmungen für „gefährliche Hunde" und Hunde der drei genannten Rassen

Die Hunde sind ausbruchsicher zu halten. Alle Zugänge zum Besitztum oder zur Wohnung sind mit einem **Warnschild** im Mindestformat von 15 × 21 cm mit der Aufschrift „Vorsicht – gefährlicher Hund" zu versehen.

Leinen- und Maulkorbzwang besteht außerhalb befriedeten Besitztums sowie bei Mehrfamilienhäusern auf den Zuwegen und in Treppenhäusern. Ausnahmemöglichkeiten bestehen lediglich für die Pflicht zum Tragen eines Maulkorbes und auch nur unter sehr strengen Voraussetzungen. Ist gewährleistet, dass der Hund keine Gefahr für Dritte darstellt, kann der Maulkorbzwang im Einzelfall teilweise oder vollständig aufgehoben werden. Die Behörden wurden allerdings angewiesen, bei entsprechenden Anträgen immer die gutachterliche Stellungnahme eines sachverständigen Tierarztes einzuholen. Ausnahmen vom Leinenzwang sind hingegen nicht vorgesehen, auch nicht in Hundeauslaufgebieten.

Daneben müssen die Tiere ein **Halsband** mit Name, Anschrift und Telefonnummer des Halters tragen und sind durch **Mikrochip** zu kennzeichnen. Sofern bereits bestehende Kennzeichnungen, besonders Tätowierungen, ausreichend eindeutig sind, werden sie von der zuständigen Behörde akzeptiert.

Mehrere „gefährliche Hunde" dürfen nicht gleichzeitig geführt werden. Die dauerhafte Abgabe des Hundes an eine andere Person oder ein Abhandenkommen ist der Behörde anzuzeigen.

Sachsen

Gesetz zum Schutze der Bevölkerung vor gefährlichen Hunden (GefHundG) vom 24.08.2000.

§ 1 Begriffsbestimmung und Anwendungsbereich

(1) Gefährliche Hunde im Sinne dieses Gesetzes sind Hunde, deren Gefährlichkeit vermutet oder im Einzelfall festgestellt wird.

(2) Das Staatsministerium des Innern bestimmt im Einvernehmen mit dem Staatsministerium für Soziales, Gesundheit, Jugend und Familie durch Rechtsverordnung, bei welchen Hunden die Gefährlichkeit vermutet wird. Hierunter fallen Hundegruppen, bei denen durch eine Zuchtauswahl eine besondere Angriffsbereitschaft, ein Beißverhalten ohne Hemmung und eine herabgesetzte Empfindlichkeit gegen Angriffe des Gegners gefördert worden ist und denen wegen ihrer Beißkraft eine abstrakte Gefährlichkeit zugesprochen werden muss.

(3) Im Einzelfall gefährliche Hunde sind besonders Hunde,

1. die sich gegenüber Menschen oder Tieren als aggressiv erwiesen haben,

2. die zum Hetzen oder Reißen von Wild- oder Nutztieren neigen oder

3. die durch Zucht, Haltung oder Ausbildung eine gesteigerte Aggressivität entwickelt haben und aus diesem Grund Menschen oder Tiere angreifen.

(4) Als aggressiv im Sinne von Satz 2 Nr. 1 gilt ein Hund, der einen Menschen oder ein Tier geschädigt hatte, ohne dazu provoziert worden zu sein.

Die Feststellung der Gefährlichkeit im Einzelfall erfolgt durch die zuständige Kreispolizeibehörde.

(5) Dieses Gesetz gilt nicht für Diensthunde von Bundes- und Landesbehörden, für Hunde im Rettungsdienst oder Katastrophenschutz, für Blindenhunde, Herdengebrauchshunde und Jagdhunde, soweit sie im Rahmen ihrer jeweiligen Zweckbestimmung eingesetzt werden.

§ 2 Zuchtverbot

(1) Es ist verboten, Hunde nach § 1 Abs. 2 für die Zucht zu verwenden.

(2) Es ist verboten, durch Zuchtauslese Hunde mit gesteigerter Aggressivität zu züchten.

§ 3 Handelsverbot

Es ist verboten, mit Hunden nach § 1 Abs. 2 zu handeln. Dieses Verbot gilt nicht für Hunde, die nach § 5 Abs. 2 innerhalb der dort genannten Frist angezeigt werden.

§ 4 Aggressionsausbildungsverbot

Es ist verboten, Hunde mit dem Ziel einer gesteigerten Aggressivität auszubilden.

§ 5 Haltung gefährlicher Hunde

(1) Wer einen gefährlichen Hund halten will, bedarf der Erlaubnis der zuständigen Kreispolizeibehörde. Die Erlaubnis wird nur erteilt, wenn der Antragsteller

1. das 18. Lebensjahr vollendet hat,

2. die erforderliche Sachkunde und Zuverlässigkeit besitzt,

3. das Bestehen einer besonderen Haftpflichtversicherung nachweist,

4. in den dem Halten dienenden Räumlichkeiten und Freianlagen eine verhaltensgerechte und ausbruchsichere Unterbringung ermöglicht, so dass die körperliche Unversehrtheit von Menschen und Tieren nicht gefährdet wird.

Die Erlaubnis kann befristet und unter Vorbehalt des Widerrufs erteilt sowie mit Bedingungen und Auflagen verbunden werden. Auflagen können auch nachträglich aufgenommen, geändert oder ergänzt werden.

(2) Einer Erlaubnis bedarf abweichend von Abs. 1 nicht, wer bis zum 31.12.2000 der zuständigen Kreispolizeibehörde unter Angabe seiner Personalien die Haltung sowie Rasse, Anzahl und Alter der Hunde schriftlich anzeigt. In diesen Fällen hat die Kreispolizeibehörde die Haltung zu untersagen, wenn Bedenken gegen die Zuverlässigkeit des Halters bestehen oder eine Unterbringung i.S.d. Abs. 1 Nr. 4 nicht gewährleistet ist. Abs. 1 Nr. 3 und die Abs. 4 bis 6 gelten entsprechend. Die Sätze 1 bis 3 gelten entsprechend für Nachkömmlinge der in Satz 1 genannten Hunde, wenn sie bis zum 30 03.2001 geboren wurden.

(3) Die zuständige Kreispolizeibehörde kann die Haltung eines Hundes, dessen Gefährlichkeit im Einzelfall festgestellt wurde, zur Verhütung von weiteren Gefahren für das Leben oder die körperliche Unversehrtheit von Menschen und Tieren untersagen oder mit Auflagen genehmigen. Sie kann besonders den Halter zur Vorlage eines Sachkundenachweises verpflichten. Sie kann unter Beachtung der Bestimmungen des Tierschutzgesetzes die Unterbindung der Fortpflanzungsfähigkeit des Hundes anordnen.

(4) Gefährliche Hunde sind so zu halten, dass Menschen, Tiere oder Sachen nicht gefährdet werden.

(5) Wer einen gefährlichen Hund hält, hat dies an den Zugängen zu seinem befriedeten Besitztum oder seiner Wohnung mit einem deutlich lesbaren Warnschild kenntlich zu machen.

(6) Die zuständige Kreispolizeibehörde kann die sichere Haltung gefährlicher Hunde und die Beachtung von Auflagen durch Nachschau prüfen. Zum Zwecke der Nachschau hat der Halter dem Beauftragten der Behörde das Betreten der Räumlichkeiten und

Freianlagen zu gestatten, in denen der gefährliche Hund gehalten wird.

§ 6 Anlein- und Maulkorbpflicht

(1) Gefährliche Hunde sind außerhalb entsprechend sicher umfriedeter Grundstücke sowie in Treppenhäusern und auf Zuwegen von Mehrfamilienhäusern an einer geeigneten Leine zu führen und haben einen Maulkorb zu tragen.

(2) Der Halter darf die Führung eines gefährlichen Hundes außerhalb seines befriedeten Besitztums nur Personen überlassen, die nach Alter sowie körperlicher und geistiger Verfassung zur Führung eines gefährlichen Hundes in der Lage sind.

(3) Das gleichzeitige Führen von mehreren gefährlichen Hunden durch eine Person ist unzulässig.

(4) Gefährliche Hunde dürfen nicht auf Kinderspielplätze, auf gekennzeichnete Liegewiesen oder in Badeanstalten mitgenommen werden. Weiterführende Regelungen für Hunde erlassen die allgemeinen Polizeibehörden gemäß § 14.

§ 7 Mitteilungspflichten

(1) Der Halter hat es der zuständigen Kreispolizeibehörde unverzüglich schriftlich anzuzeigen, wenn er die Haltung eines gefährlichen Hundes aufgibt. Er hat die Behörde unverzüglich über den Verbleib des Hundes sowie über den Namen und die Anschrift des neuen Halters zu unterrichten. Dies gilt auch, soweit im Zuständigkeitsbereich einer Polizeibehörde eine elektronische Kennzeichnung von Hunden erfolgt.

(2) Die für die Erhebung der Hundesteuer zuständige Stelle der Gemeinde übermittelt die in Abs. 1 genannten Daten der zuständigen Kreispolizeibehörde.

§ 8 Sachkunde

Der Nachweis der erforderlichen Sachkunde (§ 5 Abs. 1 Nr. 2) umfasst theoretische Kenntnisse und praktische Fähigkeiten zu Haltung und Umgang mit der betreffenden Tierart. Hierzu zählen besonders Kenntnisse über die natürlichen Bedürfnisse und das Verhalten von Hunden und der vorausschauende und einfühlsame Umgang mit dem Individuum. Das nähere regelt eine Rechtsverordnung des Staatsministeriums des Innern im Einvernehmen mit dem Staatsministerium für Soziales, Gesundheit, Jugend und Familie.

§ 9 Zuverlässigkeit

(1) Die erforderliche Zuverlässigkeit (§ 5 Abs. 1 Nr. 2) besitzen Personen nicht, die nach § 11 rechtskräftig verurteilt worden sind oder sonst

1. wegen einer vorsätzlichen Straftat,

2. wegen einer im Zustand der Trunkenheit begangenen Straftat,

3. wegen einer Straftat gegen das Tierschutzgesetz, das Waffengesetz, das Gesetz über die Kontrolle von Kriegswaffen, das Sprengstoffgesetz oder das Bundesjagdgesetz

rechtskräftig zu einer Freiheitsstrafe, Jugendstrafe oder Geldstrafe von mindestens 60 Tagessätzen oder mindestens zweimal zu einer geringeren Geldstrafe rechtskräftig verurteilt worden sind, wenn seit dem Eintritt der Rechtskraft der Verurteilung fünf Jahre noch nicht verstrichen sind. In die Frist wird nicht eingerechnet die Zeit, in welcher der Antragsteller auf behördliche oder richterliche Anordnung in einer Anstalt verwahrt worden ist.

(2) Die erforderliche Zuverlässigkeit (§ 5 Abs. 1 Nr. 2) besitzen ferner Personen in der Regel nicht, die

1. wiederholt oder gröblich gegen die Vorschriften des Tierschutzgesetzes, des Waffengesetzes, des Gesetzes über die Kontrolle von Kriegswaffen, des Sprengstoffgesetzes oder des Bundesjagdgesetzes verstoßen haben,

2. trunksüchtig oder rauschmittelsüchtig sind oder Medikamente missbräuchlich anwenden,

3. aufgrund einer psychischen Krankheit oder einer geistigen oder seelischen Behinderung Betreute nach § 1896 des BGB sind,

4. wiederholt gegen die §§ 3 bis 7 dieses Gesetzes verstoßen haben.

§ 10 Abgaben für gefährliche Hunde

Die Gemeinden sind verpflichtet, für gefährliche Hunde Abgaben nach Maßgabe des kommunalen Satzungsrechtes zu erheben.

§ 11 Strafvorschrift

(1) Mit Freiheitsstrafe bis zu zwei Jahren oder mit Geldstrafe wird bestraft, wer

1. entgegen § 2 Hunde nach § 1 Abs. 2 für die Zucht verwendet oder durch Zuchtauslese Hunde mit gesteigerter Aggressivität züchtet,

2. gefährliche Hunde auf Menschen oder Tiere hetzt.

(2) In der Entscheidung kann angeordnet werden, dass der Hund eingezogen wird.

§ 12 Bußgeldvorschrift

(1) Ordnungswidrig handelt, wer vorsätzlich oder fahrlässig entgegen

1. § 3 mit einem Hund nach § 1 Abs. 2 handelt, der nicht der Ausnahme nach § 3 Satz 2 unterfällt,

2. § 4 einen Hund mit dem Ziel einer gesteigerten Aggressivität ausbildet,

3. § 5 Abs. 1 einen gefährlichen Hund ohne Erlaubnis hält,

4. § 5 Abs. 4 einen gefährlichen Hund so hält, dass Menschen, Tiere oder Sachen ge-

fährdet werden,

5. § 5 Abs. 5 nicht durch ein deutlich lesbares Warnschild auf das Halten eines gefährlichen Hundes hinweist,

6. § 6 Abs. 1 einen gefährlichen Hund nicht an der vorgeschriebenen Leine führt und mit dem vorgeschriebenen Maulkorb versieht,

7. § 6 Abs. 2 als Hundehalter einen gefährlichen Hund einer ungeeigneten Aufsichtsperson überlässt,

8. § 6 Abs. 3 gleichzeitig mehrere gefährliche Hunde führt,

9. § 6 Abs. 4 einen gefährlichen Hund auf einen Kinderspielplatz, eine gekennzeichnete Liegewiese oder in eine Badeanstalt mitnimmt,

10. § 7 den dort geregelten Mitteilungspflichten nicht nachkommt.

(2) Die Ordnungswidrigkeit kann mit einer Geldbuße bis zu 25.000,00 geahndet werden.

(3) Verwaltungsbehörde i.S.d. § 36 Abs. 1 Nr. 1 des Gesetzes über Ordnungswidrigkeiten ist die Kreispolizeibehörde.

§ 13 Einschränkung von Grundrechten

Durch dieses Gesetz oder Maßnahmen aufgrund dieses Gesetzes können im Rahmen des Grundgesetzes für die Bundesrepublik Deutschland und der Verfassung des Freistaates Sachsen eingeschränkt werden

1. das Grundrecht der freien Berufsausübung (Artikel 12 Abs. 1 Satz 2 GG, Artikel 28 Abs. 1 Satz 2 der Verfassung des Freistaates Sachsen),

2. die Unverletzlichkeit der Wohnung (Artikel 13 GG, Artikel 30 Abs. 1 der Verfassung des Freistaates Sachsen),

3. das Grundrecht auf Eigentum (Artikel 14 Abs. 1 GG, Artikel 31 Abs. 1 der Verfassung des Freistaates Sachsen).

§ 14 Ermächtigung zum Erlass von Polizeiverordnungen

Die allgemeinen Polizeibehörden können zur Abwehr weiterer Gefahren durch Hunde Polizeiverordnungen nach den §§ 9 und 10 des Polizeigesetzes des Freistaates Sachsen erlassen.

 Überblick

Die sächsische Landeshundeverordnung unterscheidet zwischen Hunden, deren Gefährlichkeit vermutet wird und solchen, deren Gefährlichkeit im Einzelfall festgestellt wird. Die Haltung eines „gefährlichen Hundes" im Sinne der Verordnung ist erlaubnispflichtig.

Der Verordnungstext enthält keinen Rassekatalog, sondern verweist auf eine andere Rechtsverordnung, in der der Begriff „vermutete Gefährlichkeit" konkretisiert wird: Diese „Verordnung des Sächsischen Staatsministeriums des Innern zur Durchführung des Gesetzes zum Schutze der Bevölkerung vor gefährlichen Hunden" vom 01.11.2000 (von Abdruck wurde abgesehen) benennt insgesamt drei Rassen, bei denen die Gefährlichkeit widerlegbar vermutet wird. Im Übrigen enthält die Durchführungsverordnung Bestimmungen zum Erfordernis der Sachkunde. Verschärfte Bestimmungen für die generelle Hundehaltung enthält die sächsische Verordnung nicht, ebenso keine Möglichkeit der Tötungsanordnung.

Keine Anwendung findet die Verordnung auf Diensthunde der Bundes- und Landesbehörden, Hunde im Rettungsdienst oder Katastrophenschutz, Blindenführhunde, Herdengebrauchshunde und Jagdhunde, soweit sie zweckbestimmt eingesetzt werden.

Als einziges Bundesland hat Sachsen neben dem Ordnungswidrigkeitenkatalog auch eine **Strafvorschrift** eingeführt: Nach § 11 wird mit Freiheitsstrafe bis zu zwei Jahren oder mit Geldstrafe bestraft, wer entgegen dem bestehenden Zuchtverbot Hunde der drei aufgelisteten Rassen (siehe unten) für die Zucht verwendet, durch Zuchtauslese Hunde mit gesteigerter Aggressivität züchtet oder wer „gefährliche Hunde" auf Menschen oder Tiere hetzt.

„Widerlegbar gefährliche Hunde"

Eine Gefährlichkeit wird bei solchen Hunden vermutet, die aufgrund der Zuchtauswahl als besonders angriffs- und beißbereit zu bezeichnen sind, über eine herabgesetzte Empfindlichkeit gegenüber Angriffen verfügen und wegen ihrer Beißkraft als „abstrakt gefährlich" gelten. Diese Definition des „**gefährlichen Hundes kraft Vermutung**" wird von der Durchführungsverordnung auf drei Hunderassen und ihre Kreuzungen untereinander oder mit anderen Hunden konkretisiert. Es handelt sich um den **American Staffordshire Terrier,** den **Staffordshire Bullterrier** und den **Pitbull Terrier.**

Hunde dieser drei Rassen gelten solange als gefährlich im Sinne der Verordnung, bis ihre vermutete Gefährlichkeit durch Vorlage eines behördlichen Gutachtens widerlegt wird. Die Möglichkeit eines solchen Nachweises ergibt sich nicht aus dem Verordnungstext, sondern nur aus den Bestimmungen der Durchführungsverordnung. Der zuständigen Kreispolizeibehörde muss durch Vorlage eines **Sachverständigengutachtens** nachgewiesen werden, dass der Hund nicht gesteigert aggressiv und gefährlich ist. Hält sie den Nachweis für erbracht, gilt der Hund nicht mehr als gefährlich, seine Haltung ist erlaubnisfrei und auf ihn finden die verschärften Haltungsbestimmungen keine Anwendung.

Welpen der drei genannten Rassen sowie Junghunde bis zur Vollendung des sechsten Lebensmonats unterfallen nicht der Vermutung ihrer Gefährlichkeit, das heißt die Haltung ist zunächst erlaubnisfrei und unterliegt nicht den Bestimmungen für „gefährliche Hunde". Dies ändert sich aber mit Beginn des siebten Lebensmonats, es sei denn, die vermutete Gefährlichkeit kann widerlegt werden.

Für Hunde dieser Kategorie besteht zudem ein Zucht- und Handelsverbot.

„Gefährliche Hunde kraft Feststellung im Einzelfall"

Unabhängig von ihrer Größe oder einer Rassezugehörigkeit gelten Hunde als gefährlich, die über konkrete Anzeichen für eine gesteigerte Aggressivität oder Gefährlichkeit verfügen. § 1 Abs. 3 nennt drei Verhaltensweisen, die besonders auf eine Gefährlichkeit des Hundes hinweisen. Die Aufzählung ist nicht abschließend, das heißt, auch andere Verhaltensauffälligkeiten können die Annahme einer Gefährlichkeit rechtfertigen.

Als aggressiv im Sinne der **Nr.1** und damit als gefährlich gilt ein Hund, der einen Menschen oder ein Tier geschädigt hat, ohne dazu provoziert worden zu sein. Darüber hinaus werden Hunde als gefährlich in diesem Sinne angesehen, die zum Hetzen oder Reißen von Wild- oder Nutztieren neigen und die durch Zucht, Haltung oder Ausbildung eine gesteigerte Aggressivität entwickelt haben und deshalb Menschen oder Tiere angreifen.

Für Hunde, deren Gefährlichkeit im Einzelfall festgestellt wurde, kann die zuständige Behörde unter Beachtung der Bestimmungen des TierschG die Unterbindung der Fortpflanzungsmöglichkeit anordnen, um so weitere, von dem Hund ausgehende Gefahren zu verhüten.

Erlaubnispflicht und -voraussetzungen für die Haltung „gefährlicher Hunde"

Die Erlaubnis für die Haltung „gefährlicher Hunde" ist bei der örtlich zuständigen Kreispolizeibehörde zu beantragen.

Voraussetzung für ihre Erteilung ist neben der **Vollendung des 18. Lebensjahres** der Nachweis der persönlichen Zuverlässigkeit und der notwendigen Sachkunde.

Die **Sachkunde** ist durch Ablegung einer entsprechenden Sachkundeprüfung nachzuweisen. Diese setzt sich aus einem theoretischen und einem praktischem Teil zusammen. Der theoretische Teil erfolgt in Form eines mündlichen Prüfungsgespräches von maximal dreißig Minuten Dauer, in dem Fragen zum Wesen und Verhalten des Hundes, zu seiner Erziehung, zu Haltungserfordernissen und zu

Rechtsfragen im Umgang mit dem Hund beantwortet werden müssen. Der praktische Teil enthält Übungen für Halter und Hund. Alle weitere Einzelheiten hinsichtlich der Sachkundeprüfung soll ein Themenkatalog des Staatsministeriums des Innern enthalten, der bei Drucklegung des Buches noch nicht vorlag.

Die Sachkundeprüfung ist entbehrlich für Diensthundeführer und Ausbilder von Dienst-, Rettungs-, Therapie- und Behindertenbegleithunden, die diese Tätigkeit beruflich oder ehrenamtlich ausüben.

Die **persönliche Zuverlässigkeit** ist in der Regel gegeben, es sei denn, einer der in § 9 aufgeführten Tatbestände wurde verwirklicht.

Für den Hund ist der Abschluss einer **Haftpflichtversicherung** nachzuweisen; darüber hinaus ist er verhaltensgerecht und ausbruchsicher unterzubringen.

Gemäß § 5 Abs. 6 ist Beauftragten der zuständigen Kreispolizeibehörde zwecks Überprüfung der Einhaltung der Haltungsbestimmungen das Betreten der Räumlichkeiten und Freianlagen zu gestatten, in denen der „gefährliche Hund" gehalten wird. Damit wird das Grundrecht der Unverletzlichkeit der Wohnung gemäß Artikel 13 GG eingeschränkt. An der Rechtmäßigkeit dieser Bestimmung bestehen allerdings erhebliche Zweifel.

Haltungsbedingungen für „gefährliche Hunde"

Die Hunde sind grundsätzlich so zu halten, dass von ihnen keine Gefahr für Dritte ausgehen kann. Die Zugänge zum befriedetem Besitztum oder zur Wohnung, in dem beziehungsweise in der ein „gefährlicher Hund" gehalten wird, sind mit einem deutlich lesbaren **Warnschild** zu kennzeichnen.

Außerhalb von Privatgrundstücken sowie in Treppenhäusern und auf Zuwegen von Mehrfamilienhäusern besteht **Leinen- und Maulkorbzwang**. Weder die Verordnung noch die Durchführungsbestimmungen enthalten die Möglichkeit für Ausnahmen.

Wird ein „gefährlicher Hund" von einer anderen Person als dem Halter geführt, muss diese volljährig und zudem körperlich und geistig geeignet sein. Vergleiche zu diesem Erfordernis unter Brandenburg, Seite 37.

Es ist verboten, diese Hunde auf Kinderspielplätze, gekennzeichnete Liegewiesen und in Badeanstalten mitzunehmen.

Sachsen-Anhalt

Gefahrenabwehrverordnung zum Schutz vor gefährlichen Hunden vom 06. Juli 2000.

§ 1

(1) Die Zucht und das Kreuzen sowie der Handel mit gefährlichen Hunden sind verboten. Bundesrechtliche Regelungen bleiben unberührt.

(2) Bei den folgenden Rassen und Gruppen von Hunden sowie deren Kreuzungen untereinander oder mit anderen Hunden handelt es sich um gefährliche Hunde i.S.v. Abs.1:

1. American Pitbull Terrier
2. American Staffordshire Terrier
3. Staffordshire Bullterrier

§ 2

(1) Außerhalb des befriedeten Besitztums sowie bei Mehrfamilienhäusern auf Zuwegen, in Treppenhäusern und Fluren sowie in sonstigen von der Hausgemeinschaft genutzten Räumen sind gefährliche Hunde anzuleinen und haben einen das Beißen verhindernden Maulkorb zu tragen.

(2) Gefährliche Hunde sind so zu halten, dass sie das befriedete Besitztum nicht gegen oder ohne den Willen des Hundehalters verlassen können; ansonsten haben sie auch dort einen das Beißen verhindernden Maulkorb zu tragen.

§ 3

Die Verwaltungsbehörden der Gefahrenabwehr können den örtlichen Verhältnissen entsprechende weitergehende Regelungen durch Gefahrenabwehrverordnungen treffen.

§ 4

(1) Ordnungswidrig nach § 98 Abs.1 des Gesetzes über die öffentliche Sicherheit und Ordnung des Landes Sachsen-Anhalt handelt, wer vorsätzlich oder fahrlässig

1. entgegen § 1 Abs.1 gefährliche Hunde züchtet, mit anderen Hunden kreuzt oder mit ihnen Handel treibt,
2. entgegen § 2 Abs.1 einen gefährlichen Hund nicht an der vorgeschriebenen Leine führt,
3. entgegen § 2 Abs.1 und 2 einem gefährlichen Hund nicht einen das Beißen verhindernden Maulkorb anlegt.

(2) Ordnungswidrigkeiten können mit einer Geldbuße bis zu 10 000 DM geahndet werden.

§ 5

Zuständig für die sich aus § 1 ergebenden Aufgaben sind die Landkreise und kreisfreien Städte.

Wesentlicher Inhalt und Erläuterungen

Die Gefahrenabwehrverordnung Sachsen-Anhalts ist extrem kurz. Sie verbietet die Zucht, das Kreuzen und den Handel mit Hunden der Rassen **American Pitbull Terrier**, **American Staffordshire Terrier** und **Staffordshire Bullterrier**. Diese sind **ausbruchsicher** zu halten und dürfen außerhalb des befriedeten Besitztums nur **angeleint** und mit **Maulkorb** geführt werden.

In § 3 werden die Kommunen ausdrücklich auf die rechtliche Möglichkeit hingewiesen, über die Gefahrenabwehrverordnung hinaus Regelungen entsprechend den jeweiligen örtlichen Verhältnissen zu schaffen, und so zum Beispiel den Leinenzwang auch für andere Hunde anzuordnen.

Schleswig-Holstein

Landesverordnung zur Abwehr der von Hunden ausgehenden Gefahren (Gefahr-Hundeverordnung) vom 28. Juni 2000.

§ 1 Halten und Führen von Hunden

(1) Hunde dürfen außerhalb des befriedeten Besitztums der Hundehalterin oder des Hundehalters nur von Personen geführt werden, die körperlich und geistig die Gewähr dafür bieten, den Hund sicher zu führen. Die Person muss den Hund jederzeit so beaufsichtigen, dass durch ihn Menschen, Tiere oder Sachen nicht gefährdet werden. Eine Hundehalterin oder ein Hundehalter darf einen Hund nur solchen Personen überlassen, die die Gewähr dafür bieten, dass die in Satz 1 genannten Anforderungen durch die Aufsichtsperson erfüllt werden.

(2) Wer einen Hund außerhalb des befriedeten Besitztums der Hundehalterin oder des Hundehalters führt oder laufen lässt, hat diesem ein Halsband oder eine Halskette mit einer Kennzeichnung anzulegen, aufgrund derer die Hundehalterin oder der Hundehalter ermittelt werden kann.

§ 2 Mitnahmeverbot

Es ist verboten, Hunde mitzunehmen in
1. Kirchen, Kindergärten, Schulen und Krankenhäuser,
2. Theater, Lichtspielhäuser, Konzert-, Vortrags- und Versammlungsräume und
3. Badeanstalten sowie auf Badeplätze, Kinderspielplätze und Liegewiesen.
Ferner ist es verboten, Hunde dort laufen zu lassen. Darüber hinausgehende Regelungen bleiben unberührt.

§ 3 Gefährliche Hunde

(1) Gefährliche Hunde im Sinne dieser Verordnung sind Hunde folgender Rassen oder Gruppen sowie deren Kreuzungen untereinander oder mit anderen Hunden
1. American Pitbull Terrier,
2. American Staffordshire Terrier,
3. Staffordshire Bullterrier,
4. Bullmastiff,
5. Bullterrier,
6. Dogo Argentino
7. Fila Brasileiro,
8. Kaukasischer Ovtscharka,
9. Mastiff,
10. Mastino Español,
11. Mastino Napoletano.

(2) Als gefährliche Hunde im Sinne dieser Verordnung gelten ferner:
1. Hunde, die durch rassespezifische Merkmale, Zucht, Haltung, Ausbildung oder Abrichten eine über das natürliche Maß hinausgehende Kampfbereitschaft, Angriffslust, Schärfe oder eine andere in ihrer Wirkung vergleichbare, Mensch oder Tier gefährdende Eigenschaft, besonders Beißkraft und fehlende Bisslösung, besitzen,
2. Hunde, die einen Menschen gebissen haben, sofern dies nicht zur Verteidigung anlässlich einer strafbaren Handlung geschah,
3. Hunde, die außerhalb des befriedeten Besitztums der Hundehalterin oder des Hundehalters wiederholt in gefahrdrohender Weise Menschen angesprungen haben,
4. Hunde, die ein anderes Tier durch Biss geschädigt haben, ohne selbst angegriffen worden zu sein, oder die einen anderen Hund trotz dessen erkennbarer artüblicher Unterwerfungsgestik gebissen haben, und
5. Hunde, die durch ihr Verhalten gezeigt haben, dass sie unkontrolliert Wild, Vieh oder andere Tiere hetzen oder reißen.

(3) Über das Vorliegen der Voraussetzungen des Absatzes 2 entscheidet die örtliche Ordnungsbehörde. Zur Prüfung, ob es sich um einen gefährlichen Hund nach Absatz 1

oder Absatz 2 Nr. 1 handelt, kann die örtliche Ordnungsbehörde eine Vorführung des Hundes bei einer Tierärztin oder einem Tierarzt auf Kosten der Hundehalterin oder des Hundehalters anordnen. Sie kann bei gefährlichen Hunden die unveränderliche Kennzeichnung durch Tätowierung mit dem Großbuchstaben – „G" – im linken Ohr oder im linken Hinterschenkel anordnen.

(4) Hunde dürfen nicht durch Zuchtauswahl, Aufzucht, Haltung oder Ausbildung zu gefährlichen Hunden i.S.d. Absatzes 2 herangebildet werden.

(5) Gefährliche Hunde sind so zu halten, dass sie das befriedete Besitztum nicht gegen den Willen der Hundehalterin oder des Hundehalters verlassen können. Alle Zugänge zu dem befriedeten Besitztum sind durch deutlich sichtbare Warnschilder mit der Aufschrift „Vorsicht gefährlicher Hund!" oder „Vorsicht bissiger Hund!" kenntlich zu machen.

§ 4 Leinen- und Maulkorbzwang

(1) Gefährliche Hunde sind außerhalb des befriedeten Besitztums der Hundehalterin oder des Hundehalters an der Leine zu führen. Leine, Halsband und Halskette müssen so beschaffen sein, dass der Hund sicher gehalten werden und keine Gefahr von dem Hund ausgehen kann; die Leine darf höchstens zwei Meter lang sein.

(2) Die Anleinpflicht nach Absatz 1 gilt nicht in den als Hundeauslaufgebiet gekennzeichneten Gebieten, wenn der Hund einen das Beißen verhindernden Maulkorb trägt.

(3) An der Leine zu führen sind ferner alle Hunde, die mitgeführt werden

1. bei öffentlichen Versammlungen, Aufzügen, Volksfesten und sonstigen Veranstaltungen mit Menschenansammlungen,

2. bei Mehrfamilienhäusern auf Zu wegen, in Treppenhäusern, in Fluren oder sonstigen von der Hausgemeinschaft gemeinsam genutzten Räumen,

3. in Gaststättenbetriebe, in Einkaufszentren, in Fußgängerzonen und in Haupteinkaufsbereiche,

4. in der Allgemeinheit zugänglichen umfriedeten oder anderweitig begrenzten Park-, Garten- und Grünanlagen,

5. in Sportanlagen und auf Zelt- und Campingplätzen,

6. in öffentlichen Verkehrsmitteln,

7. auf Friedhöfen,

8. auf Märkten sowie Messen und

9. in Naturschutzgebieten, soweit diese Flächen betreten werden dürfen.

(4) Gefährliche Hunde i.S.d. § 3 Abs. 1 Nr. 1 bis 3 sowie Abs. 2 haben außerhalb des befriedeten Besitztums sowie in Treppenhäusern, in Fluren und auf Zu wegen von Mehrfamilienhäusern einen das Beißen verhindernden Maulkorb zu tragen. Gleiches gilt für gefährliche Hunde i.S.d. § 3 Abs. 1 Nr. 4 bis 11, bei denen die Voraussetzungen des § 3 Abs. 2 festgestellt wurden.

§ 5 Untersagung des Haltens, Einziehung oder Tötung von Hunden

Die örtliche Ordnungsbehörde kann das Halten eines gefährlichen Hundes untersagen oder die Einziehung oder Tötung eines gefährlichen Hundes anordnen, wenn Tatsachen die Annahme rechtfertigen, dass durch die Haltung eine Gefahr für Leben oder Gesundheit von Menschen oder Tieren ausgeht. Eine derartige Gefahr ist besonders anzunehmen, wenn

1. es sich um einen gefährlichen Hund handelt und dieser von einer Person gehalten wird, die nicht die notwendige Eignung für die Haltung oder die Führung von gefährlichen Hunden besitzt,

2. die Hundehalterin oder der Hundehalter entgegen § 6 ausbildet, oder

3. die Hundehalterin oder der Hundehalter den nach dieser Verordnung bestehenden Verpflichtungen oder den Anordnungen und Auflagen der örtlichen Ordnungsbehörde nicht nachkommt.

§ 6 Ausbildung von Hunden

(1) Es ist verboten, Hunde mit dem Ziel einer gesteigerten Aggressivität und Gefährlichkeit auszubilden. Über Ausnahmen entscheidet auf Antrag der Hundehalterin oder des Hundehalters die örtliche Ordnungsbehörde nach Maßgabe des Absatzes 2.

(2) Die Erlaubnis soll erteilt werden, wenn

1.die antragstellende Person nachweist, dass die Ausbildung Schutzzwecken dient,

2.die antragstellende Person die erforderliche Sachkunde (§ 7) besitzt und das 18. Lebensjahr vollendet hat, keine Tatsachen die Annahme rechtfertigen, dass die antragstellende Person die erforderliche Zuverlässigkeit (§ 8) nicht besitzt, und

die der Ausbildung dienenden Räumlichkeiten, Einrichtungen und Freianlagen eine verhaltensgerechte und ausbruchssichere Unterbringung ermöglichen, so dass die körperliche Unversehrtheit von Menschen und Tieren nicht gefährdet wird.

(3) Die Erlaubnis kann befristet und unter Vorbehalt des Widerrufs erteilt sowie mit Bedingungen und Auflagen verbunden werden. Auflagen können auch nachträglich aufgenommen und geändert werden.

(4) Ausbildungen, die vor Inkrafttreten der Verordnung begonnen worden sind, sind nicht erlaubnispflichtig.

§ 7 Sachkunde

Sachkundig ist eine Person, die über die Kenntnisse und Fähigkeiten verfügt, einen gefährlichen Hund so zu halten und zu führen, dass von diesem keine Gefahr für Menschen, Tiere oder Sachen ausgeht.

Die örtliche Ordnungsbehörde kann für die Prüfung der Sachkunde anordnen, dass die Hundehalterin oder der Hundehalter eine Sachkundebescheinigung oder eine Sachkundeprüfung

a) beim Verband für das Deutsche Hundewesen e.V. (VDH) oder

b) bei einer anderen Einrichtung, die sich auf Hundeausbildungen spezialisiert hat, erbringt.

Die Sachkunde ist für jeden gefährlichen Hund gesondert zu prüfen.

§ 8 Zuverlässigkeit

(1) Die erforderliche Zuverlässigkeit besitzen in der Regel Personen nicht, die

1.wegen vorsätzlichen Angriffs auf das Leben oder die Gesundheit, Vergewaltigung, Zuhälterei, Land- oder Hausfriedensbruch, Widerstandes gegen die Staatsgewalt, einer gemeingefährlichen Straftat oder einer Straftat gegen das Eigentum oder das Vermögen,

2.mindestens zweimal wegen einer im Zustand der Trunkenheit begangenen Straftat oder

3.wegen einer Straftat gegen das Tierschutzgesetz, das Waffengesetz, das Gesetz über die Kontrolle von Kriegswaffen, das Sprengstoffgesetz oder das Bundesjagdgesetz rechtskräftig verurteilt worden sind, wenn seit dem Eintritt der Rechtskraft der letzten Verurteilung fünf Jahre noch nicht verstrichen sind. In die Frist wird die Zeit nicht eingerechnet, in welcher der Antragsteller auf behördliche Anordnung in einer Anstalt verwahrt worden ist.

(2) Die erforderliche Zuverlässigkeit besitzen ferner in der Regel Personen nicht, die

1.wiederholt oder gröblich gegen die Vorschriften des Tierschutzgesetzes, des Waffengesetzes, des Gesetzes über die Kontrolle von Kriegswaffen, des Sprengstoffgesetzes oder des Bundesjagdgesetzes oder gegen die

§ 3 Abs. 4 und 5, § 4 Abs. 1, 2 und 4 sowie § 6 Abs. 1 dieser Verordnung verstoßen haben,

2. auf Grund einer psychischen Krankheit oder einer geistigen oder seelischen Behinderung Betreute nach § 1896 des Bürgerlichen Gesetzbuches sind,

3. geschäftsunfähig oder in der Geschäftsfähigkeit beschränkt sind,

4. geisteskrank oder geistesschwach sind,

5. trunksüchtig oder rauschmittelsüchtig sind,

6. nach ihren körperlichen Kräften zur Führung des Tieres ungeeignet sind,

7. keinen festen Wohnsitz nachweisen können.

(3) Zum Nachweis der Zuverlässigkeit ist ein Führungszeugnis vorzulegen. Sind Tatsachen bekannt, die Bedenken gegen die Zuverlässigkeit i.S.d. Absatzes 2 Nr. 4 und 5 begründen, so kann die zuständige Behörde von der Hundehalterin oder dem Hundehalter ein amts- oder fachärztliches Gutachten verlangen.

§ 9 Ausnahmen

(1) Diese Verordnung gilt nicht für Diensthunde von Behörden und für Such- und Rettungshunde, soweit diese im Rahmen ihrer Zweckbestimmung eingesetzt werden.

(2) § 1 Abs. 2 gilt nicht für Hirtenhunde beim Hüten, für Jagdhunde bei ihrer jagdlichen Verwendung, soweit der bestimmungsgemäße Einsatz dies erfordert. § 3 Abs. 2 Nr. 5 gilt nicht für Jagdhunde, soweit das Hetzen nach den Grundsätzen einer weidgerechten Jagdausübung erforderlich ist.

(3) § 2 gilt nicht für Blindenhunde und Behindertenbegleithunde.

(4) Die örtlichen Ordnungsbehörden können von den §§ 2 und 4 Abs. 3 Ausnahmen zulassen, wenn im Einzelfall Menschen, Tiere oder Sachen nicht gefährdet werden.

§ 10 Örtlich weitergehende Sonderregelungen

(1) Die örtlichen Ordnungsbehörden können den örtlichen Verhältnissen entsprechende weitergehende Regelungen durch Verordnungen über die öffentliche Sicherheit treffen. Diese Verordnungen bedürfen der Zustimmung durch das Innenministerium.

(2) Die bestehenden örtlich ergänzenden Sonderregelungen der örtlichen Ordnungsbehörden, die vor Inkrafttreten dieser Verordnung erlassen worden sind, gelten auf Grund der Ermächtigung in diesem Gesetz fort, soweit sie nicht gegen die Regelungen in dieser Verordnung verstoßen.

§ 11 Ordnungswidrigkeiten

(1) Ordnungswidrig nach § 175 Abs. 3 des Landesverwaltungsgesetzes handelt, wer

1. entgegen § 1 Abs. 1 einen Hund führt oder beaufsichtigt,

2. entgegen § 1 Abs. 2 einem Hund das vorgeschriebene Halsband oder die vorgeschriebene Halskette nicht anlegt,

3. entgegen § 2 einen Hund mitnimmt oder dort laufen lässt,

4. entgegen § 3 Abs. 3 Satz 2 und 3 einer vollziehbaren Anordnung nicht nachkommt,

5. entgegen § 3 Abs. 4 einen Hund durch Zuchtauswahl, Aufzucht, Haltung oder Ausbildung zu gefährlichen Hunden heranbildet,

6. entgegen § 3 Abs. 5 gefährliche Hunde hält oder die Zugänge zu dem befriedeten Besitztum nicht mit den erforderlichen Warnschildern kenntlich macht,

7. entgegen § 4 Abs. 1 und 3 einen Hund nicht an der vorgeschriebenen Leine führt,

8. entgegen § 4 Abs. 2 und Abs. 4 einem Hund nicht einen das Beißen verhindernden Maulkorb anlegt,

9. entgegen einer Untersagung nach § 5 einen gefährlichen Hund hält,

10. entgegen § 6 Abs. 1 gefährliche Hunde

mit dem Ziel einer gesteigerten Aggressivität ausbildet, oder

11. entgegen § 8 Abs. 3 Satz 1 kein Führungszeugnis vorlegt.

(2) Die Ordnungswidrigkeit kann mit einer Geldbuße bis zu zehntausend Deutsche Mark geahndet werden. Ferner kann nach § 175 Abs. 5 Landesverwaltungsgesetz die Einziehung des Hundes angeordnet werden.

 ## Überblick

Die Gefahrhundeverordnung Schleswig-Holsteins beinhaltet einen Katalog von insgesamt elf Hunderassen, die als „gefährlich" eingestuft werden. Daneben gelten Hunde als gefährlich, die aufgrund bestimmter Verhaltensweisen auffällig geworden sind. Für diese Tiere gelten verschärfte Haltungsbedingungen; eine Erlaubnispflicht wurde jedoch nicht eingeführt. Ferner enthält die Verordnung Verschärfungen für die Haltung *aller* Hunde.

Haltungs-, Zucht und Handelsverbote sowie Kastrations- und Sterilisationszwang wurden in Schleswig-Hostein (noch) nicht eingeführt, sollen aber in eine überarbeiteten Fassung aufgenommen werden.

Die Verordnung gilt nicht für Diensthunde von Behörden und für Such- und Rettungshunde im Einsatz; einzelne Ausnahmen gelten für Hirten- und Jagdhunde. Auf Blindenführ- und Behindertenbegleithunde sind die gesetzlichen Bestimmungen anwendbar mit Ausnahme des § 2 (Mitnahmeverbot).

Die Möglichkeit einer Tötungsanordnung für „gefährliche Hunde" wurde in § 5 aufgenommen.

Das Oberverwaltungsgericht (OVG) Schleswig hat wesentliche Teile der Verordnung für nichtig erklärt. Das Land kündigte eine Beschwerde gegen die Entscheidung beim Bundesverwaltungsgericht (BVerwG) an. Bis zu dieser Entscheidung bleibt die Verordnung in Kraft.

„Gefährliche Hunde"

Als prinzipiell gefährlich gelten Hunde der Rassen American Pitbull Terrier, American Staffordshire Terrier, Staffordshire Bullterrier, Bullmastiff, Bullterrier, Dogo Argentino, Fila Brasileiro, Kaukasischer Owtscharka, Mastiff, Mastino Espanol und Mastino Napoletano sowie Kreuzungen dieser Rassen untereinander oder mit anderen Hunden.

Gleiches gilt für Hunde, die sich – unabhängig von der Rasse – als übermäßig kampfbereit, scharf, angriffslustig oder bissig erwiesen haben, die einen Menschen in gefahrdrohender Weise wiederholt angesprungen haben oder die unkontrolliert Wild oder andere Tiere hetzen oder reißen.

Haltungsvoraussetzungen für „gefährliche Hunde"

Die Hunde sind ausbruchsicher unterzubringen. Alle Zugänge zu Grundstücken und Wohnungen, in denen „gefährliche Hunde" gehalten werden, sind durch deutlich sichtbare **Warnschilder** mit der Aufschrift „Vor-

113

sicht gefährlicher Hund" oder „Vorsicht bissiger Hund" zu kennzeichnen.

Außerhalb des befriedeten Besitztums gilt **Leinenzwang** (maximal zwei Meter). Ausnahmen hiervon bestehen nur in Hundeauslaufgebieten und dort auch nur dann, wenn der Hund einen Maulkorb trägt. Ein genereller **Maulkorbzwang** besteht für Hunde der Rassen American Pitbull Terrier, American Staffordshire Terrier und Staffordshire Bullterrier; für Hunde der darüber hinaus aufgelisteten Rassen nur dann, wenn sie sich gegenüber Menschen als bissig erwiesen haben.

Schließlich kann bei „gefährlichen Hunden" die Kennzeichnung des Tieres mit dem Großbuchstaben „G" im linken Ohr oder im linken Hinterschenkel angeordnet werden. Ob die jeweils zuständigen Behörden von dieser Möglichkeit tatsächlich Gebrauch machen, bleibt abzuwarten und kann von Kommune zu Kommune unterschiedlich gehandhabt werden.

Für die Haltung „gefährlicher Hunde" gelten die verschärften Bestimmungen, die auch auf alle übrigen Hunde angewendet werden, vergleiche im Folgenden.

Haltungsvoraussetzungen für alle Hunde

Hunde dürfen außerhalb des befriedeten Besitztums nur von Personen geführt werden, die **körperlich und geistig dazu in der Lage** sind, den Hund sicher zu führen. Der Halter hat dafür Sorge zu tragen, dass keine ungeeigneten Personen seinen Hund führen.

Die Hunde müssen ein **Halsband mit einer Kennzeichnung** tragen, an-

hand derer der Halter ermittelt werden kann. Mangels weiterer Angaben dürfte das Tragen der Steuermarke ausreichend sein. Eine Ausnahme hiervon besteht für Hirten- und Jagdhunde im Rahmen ihres zweckbestimmten Einsatzes.

Ein **Mitnahmeverbot** besteht an den in § 2 aufgeführten Orten. Eine Ausnahme gilt für Blindenführ- und Behindertenbegleithunde. Darüber hinaus können die örtlichen Behörden Ausnahmen zulassen, sofern keine Gefahr für Menschen, Tiere oder Sachen besteht.

Schließlich besteht für alle Hunde **Leinenzwang** (maximal zwei Meter) an den in § 4 Abs. 3 aufgeführten Orten, wobei auch hier Ausnahmen zugelassen werden können.

Ausbildung von Hunden

Wie alle Länder verbietet Schleswig-Holstein das Ausbilden von Hunden mit dem Ziel einer gesteigerten Aggressivität und Gefährlichkeit. Eine Ausnahme zum Zweck der Schutzhundausbildung kann der Hundehalter beantragen. Sie wird erteilt, sofern der volljährige Halter seine Sachkunde und persönliche Zuverlässigkeit nachweist. Der **Sachkundenachweis** erfolgt in der Regel durch eine entsprechende Prüfung. Für die persönliche **Zuverlässigkeit** wird die Vorlage eines polizeilichen Führungszeugnisses verlangt. Im Übrigen darf keiner der in § 8 aufgeführten Tatbestände verwirklicht worden sein.

Thüringen

Ordungsbehördliche Verordnung zur Abwehr von Gefahren durch Zucht, Ausbildung, Abrichten und Halten gefährlicher Hunde vom 21.03.2000.

§ 1 Gefährliche Hunde

Als gefährliche Hunde im Sinne dieser Verordnung gelten:

1. Hunde, die auf Angriffslust oder über das natürliche Maß hinausgehende Kampfbereitschaft oder Schärfe oder auf andere in der Wirkung gleichstehende Merkmale gezüchtet, ausgebildet oder abgerichtet sind,
2. Hunde, die sich als bissig erwiesen haben,
3. Hunde, die wiederholt in gefahrdrohender Weise Menschen angesprungen haben, oder
4. Hunde, die wiederholt Vieh, Katzen oder Hunde oder unkontrolliert Wild gehetzt oder gerissen haben.

§ 2 Verfahren

(1) Bei Zweifeln über die Gefährlichkeit eines Hundes kann die zuständige Behörde das Vorliegen der Voraussetzungen des § 1 feststellen.

(2) Die einen gefährlichen Hund haltende Person hat, nachdem sie ihren Hund als gefährlich erkannt hat oder erkennen müssen oder die zuständige Behörde dessen Gefährlichkeit festgestellt hat, unverzüglich die erforderliche Sachkunde zu erwerben und eine Erlaubnis gemäß § 3 zu beantragen.

(3) Beantragt die einen gefährlichen Hund haltende Person entgegen Abs. 2 die Erlaubnis nicht oder nicht rechtzeitig, teilt die zuständige Behörde ihr den ermittelten Sachverhalt und die daraus gezogenen Tatbestandsfeststellungen nebst Beweismitteln schriftlich mit. Zugleich weist sie auf das Erlaubniserfordernis, die Sachkundebestim-

mung, die Zuverlässigkeitsbestimmung sowie die Bußgeldbewährung hin und fordert sie auf, ihr unverzüglich mitzuteilen, bei welchem Sachverständigen sie die Sachkundeprüfung abzulegen oder an wen sie den gefährlichen Hund abzugeben beabsichtigt.

§ 3 Erlaubnis

(1) Das Züchten gefährlicher Hunde ist verboten. Gleiches gilt für das zielgerichtete Ausbilden und Abrichten zu gefährlichen Hunden.

(2) Das Ausbilden, das Abrichten und das Halten gefährlicher Hunde bedürfen der ordnungsbehördlichen Erlaubnis.

(3) Die Erlaubnis wird nur erteilt, wenn

1. die antragstellende Person die erforderliche Sachkunde besitzt, das 18. Lebensjahr vollendet hat,

2. keine Tatsachen die Annahme rechtfertigen, dass die antragstellende Person die erforderliche Zuverlässigkeit nicht besitzt, und

3. die der Ausbildung, dem Abrichten und dem Halten dienenden Räumlichkeiten, Einrichtungen und Freianlagen eine verhaltensgerechte und ausbruchsichere Unterbringung ermöglichen, so dass die körperliche Unversehrtheit von Mensch oder Tier nicht gefährdet wird.

(4) Die Erlaubnis kann befristet und unter Vorbehalt des Widerrufs erteilt sowie mit Bedingungen und Auflagen verbunden werden. Gegenstand einer Auflage kann auch die Kennzeichnung von gefährlichen Hunden sein. Auflagen können auch nachträglich aufgenommen, geändert und ergänzt werden.

(5) Das Landesverwaltungsamt kann in anderen Ländern erworbene Erlaubnisse zum Halten, Ausbilden oder Abrichten gefährlicher Hunde anerkennen, sofern die Gleichwertigkeit mit einer nach Abs. 3 zu erteilenden Erlaubnis gewährleistet ist.

§ 4 Sachkunde

Die zuständige Behörde hat sich vom Vorliegen der erforderlichen Sachkunde zu überzeugen. Sie kann sich hierzu der Hilfe Dritter, besonders der von Sachverständigen oder Behördenvertretern bedienen. Dabei soll sie die Wünsche der antragstellenden Person nach Möglichkeit berücksichtigen.

§ 5 Zuverlässigkeit

(1) Die erforderliche Zuverlässigkeit besitzen in der Regel Personen nicht, die besonders

1. wegen vorsätzlichen Angriffs auf das Leben oder die Gesundheit, Vergewaltigung, Zuhälterei, Land- oder Hausfriedensbruchs, Widerstandes gegen die Staatsgewalt, einer gemeingefährlichen Straftat oder einer Straftat gegen das Eigentum oder das Vermögen,

2. mindestens zweimal wegen einer im Zustand der Trunkenheit begangenen Straftat oder

3. wegen einer Straftat gegen das Tierschutzgesetz, das Waffengesetz, das Gesetz über die Kontrolle von Kriegswaffen, das Sprengstoffgesetz oder das Bundesjagdgesetz rechtskräftig verurteilt worden sind, wenn seit dem Eintritt der Rechtskraft der letzten Verurteilung fünf Jahre noch nicht verstrichen sind. In die Frist wird die Dauer von freiheitsentziehenden Maßnahmen aufgrund richterlicher oder behördlicher Anordnungen nicht eingerechnet.

(2) Die erforderliche Zuverlässigkeit besitzen ferner in der Regel Personen nicht, die

1. wiederholt oder gröblich gegen die Vorschriften des Tierschutzgesetzes, des Waffengesetzes, des Gesetzes über die Kontrolle von Kriegswaffen, des Sprengstoffgesetzes, des Bundesjagdgesetzes, des Thüringer Jagdgesetzes oder gegen § 3 Abs. 1 oder 2 oder § 6 Abs. 2 oder 4 dieser Verordnung verstoßen haben,

2. aufgrund einer psychischen Krankheit

oder einer geistigen oder seelischen Behinderung Betreute nach § 1896 des BGB sind oder

3. alkohol-, arzneimittel- oder drogenabhängig sind.

(3) Sind Tatsachen bekannt, die Bedenken gegen die Zuverlässigkeit i.S.d. Abs. 2 Nr. 3 begründen, so kann die zuständige Behörde verlangen, dass die antragstellende Person ein amts- oder fachärztliches Zeugnis über ihre geistige und körperlich Eignung vorlegt.

§ 6 Halten von gefährlichen Hunden

(1) Gefährliche Hunde sind so zu halten, dass Menschen, Tiere oder Sachen nicht gefährdet werden. Sie dürfen nur Personen überlassen werden, die die Gewähr dafür bieten, dass die Bestimmungen dieser Verordnung eingehalten werden.

(2) Innerhalb eingefriedeten Besitztums sind gefährliche Hunde so zu halten, dass sie dieses gegen den Willen des Hundehalters nicht verlassen können.

(3) Wer einen gefährlichen Hund hält, hat dies an jedem Zugang des eingefriedeten Besitztums oder seiner Wohnung durch ein Warnschild kenntlich zu machen.

(4) Außerhalb eingefriedeten Besitztums sowie bei Mehrfamilienhäusern auf Zuwegen oder außerhalb der Wohnungen darf ein gefährlicher Hund nur unter folgenden Voraussetzungen geführt werden:

1. Es besteht Leinenzwang, wobei die Leine so beschaffen sein muss, dass das Tier sicher gehalten werden kann;

2. Die Person, die den gefährlichen Hund führt, muss von ihrer körperlichen Konstitution her stets in der Lage sein, das Tier sicher zu halten.

3. Hunde, die sich als bissig erwiesen haben, müssen dabei einen das Beißen verhindernden Maulkorb oder eine in der Wirkung gleichstehende Vorrichtung tragen.

(5) Die zuständige Behörde kann Ausnahmen von den Abs. 3 und 4 Nr. 1 und 3 zulassen, wenn im Einzelfall eine Gefahr für die öffentliche Sicherheit nicht zu befürchten ist. Die Zulassung der Ausnahme kann befristet und unter dem Vorbehalt des Widerrufs erteilt sowie mit Bedingungen und Auflagen verbunden werden. Auflagen können auch nachträglich aufgenommen, geändert und ergänzt werden.

§ 7 Untersagung

Die zuständige Behörde kann das Halten gefährlicher Hunde generell oder im Einzelfall untersagen, wenn Tatsachen die Annahme rechtfertigen, das durch das Halten eine Gefahr für Leben oder Gesundheit von Menschen oder Tieren besteht.

§ 8 Zuständigkeit

Zuständig für den Vollzug dieser Verordnung mit Ausnahme von § 3 Abs. 5 ist die Gemeinde oder die Verwaltungsgemeinschaft. Besonders bei der Prüfung der Voraussetzungen nach § 3 Abs. 3 Nr. 3 und § 6 Abs. 5 kann das örtlich zuständige Veterinär- und Lebensmittelüberwachungsamt beteiligt werden.

§ 9 Ausnahmen

Diese Verordnung findet auf Diensthunde der Bundes- und Landesbehörden sowie auf Diensthunde der Gemeinden, Verwaltungsgemeinschaften, Landkreise und Zweckverbände keine Anwendung. Gleiches gilt für gefährliche Hunde für die Dauer ihrer Unterbringung in Tierheimen.

§ 10 Ordnungswidrigkeiten

(1) Ordnungswidrig handelt, wer vorsätzlich oder fahrlässig
1. entgegen § 2 Abs. 2 nicht unverzüglich die erforderliche Sachkunde erwirbt oder

eine Erlaubnis gemäß § 3 beantragt,
2. entgegen § 3 Abs. 1 Satz 1 gefährliche Hunde züchtet,
3. entgegen § 3 Abs. 1 Satz 2 zielgerichtet zu gefährlichen Hunden ausbildet oder abrichtet,
4. eine Tätigkeit ohne die nach § 3 Abs. 2 erforderliche Erlaubnis ausübt oder einer mit einer solchen Erlaubnis verbundenen vollziehbaren Auflage zuwider handelt,
5. entgegen § 6 Abs. 1 Satz 2 einen gefährlichen Hund einer Person überlässt, die nicht die Gewähr dafür bietet, dass die Bestimmungen dieser Verordnung eingehalten werden,
6. entgegen § 6 Abs. 2 einen gefährlichen Hund nicht so hält, dass er gegen den Willen des Hundehalters das eingefriedete Besitztum nicht verlassen kann,
7. entgegen § 6 Abs. 3 nicht alle Zugänge des eingefriedeten Besitztums oder seiner Wohnungstür mit einem Warnschild kenntlich macht,
8. entgegen § 6 Abs. 4 Nr. 1 einen gefährlichen Hund nicht an der Leine führt oder entgegen § Abs. 4 Nr. 3 einem bissigen Hund keinen Maulkorb aufsetzt,
9. entgegen § 6 Abs. 4 Nr. 2 einen gefährlichen Hund mitführt, ohne ihn sicher an der Leine halten zu können, oder
10. einer vollziehbaren Anordnung nach § 7 zuwider handelt.
(2) Die Ordnungswidrigkeit kann gemäß § 51 Abs. 1 OBG mit einer Geldbuße bis zu 10 000,00 DM geahndet werden.
(3) Die Zuständigkeit im Sinne von § 51 Abs. 2 Nr. 3 Satz 2 OBG in Verbindung mit § 35 Abs. 1 des Gesetzes über Ordnungswidrigkeit wird auf die Gemeinden und Verwaltungsgemeinschaften übertragen.

§ 11 Kommunale Rechtsvorschriften

Kommunale Rechtsvorschriften über das Halten von Hunden einschließlich von Anleingeboten bleiben unberührt, weil diese Vorschrift nicht gefährliche Hunde im Sinne dieser Verordnung besonders betreffen.

§ 12 Örtlicher Geltungsbereich

Diese Verordnung gilt für das gesamte Gebiet Thüringens.

 Überblick

Das Landesverwaltungsamt Thüringen hat zeitgleich mit der Gefahrenabwehrverordnung eine Verwaltungsvorschrift erlassen, um die Umsetzung der neuen Bestimmungen zu erleichtern.

Die thüringische Landeshundeverordnung verzichtet bewusst auf die Aufzählung einzelner Hunderassen oder -kreuzungen und orientiert sich bei der Definition des Begriffes „gefährlicher Hund" an bestimmten „konfliktträchtigen Eigenschaften" des Hundes. Als gefährlich gelten alle Hunde, die – unabhängig von einer Rassezugehörigkeit – **aufgrund bestimmter Verhaltensweisen auffällig** geworden sind. Die Haltung, die Ausbildung und das Abrichten von „gefährlichen Hunden" ist erlaubnispflichtig. Daneben wurden verschärfte Haltungsbedingungen eingeführt.

Das Züchten von „gefährlichen Hunden" im Sinne der Verordnung ist verboten, ebenso das zielgerichtete Ausbilden und Abrichten zu „gefährlichen Hunden".

Die Verordnung findet keine Anwendung auf Diensthunde des Bundes, des Landes und der Gemeinden. Dies gilt auch dann, wenn der Diensthundeführer die Hunde außerhalb des Dienstes in seinem Privatbereich hält, ausbildet oder abrichtet.

Ausgenommen von der Verordnung sind auch „gefährliche Hunde" für die Dauer ihrer Unterbringung im Tierheim. Konkret bedeutet dies, dass die Tierheimmitarbeiter von der Erlaubnispflicht ausgenommen sind.

Auf Blindenführhunde, Rettungshunde des Katastrophenschutzes sowie Hunde im Einsatz von Wachdiensten findet die Verordnung dagegen ausdrücklich Anwendung. Behindertenbegleithunde werden weder im Verordnungstext noch in der Verwaltungsvorschrift erwähnt. Es ist aber aufgrund der vorgenommenen Differenzierung davon auszugehen, dass auch sie vom Anwendungsbereich erfasst werden.

Verschärfungen für die generelle Hundehaltung hat Thüringen nicht eingeführt, ebenso keine Möglichkeit zur Anordnung der Tötung von Hunden.

„Gefährliche Hunde"

Als gefährlich gelten zunächst einmal Hunde, die auf Angriffslust, übermäßige Schärfe, Kampfbereitschaft oder wirkungsgleiche Merkmale gezüchtet, ausgebildet oder abgerichtet sind, § 1 **Nr. 1**.

Zuchten, die nachweislich entsprechend den Vorgaben und Standards des VDH durchgeführt werden, stellen keine Zuchten im oben genannten Sinne dar. Entsprechendes soll für vergleichbar anerkannte Verbände gelten. Die allgemein anerkannte Ausbildung zum Schutzhund stellt ebenfalls keine Ausbildung im Sinne des Nr. 1 dar, so dass auch die sportlich-züchterische Ausbildung (Ausbildung zum Schutzdienst) vom Anwendungsbereich des § 1 Nr. 1 ausgenommen ist.

Ein Hund weist entsprechend den Ausführungen der Verwaltungsvorschrift dann ein Verhalten im Sinne des § 1 Nr. 1 auf, wenn bei ihm ein gefährliches Verhalten (zum Beispiel Beißen) eher ausgelöst wird als bei anderen Hunden. Während sich Hunde üblicherweise erst bei einem Angriff oder einer sonstigen bedrohlichen Situation als „gefährlich" erweisen, verhalten sich kampfbereite oder angriffslustige Hunde bereits ohne erkennbaren Anlass oder bei einem alltäglichen Vorfall in dieser Weise. Als Beispiele werden folgende Situationen angeführt, wobei ein schädigendes Ereignis nicht eingetreten sein muss:

- Ein Hund läuft von einem Privatgrundstück in den öffentlichen Verkehrsraum und stürzt sich – ohne dass eine konkrete Bedrohungssituation vorliegt – auf einen vorbeilaufenden Hund.
- Ein Hund zeigt aggressives Verhalten (zum Beispiel heftiges Zerren an der Leine), wenn ein Radfahrer oder Fußgänger dicht oder schnell passiert.

Gem. § 1 **Nr. 2** gelten bissige Hunde als gefährlich, sofern sie von einem Menschen nicht provoziert und von einem Tier nicht angegriffen wurden. Es reicht bereits der Beißversuch aus;

ein konkreter Schaden muss nicht eingetreten sein. Das bloße Anbellen hingegen soll für die Annahme der Bissigkeit nicht ausreichen. Gleiches gilt im Falle der Verteidigung der Aufsichtsperson oder der Verteidigung des Hundes selbst.

Letztendlich ist jeder Einzelfall auf der Grundlage einer Gesamtschau zu entscheiden: Das gesamte Geschehen, das zu dem Vorfall geführt hat, ist zu ermitteln und zu werten. Besonders bei Auseinandersetzungen zwischen zwei oder mehreren Hunden sind die artgerechten Verhaltensweisen von Hunden untereinander zu berücksichtigen, so dass Raufereien und Spielen in der Regel eine Bissigkeit nicht begründen. Anderes ist unter Umständen anzunehmen, wenn ein Hund einen anderen trotz erkennbarer, artüblicher Unterwerfungsgestik beißt.

§ 1 **Nr. 3** bezweckt den Schutz von Kindern und älteren Personen vor anspringenden – besonders größeren – Hunden. Anspringen in gefahrdrohender Weise liegt vor, wenn der Hund „den Körperkontakt aufgrund einer kämpferischen Angriffslust herbeigeführt hat" und aus objektiver Sicht die Möglichkeit einer Verletzung bestanden hat. Der Betroffene muss durch das Anspringen in seinem körperlichen oder seelischen Wohlbefinden (aus subjektiver Sicht) beeinträchtigt gewesen sein. Dabei muss aber der Nachweis des wiederholten (mindestens zweimaligen) Anspringens erbracht werden. Anbellen, Beschnuppern oder auch das Hochspringen zur Begrüßung stellen kein Verhalten im Sinne des Nr. 3 dar.

Unkontrolliertes Hetzen oder Reißen im Sinne des **§ 1 Nr. 4** ist gegeben, wenn ein Hund die benannten Tiere nachhaltig und andauernd verfolgt oder zu Tode gebissen hat beziehungsweise dies versucht hat. Unkontrolliert ist dieses Verhalten, wenn es nicht im jagdlichen Einsatz oder im Rahmen einer vergleichbaren Zweckbestimmung erfolgte. Die Voraussetzungen des § 1 Nr. 4 sind im Falle des arteigenen Nachlaufens von Hunden nicht erfüllt.

Erlaubnispflicht und -voraussetzungen für die Haltung „gefährlicher Hunde"

Nach der thüringischen Landeshundeverordnung stellt jeder „gefährliche Hund" eine abstrakte Gefahr dar, so dass eine grundsätzliche Erlaubnispflicht eingeführt wurde. Zuständig hierfür sind die örtlichen Ordnungsbehörden.

Erforderlich ist neben der **Vollendung des 18. Lebensjahres** ein **Sachkundenachweis**, der durch Vorlage einer Bestätigung eines anerkannten Sachverständigen zu erbringen ist. Entsprechende Stellen können bei den Behörden erfragt werden. Zum Inhalt der Prüfungen enthalten auch die Verwaltungsvorschriften keine weiteren Ausführungen, so dass beispielhaft auf die Erläuterungen unter Baden-Württemberg, Seite 15, Nordrhein-Westfalen, Seite 86, Rheinland-Pfalz, Seite 93 und Saarland, Seite 99 verwiesen wird.

Grundsätzlich gilt der Sachkundenachweis nur für den Hund, für dessen Haltung die Erlaubnis beantragt wird. Für Personen, die Hunde ausbilden oder abrichten, gilt der Sachkundenachweis dagegen für alle „gefährlichen Hunde".

Von der **persönlichen Zuverlässigkeit** des Halters ist in der Regel auszugehen, es sei denn, einer der in § 5 aufgeführten Tatbestände wurde verwirklicht. Als Nachweis ist ein polizeiliches Führungszeugnis vorzulegen.

Schließlich ist der Hund **verhaltensgerecht und ausbruchsicher unterzubringen**.

Haltungsvoraussetzungen für „gefährliche Hunde"

Grundsätzlich darf von dem gehaltenen Hund **keine Gefahr für Dritte** ausgehen. Demzufolge muss beispielsweise gewährleistet werden, dass Briefkästen, Mülltonnen, Wohnungs- und Haustürklingeln von jedermann gefahrlos erreicht werden können. Ferner darf der Halter den Hund nur solchen Personen überlassen, die Gewähr dafür bieten, dass sie die Bestimmungen der Verordnung auch einhalten.

„Gefährliche Hunde" sind **ausbruchsicher** zu halten. Jeder Zugang des eingefriedeten Besitztums oder einer Wohnung, in dem beziehungsweise in der ein solcher Hund gehalten wird, muss mit einem deutlich sichtbaren **Warnschild** gekennzeichnet werden.

Außerhalb des befriedeten Besitztums und außerhalb von Wohnungen besteht für „gefährliche Hunde" **Leinenzwang** und für Hunde, die sich als bissig erwiesen haben, zusätzlich die **Pflicht zum Tragen eines Maulkorbes**. Dem Hund darf immer nur soviel Leine gewährt werden, dass keine Gefahr von ihm ausgehen kann. Befinden sich andere Personen oder Tiere in unmittelbarer Nähe des Hundes, darf die Leinenlänge maximal 50 Zentimeter betragen.

Der Hund darf nur von Personen geführt werden, die **körperlich und geistig in der Lage** sind, ihn sicher zu halten. Dies ist dann gewährleistet, wenn der Hundeführer Situationen sowie Reaktionen des Hundes einschätzen kann und aufgrund seiner Körperkraft – gegebenenfalls im Zusammenspiel mit Befehlen – in der Lage ist, den Hund festhalten.

Ausnahmemöglichkeiten bestehen für das Warnschildgebot, den Leinenzwang sowie die Pflicht zum Tragen eines Maulkorbes, wenn eine Gefährdung der öffentlichen Sicherheit durch den Hund ausgeschlossen werden kann. Im Regelfall ist hierfür eine umfassende Überprüfung des Verhaltens und der Reaktionen des Hundes seitens des Ordnungsamtes erforderlich. Generelle Ausnahmen – zum Beispiel

für Hundeauslaufgebiete – existieren in Thüringen nicht, das heißt, es ist immer eine Einzelfallentscheidung zu treffen.

Ausbilden und Abrichten von „gefährlichen Hunden"

Ebenso wie das Halten ist auch die Ausbildung und das Abrichten von „gefährlichen Hunden" abhängig von der Erteilung einer entsprechenden Erlaubnis. Hinsichtlich der Voraussetzungen wird auf die Ausführungen Seite 120 verwiesen. Darüber hinaus wird die erforderliche Erlaubnis nur unter der Voraussetzung erteilt, dass die Ausbildung oder das Abrichten dazu dient, aus einem „gefährlichen Hund" einen „normalen, nicht gefährlichen Hund" zu machen.

Ausbildungen, die bereits vor dem Inkrafttreten der Verordnung durchgeführt oder begonnen wurden, sind erlaubnisfrei. Die Ausbildungsbescheinigung ist vorzulegen.

Zusammenfassung, Kritik und Ausblick

Landeshundeverordnungen verfassungswidrig?

Die Verfassungsmäßigkeit der Verordnungen wird vielfach in Frage gestellt: Die Anknüpfung an Rassemerkmale wird von ihren Kritikern als unvereinbar mit dem **Gleichheitsgrundsatz gemäß Artikel 3 Abs.1 GG** angesehen, da es derzeit keine gesicherten kynologischen Erkenntnisse gibt, die eine Andersbehandlung von Hunden der Rassenlisten rechtfertigen könnten. Zucht- und Handelsverbote stehen im möglichen Widerspruch zu der durch **Artikel 12 GG** geschützten **Berufsfreiheit** von berufsmäßigen Züchtern. Das in einigen Verordnungen normierte unwiderrufliche Warnschildgebot für „gefährliche Hunde" unterliegt nach Auffassung einiger Kritiker zumindest dann erheblichen rechtlichen Bedenken im Hinblick auf das in **Artikel 2 Abs. 1 GG** verankerte **Recht auf informationelle Selbstbestimmung**, wenn sich der Hund im Nachhinein als nachweisbar ungefährlich erwiesen hat. Schließlich wird in den Bestimmungen zur Haltungsuntersagung, Einziehung und Tötungsanordnung eine **Eigentumsbeeinträchtigung** und somit ein **Verstoß gegen Artikel 14 Abs. 1 Satz 1 GG** gesehen.

Die **Rechtmäßigkeit von Tötungsanordnungen** ist auch zweifelhaft im Hinblick auf die Bestimmungen des TierschG: Nach dessen § 1 Satz 2 darf niemand einem Tier ohne vernünftigen Grund Schmerzen, Leiden oder Schäden zufügen. Die Tötung von konkret gefährlichen Hunden aus Gründen der Gefahrenabwehr stellt nach Auffassung vieler einen vernünftigen Grund dar. Gleichwohl ist auch in diesen Fällen zusätzlich zu prüfen, ob nicht ein milderes Mittel in Betracht kommt, da die Tötung eines Tieres immer nur als „ultima ratio" zulässig ist. Anders dürfte sich die Rechtslage von daher zum Beispiel bei der Einziehung von Hunden wegen Defiziten in der Person des Halters (mangelnde Sachkunde und/oder Zuverlässigkeit) darstellen; ein vernünftiger Grund für eine Tötung dieser Tiere wird nach den Bestimmungen des TierschG dann wohl nicht gegeben sein.

Im Widerspruch zum TierschG kann letztlich auch der in alle Verordnungen aufgenommene Leinen- und Maulkorbzwang gesehen werden. Besonders in den Fällen des ausnahmslosen und lebenslangen **Leinen- und Maulkorbzwanges**, unabhängig von der konkreten Gefährlichkeit des einzelnen Hundes, kommt eine Verletzung des § 2 TierschG in Betracht: Danach sind Tiere art- und verhaltensgerecht zu pflegen. Ihre Möglichkeit zu artgemäßer Bewegung darf nicht so eingeschränkt werden, dass ihnen Schmerzen, vermeidbare Leiden oder Schäden zugefügt werden.

Es bleibt letztlich abzuwarten, inwieweit die Gerichte die Verfassungsmäßigkeit der einzelnen Landeshundeverordnungen bestätigen werden.

Gesetz zur Bekämpfung gefährlicher Hunde

Am 21.04.2001 trat das Gesetz zur Bekämpfung gefährlicher Hunde mit folgendem Inhalt in Kraft:

Artikel 1 Hundeverbringungs- und Einfuhrbeschränkungsgesetz

Hunde der Rassen Pitbull Terrier, American Staffordshire Terrier, Staffordshire Bullterrier und Bullterrier sowie Kreuzungen dieser Hunde untereinander oder mit anderen Hunden dürfen nicht in das Inland verbracht oder eingeführt werden. Hunde anderer Rassen, die nach der Verordnung des Landes, in dem sie gehalten werden, als gefährlich vermutet werden, dürfen aus dem Ausland in diese Länder ebenfalls nicht eingeführt oder verbracht werden.

„Verbringen in das Inland" meint jedes Verbringen aus einem anderen Mitgliedstaat der Europäischen Union ins Inland, „Einfuhr" ist das Verbringen aus einem Drittland ins Inland. Damit sich in der Praxis hierdurch nicht übermässige Beschwernisse – insbesondere im Reiseverkehr ergeben, wurden vorläufig folgende Ausnahmen vom Einfuhr- und Verbringungsverbot zugelassen:

Es gilt nicht für

- gefährliche Hunde, welche von Personen mitgeführt werden, die sich bis zu vier Wochen in Deutschland aufhalten

- gefährliche Hunde aus dem in Deutschland zur Zeit vorhandenen Bestand, die aus dem Ausland wieder eingeführt/verbracht werden
- Dienst- und Behindertenbegleithunde,

soweit die Halter über alle erforderlichen Papiere der Hunde verfügen.

Für die Ahndung von Verstößen gegen die Hundeeinfuhr- und -verbringungsbestimmungen wurden Straf- und Bußgeldvorschriften eingeführt: Mit Freiheitsstrafe bis zu zwei Jahren wird bestraft, wer entgegen diesem Verbot einen Hund in das Inland verbringt oder einführt. Bereits der Versuch ist strafbar. Hat der Täter fahrlässig gehandelt, dann droht ihm eine Freiheitsstrafe bis zu einem Jahr oder eine Geldstrafe.

Um die Einhaltung dieser Bestimmungen überwachen zu können, wurde das Grundrecht der **Unverletzlichkeit der Wohnung gemäß Artikel 13 GG** eingeschränkt. Von der zuständigen Behörde mit der Überwachung beauftragte Personen dürfen unter anderem Grundstücke und Geschäftsräume betreffender Hundehalter zu Geschäfts- beziehungsweise Betriebszeiten betreten. Bei dringender Gefahr für die öffentliche Sicherheit und Ordnung besteht diese Befugnis darüber hinaus außerhalb der Geschäftszeiten und auch für die Wohnräume der betreffenden Personen. Den betroffenen Hundehaltern obliegen im Rahmen dieser Überwachung Auskunfts- und Mitwirkungspflichten.

Zuwiderhandlungen stellen eine Ordnungswidrigkeit dar und können mit einer Geldbuße bis zu DM 10 000,- geahndet werden.

123

Artikel 2 Änderung des Tierschutzgesetzes

Durch die Einführung eines **neuen § 2 a Abs. 1 b** wird das Bundesministerium ermächtigt, durch Rechtsverordnung mit Zustimmung des Bundesrates Vorschriften hinsichtlich einer generellen Kennzeichnungspflicht für Hunde zu erlassen, soweit dies zum Schutz der Tiere erforderlich ist. Ferner wird das Ministerium in einem **neu gefassten § 11 b Absatz 5** ermächtigt, durch Rechtsverordnung mit Zustimmung des Bundesrates das Züchten mit Wirbeltieren bestimmter Arten, Rassen und Linien, bei denen durch Zucht erblich bedingte Aggressionssteigerungen oder Verhaltensstörungen verstärkt werden, zu verbieten oder zu beschränken. (Verbot der züchterischen Aggressionssteigerung) vgl. hierzu die neue Tierschutz-Hundeverordnung (Seite 134). Die **Einführung von Abs. 2 Satz 1 Nr. 4 in § 12 TierschG** schließlich verbietet die Haltung oder das Verbringen/Einführen von Wirbeltieren ins Inland, sofern an den Tieren zum Erreichen bestimmter Rassemerkmale tierschutzwidrige Handlungen vorgenommen worden sind. Gleiches gilt für den Fall, dass die Tiere erblich bedingte Verhaltensstörungen oder Aggressionssteigerungen aufweisen.

Durch eine Änderung des **§ 2a Absatz 1 Nr. 5** wird das Bundesministerium ermächtigt, durch Verordnung mit Zustimmung des Bundesrates einen Sachkundenachweis von allen – also auch privaten – Hundehaltern

verlangen zu können. Die bisherige Regelung im TierschG erstreckte sich dagegen nur auf die gewerbsmäßige Hundehaltung.

Eine entsprechende Verordnung liegt bisher nicht vor. Auch über die Details einer solchen wird noch diskutiert, besonders über die Frage, ob tatsächlich jeder Hundehalter den so genannten Hundeführerschein ablegen muss oder ob nur solche bestimmter Rassen. Insgesamt ist zum jetzigen Zeitpunkt festzustellen, dass in diesem Zusammenhang noch einige Fragen offen sind. Die Entwicklung bleibt abzuwarten.

Artikel 3 Änderung des Strafgesetzbuches

Durch **Einführung des neuen § 143 StGB** – „Unerlaubter Umgang mit gefährlichen Hunden" – wird die Zucht von und der Handel mit gefährlichen Hunden entgegen bestehender Länderbestimmungen verboten. Verstöße werden mit einer Freiheitsstrafe bis zu zwei Jahren oder mit Geldstrafe geahndet werden. Ebenso wird bestraft, wer ohne die erforderliche Genehmigung oder entgegen einer vollziehbaren Untersagung einen gefährlichen Hund hält.

Das Gesetz zur Bekämpfung gefährlicher Hunde unterliegt erheblichen verfassungs- und europarechtlichen Bedenken. Inwieweit sich diese durchsetzen und wie dieses Gesetz in die Praxis umgesetzt wird, bleibt abzuwarten.

*Rechtsprobleme
der Hundehaltung*

Einleitung

Während sich der erste Teil dieses Buches ausschließlich mit den Landeshundeverordnungen und deren Zweck – dem Schutz des Menschen vor dem Hund – beschäftigte, sollen in dem zweiten Teil all die Probleme behandelt werden, die während des Zusammenlebens von Mensch und Hund entstehen können.

Die möglichen Rechtsprobleme beginnen bereits bei dem Erwerb des Hundes und begleiten dessen gesamtes Leben bis hin zu seinem Tod. Auch wenn selbstverständlich nicht jeder der aufgeführten Aspekte in einem Hundeleben relevant wird, so kann die Kenntnis der nachfolgend behandelten Bereiche dazu beitragen, dass mancherlei Ärgernisse und Auseinandersetzungen vermieden oder bereits im Vorfeld gütlich geklärt werden.

Unser gesamtes Leben wird von Ge- und Verboten reglementiert, die einen sinnvoll, die anderen vielleicht weniger sinnvoll. Gleichwohl erleichtert die Kenntnis und besonders das Verständnis einiger Bestimmungen den Alltag in diesem Bereich erheblich.

Oft lassen sich die Probleme mit den Nachbarn, dem Vermieter, einem anderen Hundehalter oder sonstigen dritten Personen in freundlicher Art und Weise aus dem Weg räumen, indem ein sachliches und ruhigeres Gespräch geführt wird. Der verantwortungsvolle Hundehalter sollte deshalb heutzutage juristisches Grundwissen besitzen, um den Alltag mit seinem Hund entspannt genießen zu können.

Dieses Buch kann nicht jeden, möglicherweise in Zukunft auftretenden Fall behandeln. Vielmehr sollen die wesentlichen Stationen eines Hundelebens auf typische Rechtsprobleme hin untersucht und diese für den Hundehalter verständlich dargestellt werden. Daraus soll sich ein Leitfaden entwickeln, der es ermöglicht, in Konfliktsituationen den „rechten Weg" einzuschlagen.

Auch wenn in Zukunft weiterhin zahlreiche Fälle auf diesem Gebiet vor den Gerichten ausgetragen werden, so werden sich hoffentlich Hundefreunde und Hundegegner in Zukunft wieder einander annähern und dann nicht mehr die Auseinandersetzung *wegen* des Hundes, sondern die Bereicherung des menschlichen Daseins *durch* den Hund im Vordergrund stehen.

Die Stellung des Hundes im Rechtssystem

Die Stellung des Hundes im derzeit geltenden Rechtssystem ergibt sich aus **§ 90 a BGB**:
„Tiere sind keine Sachen. Sie werden durch besondere Gesetze geschützt. Auf sie sind die für Sachen geltenden Vorschriften entsprechend anzuwenden, soweit nicht etwas anderes bestimmt ist."

Da der Hund den Vorschriften für Sachen unterliegt, genießt er auch den entsprechenden strafrechtlichen Schutz. Dieser ergibt sich aus **§ 303 StGB**:
„1. Wer rechtswidrig eine fremde Sache beschädigt oder zerstört, wird mit Freiheitsstrafe bis zu zwei Jahren oder mit Geldstrafe bestraft. 2. Der Versuch ist strafbar."

Nach dem Gesetz ist der Hund also keine Sache, wird aber rechtlich wie eine solche behandelt, da auf Tiere die für Sachen geltenden Vorschriften entsprechend anwendbar sind.

Auch wenn der Hund mittlerweile durch einige Gesetze geschützt wird: Dem Hund sind keine Rechte gegenüber dem Menschen gegeben, wohl aber dem Menschen Pflichten gegenüber dem Hund auferlegt worden. Der gesetzliche Schutz des Hundes ist noch lange nicht ausreichend. Von daher sollte zumindest die Einhaltung der bestehenden Gesetze zum Wohle des Hundes ernst genommen werden. Dies setzt wiederum voraus, dass die wesentlichen gesetzlichen Grundlagen bekannt sind. Das ist das Ziel der nachfolgenden Ausführungen.

Bestimmungen zum Schutze des Hundes finden sich vor allem im Strafgesetzbuch (StGB) sowie im Tierschutzgesetz (TierschG, siehe ausführlich Seite 129 „Gesetzlicher Schutz des Hundes").

Jeder Mensch, der einem Hund vorsätzlich irgendeinen Schaden zufügt, macht sich aus juristischer Sicht dadurch „nur" einer Sachbeschädigung strafbar. Die Realität zeigt, dass der Phantasie, wie eine derartige Sachbeschädigung begangen werden kann, keine Grenzen gesetzt sind. Das Treten oder Schlagen eines Hundes fällt ebenso darunter wie das Vergiften oder Erschießen. Eine fahrlässige Sachbeschädigung durch Außerachtlassen der im Verkehr erforderlichen Sorgfalt ist nicht strafbar. Der Täter muss vielmehr wissentlich und gewollt dem Hund einen Schaden zugefügt haben. Die Abgrenzung ist manchmal nicht ganz einfach. Zu beachten ist in diesem Zusammenhang noch, dass Misshandlungen und Tötungen des Hundes durch den Hundehalter selbst juristisch keine Sachbeschädigung gemäß § 303 StGB darstellen, da diese Vorschrift die Beschädigung oder Zerstörung einer *fremden* Sache verlangt.

Der Hundehalter selbst ist aber (in der Regel) Eigentümer der „Sache Hund", so dass das Fremdheitserfordernis nicht erfüllt ist. Gleichwohl kann sich selbstverständlich auch der Hundehalter durch Misshandlungen und ähnliches strafbar machen. Diese Handlungen sind im Tierschutzgesetz geregelt (vergleiche „Das Tierschutzgesetz" Seite 129).

Der Ablauf eines Strafverfahrens bei begangener Sachbeschädigung soll hier nicht weiter dargestellt werden. Dennoch möchte ich in diesem Zusammenhang auf eine Besonderheit hinweisen: Bei manchen Delikten – und so auch bei der Sachbeschädigung – ist ein so genannter **Strafantrag** erforderlich, um die Verfolgung der Tat seitens der Behörden zu bewirken. Dieser Strafantrag kann aber nur von demjenigen gestellt werden, der durch die begangene Sachbeschädigung unmittelbar verletzt wurde.

Der Eigentümer des Hundes muss also einen schriftlichen Strafantrag stellen, wobei auch hier – wie so häufig im deutschen Recht – Fristen zu beachten sind. Der Antrag muss innerhalb von drei Monaten seit Kenntnis von der Tat und der Person des Täters gestellt werden. Auf den Strafantrag kann verzichtet werden, wenn die Strafverfolgungsbehörde wegen des „besonderen öffentlichen Interesses" an der Strafverfolgung ein Einschreiten von Amts wegen für geboten hält. Auf diese Möglichkeit sollte man sich allerdings nicht verlassen, da in der Praxis bei einer Sachbeschädigung – auch wenn sie an einem Tier begangen wurde – dieses besondere öffentliche Interesse üblicherweise verneint wird.

Gesetzlicher Schutz des Hundes

Das Tierschutzgesetz

„*Das Tier muss des Tieres wegen geschützt werden.*" – So lautete schon die amtliche Begründung für das Reichstierschutzgesetz vom 24.11.1933. Dieser Gedanke findet auch im heute geltendem Tierschutzgesetz in der Fassung vom 25.05.1998 Raum und kennzeichnet den so genannten **ethischen Tierschutz**. Während früher, in den Anfängen des Tierschutzes, nicht die Tiermisshandlung als solche bestraft wurde, sondern die Verletzung menschlichen Empfindens beim Anblick derartiger Behandlungen, basiert der heute geltende ethische Tierschutz auf dem Anliegen des Menschen, das Tier als eigenständige Erscheinungsform des Lebens zu schützen. Das Tierschutzgesetz soll das Tier vor dem Menschen schützen – und dass das Tier diesen Schutz dringend nötig hat, braucht hier sicherlich nicht betont zu werden. Ziel dieses Gesetzes in Verbindung mit weiteren Gesetzen – besonders des StGB – ist der Schutz des Lebens, des Wohlbefindens, der Unversehrtheit, der Gesundheit, der Freiheit und der Würde des Tieres als Mitgeschöpf des Menschen.

Der Begriff „Schmerzen" umfasst jeden, auf beliebige Weise hervorgerufenen Schmerz, zum Beispiel durch unsachgemäßes Anketten eines Hundes, Mitlaufen lassen eines Hundes

> **§ 1 TierschG**
> „Zweck dieses Gesetzes ist es, aus der Verantwortung des Menschen für das Tier als Mitgeschöpf dessen Leben und Wohlbefinden zu schützen. Niemand darf einem Tier ohne vernünftigen Grund Schmerzen, Leiden oder Schäden zufügen."

neben einem Kraftrad, Verwendung ungeeigneter Hunde als Zugtier, Schläge, Verbrennungen und so weiter. Der Begriff „Leiden" beschreibt alle von dem Schmerzbegriff nicht umfassten Unlustgefühle, zum Beispiel Angstzustände, mangelhafte Bewegungsfreiheit, unzureichender Auslauf, Hunger- und Durstqualen, Hitze- und Kältequalen, übermäßige Aufregung und so weiter.

Ein „Schaden" liegt dann vor, wenn sich der Zustand des Tieres, in dem es sich befindet, zum Schlechteren verändert, zum Beispiel durch Abmagerung, Verstümmelung, Abstumpfung, eingeschränkte Bewegungsfähigkeit und so weiter, im schlimmsten Fall durch Tod.

Die aufgeführten Beispiele sollen zeigen, welche (Be-)Handlungen gegen § 1 TierschG verstoßen. Sie sollen darüber hinaus ein Gespür für Misshandlungen an Tieren geben, die nach dem TierschG verboten sind, der Mensch ist insoweit leider nur zu oft erschreckend erfindungsreich.

Aktuell ist derzeit die Diskussion um die in einige Landeshundeverordnungen aufgenommenen Tötungsanordnungen, die in einem möglichen Widerspruch zu § 1 Satz 2 TierschG stehen. Die Vorschrift schützt das Leben des Tieres schlechthin, so dass die Tötung „ohne vernünftigen Grund" rechtswidrig und damit strafbar ist. Vergleiche hierzu Seite 122.

Für den Hundehalter sind darüber hinaus die §§ 2 und 3 TierschG von Bedeutung:

---

§ 2 TierschG

„Wer ein Tier hält, betreut oder zu betreuen hat,

1. muss das Tier seiner Art und seinen Bedürfnissen entsprechend angemessen ernähren, pflegen und verhaltensgerecht unterbringen,

2. darf die Möglichkeit des Tieres zu artgemäßer Bewegung nicht so einschränken, dass ihm Schmerzen oder vermeidbare Leiden oder Schäden zugefügt werden."

Der Gesetzestext an sich dürfte verständlich sein, zumal die Grundbegriffe Schmerzen, Leiden und Schaden bereits unter § 1 TierschG erläutert wurden. Der Täterkreis, das heißt der Kreis der Personen, die gegen diese Bestimmung verstoßen können, ist vom Gesetzgeber absichtlich weit gezogen worden. Es umfasst neben dem Hundehalter all diejenigen, die den Hund auch nur zeitweilig in Obhut nehmen, zum Beispiel Familienangehörige, Bekannte et cetera.

Aktuell ist auch hier die Diskussion anlässlich des durch die Landeshundeverordnungen eingeführten Leinen- und Maulkorbzwanges, der im möglichen Widerspruch zum Gebot der art- und verhaltensgerechten Hundehaltung gemäß § 2 TierschG steht. Vergleiche hierzu Seite 122.

---

§ 3 TierschG

„Es ist verboten,

1. einem Tier, außer in Notfällen Leistungen abzuverlangen, denen es wegen seines Zustandes offensichtlich nicht gewachsen ist oder die offensichtlich seine Kräfte übersteigen,

2. ...,

3. ein im Haus, Betrieb oder sonst in Obhut des Menschen gehaltenes Tier auszusetzen oder es zurückzulassen, um sich seiner zu entledigen,

4. ...,

5. ein Tier auszubilden, sofern damit erhebliche Schmerzen, Leiden oder Schäden für das Tier verbunden sind,

6. ein Tier zu einer Filmaufnahme, Schaustellung, Werbung oder ähnlichen Veranstaltung heranzuziehen, sofern damit Schmerzen, Leiden oder Schäden für das Tier verbunden sind,

7. ... – 11. ..."

---

§ 3 **Nr. 1** TierschG betrifft – bezogen auf den Hund – Fälle der Überforderung durch sportliche oder vergleichbare Leistungen, wie zum Beispiel die Jagd, Agility und ähnliches. Das bedeutet nun natürlich nicht, dass jede intensive Jagdausübung oder jeder professionell betriebene Agility-sport an der Grenze zum Verstoß gegen das Tierschutzgesetz steht. Die Überforderung und damit der Verstoß gegen 3 § TierschG beginnt dort, wo der einzelne Hund aufgrund seines Zustandes durch diese Tätigkeit in seinem Wohlbefinden oder in seiner körperlichen Unversehrtheit beeinträchtigt wird. Dies wird zum Beispiel der Fall sein bei jungen, alten, kranken, bereits übermäßig in Anspruch genommenen Hunden oder bei Hunden, die für die geforderte Leistung aufgrund ihrer Rassezugehörigkeit nicht geeignet sind.

§ 3 **Nr. 3** TierschG beschreibt das uns allen bekannte Problem der Aussetzung beziehungsweise des Zurückklassens von Hunden. Wer also seinen Hund auf einem Parkplatz anbindet, ihn aus dem Auto wirft oder bei einem Umzug den Hund in der alten Wohnung „vergisst", verstößt gegen das Tierschutzgesetz.

§ 3 **Nr. 5** TierschG will der Ausbildung von Tieren Grenzen setzen. Hinsichtlich des Hundes betrifft diese Bestimmung die Ausbildung von Jagd-, Dienst- und Gebrauchshunden.

§ 3 **Nr. 6** TierschG verbietet besonders Tierkämpfe jeglicher Art, also auch die bei uns immer noch stattfindenden Hundekämpfe, die von Personen besonderen Milieus mit ihren „Kampfhunden" durchgeführt werden.

Von elementarer Bedeutung ist zudem § 6 TierschG:

§ 6 TierschG

„(1) Verboten ist das vollständige oder teilweise Amputieren von Körperteilen oder das vollständige oder teilweise Entnehmen oder Zerstören von Organen oder Geweben eines Wirbeltieres. Das Verbot gilt nicht, wenn

1. der Eingriff im Einzelfall nach tierärztlicher Indikation geboten ist,

2. der Eingriff im Einzelfall für die vorgesehene Nutzung des Tieres, ausgenommen eine Nutzung für Tierversuche, unerlässlich ist und tierärztliche Bedenken nicht entgegen stehen,

3. ein Fall des § 5 Absatz 3 vorliegt,

4. das vollständige oder teilweise Entnehmen von Organen oder Geweben zum Zwecke der Transplantation oder des Anlegens von Kulturen oder der Untersuchung isolierter Organe, Gewebe oder Zellen erforderlich ist.

Eingriffe nach Satz 2 Nr.1 und 2 sind durch einen Tierarzt vorzunehmen; Eingriffe nach Satz 2 Nr.3 können auch durch eine andere Person vorgenommen werden, die die dazu notwendigen Kenntnisse und Fähigkeiten hat. Für Eingriffe nach Satz 1 Nr.4 gelten § 8a Absatz 1 und § 9 Absatz 1 Satz 1, 3 und 4, Absatz 2 Nr.4 und 8 und Absatz 3 Satz 1 entsprechend.

(2) Verboten ist, beim Amputieren oder Kastrieren elastische Ringe zu verwenden; dies gilt nicht im Falle des § 5 Absatz 3 Nr.4."

Diese Vorschrift verbietet ausdrücklich das **Kupieren von Ruten und Ohren** des Hundes, es sei denn, sie sind aus medizinischer Sicht notwendig. Dies kann zum Beispiel der Fall sein bei Selbstverstümmelungen oder drohender Verletzung dieser Körperteile, besonders der Rute. Andere Ausnahmetatbestände für das Kupierverbot bestehen nicht! Ziel dieser Vorschrift ist es, dem Hund seine von Natur aus mitgegebenen Körperteile vollständig zu erhalten. Die Züchter der entsprechend bislang kupierfähigen Hunderassen haben diese Vorschrift scharf kritisiert. Dennoch blieb es bei dem Schutz des Hundes vor unnötigen Verstümmelungen (**BVerfG, AZ: 1 BvR 875/99**). Zu Recht, denn – so lautet eine indische Weisheit – *„ein schwanzloser Hund kann nicht zeigen, dass er sich freut!"*

§ 6 TierschG betrifft auch die **Kastration.** Auch sie ist nur zulässig, soweit der Eingriff medizinisch geboten ist. Interessant ist in diesem Zusammenhang ein vom **AG Alzey** entschiedener Fall (**AZ: 22 C 903/95**): Ein Tierheim gab seine Tiere an Interessenten nur unter der Voraussetzung ab, dass die künftigen Tierhalter sich in einem Übergabevertrag dazu verpflichteten, den Hund oder die Katze baldmöglichst durch einen Tierarzt kastrieren zu lassen. Das Tierheim verfolgte damit das Ziel, Überpopulationen von Hunden und Katzen entgegen zu wirken. Gegen diesen Übergabevertrag klagten Interessenten und bekamen Recht. Das AG Alzey erklärte derartige Verträge für nichtig mit der Begründung, die Durchführung der Kastration ohne

medizinische Notwendigkeit verstoße gegen das Tierschutzgesetz.

Aktuell sind in diesem Zusammenhang die von einigen Landeshundeverordnungen vorgeschriebenen „Zwangssterilisationen beziehungsweise -kastrationen", die – da sie medizinisch nicht geboten sind – im möglichen Widerspruch zu § 6 TierschG stehen. Bei Drucklegung dieses Buches lagen endgültige Gerichtsentscheidungen, die sich mit dieser Problematik auseinandersetzen, noch nicht vor. Die bislang in Hessen und Baden-Württemberg ergangenen *vorläufigen* Entscheidungen haben sich damit im Einzelnen nicht befasst.

Nachdem nun verständlich geworden sein dürfte, welche Handlungen einen Verstoß gegen das Tierschutzgesetz darstellen, bleibt zu zeigen, wie das Gesetz diese Verstöße ahndet.

In **§ 17 TierschG** bestraft der Gesetzgeber denjenigen mit Freiheitsstrafe bis zu zwei Jahren oder mit Geldstrafe, der
„1. ein Wirbeltier ohne vernünftigen Grund tötet oder
2. einem Wirbeltier
a) aus Roheit erhebliche Schmerzen oder Leiden oder
b) länger anhaltende oder sich wiederholende erhebliche Schmerzen oder Leiden zufügt."

In diesem Zusammenhang sei auch der Vollständigkeit halber noch darauf hingewiesen, dass es zur Verfolgung und Ahndung der Taten nach dem Tierschutzgesetz zwar einer Straf*anzeige,* nicht aber eines Straf*antrages* wie bei der Sachbeschädigung bedarf. Dabei kann ein und dieselbe Handlung sowohl nach dem Strafgesetzbuch in Form der Sachbeschädigung als auch nach dem Tierschutzgesetz strafbar sein. Die angedrohte Strafe ist identisch. Die Strafverfolgung nach dem Tierschutzgesetz verjährt im Übrigen erst nach fünf Jahren.

---

§ 18 Absatz 1 Nr. 1 TierschG
„Ordnungswidrig handelt, wer vorsätzlich oder fahrlässig einem Wirbeltier, das er hält, betreut oder zu betreuen hat, ohne vernünftigen Grund erhebliche Schmerzen, Leiden oder Schäden zufügt."

---

§ 18 Absatz 2 TierschG
„Ordnungswidrig handelt auch, wer abgesehen von den Fällen des Absatzes 1 Nr.1, einem Tier ohne vernünftigen Grund erhebliche Schmerzen, Leiden oder Schäden zufügt."

---

§ 18 TierschG beinhaltet daneben einen umfangreichen Ordnungswidrigkeitenkatalog. Die tierschutzwidrigen Handlungen werden danach mit einer Geldbuße bis zu DM 10 000,-, in einigen Fällen sogar bis zu DM 50 000,- geahndet.

Bestraft werden kann sowohl der Tierhalter als auch betreuende Personen. Die geahndeten Handlungen wiederum sind nahezu identisch mit denen des § 17 TierschG. Ein Unterschied besteht aber: Anders als in § 17 TierschG erfasst § 18 die Zufügung von *Schäden* (vergleiche

S. 129), so dass auch die Tötung eines Tieres geahndet werden kann (Tötung als Unterfall des Schadensbegriffes).

Ordnungswidrig handelt weiter, wer gegen die in § 3 TierschG aufgeführten Verbote verstößt und wer entgegen § 6 TierschG Kupierungen durchführt.

In § 18 Absatz 2 TierschG wird noch einmal der Täterkreis erweitert, indem nämlich – im Gegensatz zu Absatz 1, der den Täterkreis auf den Halter und die Betreuer begrenzt – *jeder* Mensch durch eine entsprechende Handlung gegen das Tierschutzgesetz verstößt.

Die dargestellten Bestimmungen mögen auf den ersten Blick verwirrend und inhaltlich sehr ähnlich sein. Es soll aber deutlich gemacht werden, dass auch der Hundehalter selbst sich bei nicht ordnungsgemäßer Haltung, Versorgung und Betreuung seines Hundes strafbar macht, beziehungsweise eine Ordnungswidrigkeit begeht. Der leider nach wie vor nicht selten zu hörende Satz „*Das ist mein Hund, mit dem kann ich machen, was ich will.*" schützt die betreffende Person jedenfalls nicht vor der Strafverfolgung oder einem Bußgeldverfahren.

Daneben ermöglicht das Tierschutzgesetz in § 19 die Einziehung des Hundes, das heißt er kann zu seinem Schutz dem Halter weggenommen werden. Hat sich jemand gemäß §17 TierschG strafbar gemacht, kann ihm ferner gemäß § 20 die Tierhaltung verboten werden.

Die beiden zuletzt genannten Bestimmungen stellen für den Hund sicherlich die wirksamsten Möglichkeiten dar, ihn zu schützen.

Neue Tierschutz-Hundeverordnung

Ab dem 01.09.2001 wird die „Verordnung über das Halten von Hunden im Freien" aus dem Jahre 1974 von der strengeren neuen Tierschutz-Hundeverordnung abgelöst. Sie enthält Regelungen zum Schutz aller Hunde und betrifft insbesondere Platzbedarf, Fütterung und Pflege der Hunde, ein Ausstellungsverbot für kupierte Hunde, schärfere Anforderungen an die Fähigkeiten von Hundebetreuern sowie ein Zucht- und Kreuzungsverbot für Pitbull Terrier, Bullterrier, Staffordshire Bullterrier und American Staffordshire Bullterrier. Die neuen Bestimmungen treten am 01.09.01 in Kraft. Für einzelne bauliche und organisatorische Anpassungen (z.B. bei der Zwingerumgestaltung) sind Übergangsfristen vorgesehen.

Abwehr von Hundeattacken

Wer von einem Hund attackiert wird, darf sich selbstverständlich gegen den Angriff wehren. Wird der Hund dabei verletzt oder gar getötet, stellt sich die Frage, ob der Angegriffene seinerseits mit rechtlichen Konsequenzen zu rechnen hat.

Die nebenstehenden Vorschriften beruhen auf dem Gedanken, dass im Konfliktfall das nach der Rechtsordnung weniger schutzwürdige „Rechtsgut Hund" hinter höherrangigen Rechtsgütern – wie Leben und körperliche Unversehrtheit des Menschen – zurücktreten muss. Voraussetzung für einen derartigen „**Verteidigungs-**

§ 34 StGB Rechtfertigender Notstand

„Wer in einer gegenwärtigen, nicht anders abwendbaren Gefahr für Leben, Leib, Freiheit, Ehre, Eigentum oder ein anderes Rechtsgut eine Tat begeht, um die Gefahr von sich oder einem anderen abzuwenden, handelt nicht rechtswidrig, wenn bei Abwägung der widerstreitenden Interesses, namentlich der betroffenen Rechtsgüter und des Grades der ihnen drohenden Gefahren, das geschützte Interesse das beeinträchtigte wesentlich überwiegt. Dies gilt jedoch nur, soweit die Tat ein angemessenes Mittel ist, die Gefahr abzuwenden."

§ 228 BGB

„Wer eine fremde Sache beschädigt oder zerstört, um eine durch sie drohende Gefahr von sich oder einem anderen abzuwenden, handelt nicht widerrechtlich, wenn die Beschädigung oder die Zerstörung zur Abwendung der Gefahr erforderlich ist und der Schaden nicht außer Verhältnis zu der Gefahr steht. Hat der Handelnde die Gefahr verschuldet, so ist er zum Schadenersatz verpflichtet."

§ 32 StGB Notwehr

„(1) Wer eine Tat begeht, die durch Notwehr geboten ist, handelt nicht rechtswidrig.
(2) Notwehr ist die Verteidigung, die erforderlich ist, um einen gegenwärtigen rechtswidrigen Angriff von sich oder einem anderen abzuwenden."

notstand" ist das Vorliegen einer Notstandslage, die im Falle einer Hundeattacke immer gegeben sein wird. Entscheidend ist dann die Frage, welche Abwehrhandlungen im konkreten Fall vorgenommen werden dürfen und welche nicht. Grundsätzlich darf der durch die Verteidigungshandlung angerichtete Schaden am Hund nicht außer Verhältnis stehen zu der bestandenen Gefahr für den Menschen. Im Rahmen einer **Güter- und Interessenabwägung** muss entschieden werden, ob das angewandte Verteidigungsmittel angemessen war.

Soweit möglich, muss der Angeffene zunächst versuchen, dem Hund auszuweichen. Ist ihm dies nicht möglich, kann er sich gegen die Attacke zur Wehr setzen, wobei aber immer nur das mildeste Verteidigungsmittel angewandt werden darf. Lässt sich zum Beispiel der angreifende Hund bereits durch einen Tritt vertreiben, darf er nicht noch verfolgt und geschlagen werden. Andererseits ist die Benutzung von Tränen- oder Reizgas nach überwiegender Meinung ein angemessenes Mittel, um sich gegen eine Hundeattacke zu schützen. Verletzungen des angreifenden Hundes sind in Kauf zu nehmen, sofern sie nicht vermeidbar waren. Wird der Hund getötet, ist allerdings genau zu prüfen, ob dem Angegriffenen nicht ein milderes Abwehrmittel zur Verfügung stand.

Wird ein Hund vom Menschen gezielt gegen einen anderen Menschen eingesetzt, fungiert der Hund als Waffe seines Halters (der sich dadurch selbstverständlich strafbar macht, vgl. hierzu Seite 158 f). Wehrt sich der Angegriffene, handelt er in Notwehr. Ergänzt wird diese Vorschrift von § 227 BGB. Die juristischen Unterschiede zum oben behandelten Notstand sollen hier nicht näher erläutert werden. Wichtig ist, dass auch im Falle einer Notwehrhandlung eine Interessen- und Güterabwägung im obigen Sinne vorgenommen werden muss.

Die Anschaffung eines Hundes

„Auf den Hund gekommen" sind in Deutschland schätzungsweise fünf Millionen Menschen. Die Herkunft des neuen Hausgenossen ist dabei höchst unterschiedlich. Überwiegend stammt der Vierbeiner aus dem Tierheim, aus einem Wurf der Hündin von Freunden/Bekannten oder vom Züchter. In allen Fällen des Hundeerwerbs gilt: Augen auf! Besonders unter den Züchtern gibt es genügend schwarze Schafe, die lediglich aus Erwerbszwecken eine unkontrollierte und verantwortungslose Hundezucht betreiben. Oft ist der vergleichsweise geringe Kaufpreis für den Welpen – der ja auch so süß aussieht – ausschlaggebend für den Erwerb von einem solchem Züchter. Doch um zehn bis fünfzehn schöne und vor allem gesunde Jahre mit dem Hund verbringen zu können, sollten folgende Punkte bei einem **Erwerb vom Züchter** beachtet werden:

▶ Hören Sie sich zunächst im Freundes- und Bekanntenkreis um, ob Ihnen Informationen über einen verantwortungsvollen Züchter an die Hand gegeben werden können.

▶ Bestehen Sie bei Besuch des Züchters darauf, dass Sie die Mutterhündin gemeinsam mit dem Wurf betrachten können. Die Mutterhündin sollte selbstverständlich gesund sein und einen guten, lebhaften Allgemeineindruck machen. Auch ein Blick auf den Vater sollte möglich sein.

▶ Die Welpen selber sollten neugierig und lebhaft sein, besonders nicht den Menschen scheuen. Natürlich gibt es zwischen den einzelnen Welpen Charakterunterschiede, das heißt der eine ist vielleicht draufgängerischer, der andere etwas zurückhaltender als die übrigen Wurfgeschwister. Sie dürfen aber nicht verängstigt oder teilnahmslos sein.

▶ Wie stellt sich Ihnen das Umfeld dar? Sind die Aufzucht-Räumlichkeiten groß genug und für die Welpen abwechslungsreich gestaltet? Können die Welpen ausreichend spielen, ohne sich zu verletzen?

▶ Welchen Eindruck macht der Züchter auf Sie? Nimmt er sich Zeit und berät Sie ausführlich? Weicht er Ihren Fragen aus? Wie geht er mit den Hunden um? Lässt er Ihnen ausreichend Zeit zum Betrachten und Überlegen oder will er Sie möglichst schnell zum Kauf überreden?

▶ Der Welpe sollte bei Abgabe mindestens acht Wochen alt, geimpft und entwurmt sein.

Sofern bei einem dieser Punkte Bedenken hinsichtlich der Zuverlässigkeit und Seriosität des Züchters bestehen, sollte von einem Erwerb Abstand genommen und ein anderer Züchter aufgesucht werden. Auch wenn es unter Umständen einige Zeit und Kilometer kostet, bis die geeignete Zucht gefunden wird, so sollte man immer bedenken, dass ein krankes oder gestörtes Tier keine Freude machen wird. Darüber hinaus sollte man die schwarzen Schafe unter den Züchtern nicht auch noch unterstützen. Es gibt schließlich genug Züchter in Deutschland, die verantwortungs- und liebevoll Ihre Zucht betreiben.

Egal, wo und von wem der Hund letztendlich erworben werden soll: Auch der Kauf eines Hundes muss mit derselben juristischen Sorgfalt getätigt werden wie der Kauf sonstiger Dinge! Dies ist aber in der Praxis leider nur selten der Fall, weil viele Erwerber ihren künftigen Vierbeiner nur ungern einer Sache gleichstellen und so die notwendigen rechtlichen Absicherungen schlichtweg vergessen. Dabei wird der „Hundekauf" juristisch genauso behandelt wie der Kauf jeder anderen Sache, da – wie bereits angesprochen – auf Tiere nach dem Gesetz die für Sachen geltenden Vorschriften entsprechend anzuwenden sind, vergleiche § 90 a BGB. Beim Erwerb eines Hundes sind von daher die §§ 433 ff BGB zu beachten.

Der Kaufvertrag

§ 433 BGB

„(1) Durch den Kaufvertrag wird der Verkäufer einer Sache verpflichtet, dem Käufer die Sache zu übergeben und das Eigentum an der Sache zu verschaffen.
(2) Der Käufer ist verpflichtet, dem Verkäufer den vereinbarten Kaufpreis zu zahlen und die gekaufte Sache abzunehmen."

Steht der Entschluss für einen bestimmten Welpen einmal fest, sollte sich das Augenmerk auf den Abschluss eines Kaufvertrages richten. Hier ist zunächst einmal zu beachten, dass möglichst alles **schriftlich** festgehalten wird! Verträge können grundsätzlich auch mündlich abgeschlossen werden, doch sollte die Einigung immer schriftlich erfolgen, damit beide Parteien im Zweifelsfalle etwas in der Hand haben. Kommt es nämlich nach Abschluss des (mündlichen) Kaufvertrages doch noch zu einer Auseinandersetzung zwischen Verkäufer und Käufer, müssen beide Seiten beweisen können, worauf sie sich berufen. Wurde der Kaufvertrag aber nur mündlich abgeschlossen, bleibt lediglich die Möglichkeit, durch Zeugenaussagen diesen Beweis zu führen. Sicherer für beide Seiten ist es von daher allemal, das Ganze schriftlich zu regeln. Der Käufer sollte sich dabei nicht scheuen, den oft vom Verkäufer vorformulierten Kaufvertrag in Ruhe durchzulesen und gegebenenfalls auch Änderungs- oder Ergänzungswünsche auszusprechen.

Der Inhalt eines **schriftlichen Kaufvertrages** sollte zumindest folgende Punkte enthalten:

⮞ Vollständiger Name und Anschrift des Verkäufers und des Käufers (gegebenenfalls Personalausweis zeigen lassen!)

⮞ Vollständige Beschreibung des „Vertragsgegenstandes Hund", das heißt Rassebezeichnung, Wurfdatum, Tätowierungs-/Chipnummer, Name

⮞ Übergabe der Ahnentafel/des Stammbuches

▸ Versicherung des Verkäufers, dass der Hund einem Tierarzt (Name und Anschrift) vorgestellt, von diesem eingehend untersucht, entwurmt und geimpft wurde

▸ Kaufpreis, Fälligkeitsdatum des Kaufpreises und Übergabezeitpunkt des Hundes

▸ Datum und Unterschriften beider Parteien

Zum **Kaufpreis und Übergabezeitpunkt** ist anzumerken, dass sich die Situation nicht selten so darstellt, dass der Käufer sich bereits einen Welpen ausgesucht hat, dieser aber noch nicht mindestens acht Wochen alt ist und deshalb mit der Abgabe des Hundes entsprechend gewartet werden muss. Oder der Hund soll aus anderen Gründen noch einige Zeit beim Verkäufer bleiben. In derartigen Fällen kann selbstverständlich trotzdem schon der schriftliche Kaufvertrag abgeschlossen werden. Die Erfüllung desselben durch Zahlung des Kaufpreises und Übergabe des Hundes erfolgt jedoch erst zu einem späteren Zeitpunkt. In diesen Fällen empfiehlt es sich, das Übergabedatum in den Vertrag aufzunehmen sowie den Zusatz „Kaufpreis fällig bei Übergabe des Hundes". Sofern der Verkäufer eine Anzahlung fordert, sollte auch dies in den Vertrag aufgenommen werden.

Darüber hinaus können und sollten alle **Zusicherungen**, die bezüglich des Hundes abgegeben werden, zum Vertragsinhalt gemacht werden. Zu denken wäre hier an die Zusicherung des Verkäufers, der Hund sei zum Beispiel schussfest, leinenführig, stubenrein

und ähnliches. Ist eine solche zugesicherte Eigenschaft bei dem gekauften Hund dann doch nicht vorhanden, steht dem Käufer gegen den Verkäufer ein Schadensersatzanspruch zu (siehe Seite 143 f) – vorausgesetzt der Käufer kann beweisen, dass der Verkäufer ihm diese Eigenschaft auch tatsächlich zugesichert hat. Also auch insoweit auf die schriftliche Festlegung achten!

Erwerb durch Minderjährige

Der Wunsch von Kindern, ein eigenes Tier zu haben, ist in der Regel sehr groß, und an erster Stelle auf dem Wunschzettel der Kleinen steht nicht selten der Hund. Nur zu oft kommt es vor, dass entweder Kindern von dritter Seite ein Hund geschenkt wird, oder aber die Kinder selber von ihrem ersparten Taschengeld einen Hund kaufen. Das Ergebnis ist zunächst einmal immer das Gleiche: Plötzlich ist ein Hund eingezogen und die überraschten Eltern fragen, ob Minderjährige überhaupt wirksam einen Hund erwerben können beziehungsweise ob ihnen ein Hund einfach so geschenkt werden kann.

Eine **Schenkung** an einen Minderjährigen – auch in Form eines lebendigen Tieres – ist zunächst einmal grundsätzlich möglich und rechtlich wirksam, da der Minderjährige hierdurch nach dem Gesetz *„lediglich einen rechtlichen Vorteil erlangt"*. Gleichwohl können selbstverständlich die Eltern des Kindes im Rahmen ihrer elterlichen Sorge darüber entscheiden, ob der Hund bleiben darf oder nicht.

Beim **Kauf** eines Hundes durch einen Minderjährige gilt, dass Kinder, die das siebente Lebensjahr noch nicht vollendet haben, nach dem Gesetz als geschäftsunfähig gelten. Das bedeutet, dass jede Willenserklärung – und eine solche muss beim Abschluss eines Kaufvertrages abgegeben werden – eines noch nicht sieben Jahre alten Kindes nichtig ist.

Bei Abschluss eines Kaufvertrages durch Minderjährige über sieben Jahren – so genannte **beschränkt geschäftsfähige** – ist neben den Regelungen im BGB eine Bestimmung im TierschG von Bedeutung:

---

§ 11c TierschG
„Ohne Einwilligung der Erziehungsberechtigten dürfen
1. warmblütige Tiere an Kinder oder Jugendliche bis zum vollendeten 16. Lebensjahr,
2. ...,
nicht abgegeben werden."

Damit wird zunächst einmal klargestellt , dass der überwiegend bekannte „**Taschengeldparagraph**" (§110 BGB) beim Erwerb eines Hundes durch Minderjährige vor Vollendung des sechzehnten Lebensjahres nicht greift. Der Taschengeldparagraph besagt, dass „*ein von dem Minderjährigen ohne Zustimmung des gesetzlichen Vertreters geschlossener Vertrag als von Anfang an wirksam gilt, wenn der Minderjährige die vertragsmäßige Leistung mit Mitteln bewirkt, die ihm zu diesem Zwecke oder zur freien Verfügung von dem gesetzlichen Vertreter...überlassen worden sind.*" Der

Minderjährige kann mit anderen Worten also mit seinem Taschengeld so ziemlich alles kaufen, was er will. In der Überlassung des Geldes liegt nach dem Gedanken dieser Regelung eine stillschweigende Einwilligung der Eltern. Diese Bestimmung ist nun aber durch den sicherlich sinnvollen § 11c TierschG bei unter Sechzehnjährigen hinfällig geworden, so dass nunmehr folgendes gilt:

Zum wirksamen Abschluss eines Kaufvertrages und damit zum Erwerb eines Hundes benötigen Minderjährige unter sechzehn Jahren immer die **Zustimmung** beziehungsweise die **Genehmigung** der gesetzlichen Vertreter. Die beiden Begriffe bezeichnen nur einen unterschiedlichen Zeitpunkt: Sagen die Eltern bereits *vor* Abschluss eines Kaufvertrages „Ja" zum Erwerb des Hundes, sprechen sie damit ihre Zustimmung aus, so dass ihr Kind wirksam den Vertrag abschließen kann. Fragt aber der Minderjährige erst im Nachhinein seine Eltern um Erlaubnis, so wird die *nach* Vertragsabschluss erteilte Erlaubnis als Genehmigung bezeichnet. Bis zu dieser Genehmigung ist der Vertrag, den das Kind abgeschlossen hat, „schwebend unwirksam". Mit der Genehmigung der Eltern gilt er als von Anfang an wirksam. Bei Versagung der Genehmigung wird der Vertrag endgültig unwirksam.

Hat der Minderjährige das sechzehnte Lebensjahr vollendet, gilt er nach dem Gesetz bis zur Vollendung des achtzehnten Lebensjahres noch immer als „**beschränkt geschäftsfähig**". § 11 c TierschG findet aber keine Anwendung. Demnach greift innerhalb dieser Altersstufe wieder der bereits oben zitierte Taschengeldparagraph, der den wirksamen Erwerb eines Hundes durch den Minderjährigen erleichtert. Gleichwohl bleibt auch hier zu bedenken, dass die Eltern des Minderjährigen im Rahmen der ihnen zustehenden elterlichen Sorge die Haltung eines Hundes verbieten können. Von daher ist es den Verkäufern ans Herz zu legen, sich über das Alter eines potentiellen Käufers zu vergewissern – zum Schutze des Hundes, der anderenfalls unter Umständen wieder zurückgegeben oder ins Tierheim gebracht wird.

Kauf auf Probe

Zum Abschluss dieses Abschnittes soll noch auf eine juristische Besonderheit hingewiesen werden, die aufgrund der Erfahrungen in der Praxis nicht unwichtig erscheint: Hin und wieder kommt es vor, dass sich die potentiellen Käufer „so gut wie" für einen bestimmten Hund entschieden haben. Die endgültige Entscheidung hängt aber zum Beispiel davon ab, ob sich der auserwählte Hund mit den kleinen Kindern oder anderen Haustieren der Familie verträgt. Besonders die Kinderverträglichkeit ist einer der häufigsten Gründe, warum sich eine Vielzahl von Hundeinteressenten eine „Erprobung des Hundes" wünschen. Gleichzeitig ist die Kinderunverträglichkeit des Hundes einer der häufigsten Abgabegründe. Um dem vorzubeugen, besteht die juristische Möglichkeit des so genannten Kaufes auf Probe gemäß § 495 BGB.

> **§ 495 BGB**:
> „(1) Bei einem Kauf auf Probe oder auf Besicht steht die Billigung des gekauften Gegenstandes im Belieben des Käufers. Der Kauf ist im Zweifel unter der aufschiebenden Bedingung der Billigung geschlossen.
> (2) Der Verkäufer ist verpflichtet, dem Käufer die Untersuchung des Gegenstandes zu gestatten."

Vereinbaren die Parteien einen solchen Kauf auf Probe, händigt der Verkäufer den Hund dem Käufer für eine bestimmte Zeit aus. Nach Ablauf dieses Zeitraumes muss sich der Käufer entscheiden: Ein Vertrag kommt grundsätzlich erst dann zustande, wenn er sich für das Tier entscheidet. Der Kaufvertrag wird also unter der Bedingung geschlossen, dass der Käufer zusagt. Entscheidet er sich gegen den Hund und sagt nach Ablauf der Probezeit ab, ist ein Vertrag nicht zustande gekommen und er muss den Hund zurückgeben.

Dieses Prozedere mag auf den ersten Blick ungewohnt und vielleicht lieblos wirken. Ein verantwortungsvoller Verkäufer wird die Möglichkeit eines Kaufes auf Probe in Erwägung ziehen, sofern die potentiellen Käufer ihn auf ihre „Verträglichkeitsbedenken" hinweisen und er seinerseits Vertrauen in sie hat. Denn schließlich handelt es sich um ein Lebewesen, das hier übergeben werden soll. Dieser Gedanke sollte bei einem Kauf auf Probe auch immer an erster Stelle stehen: Nur wenn die Kaufabsichten ernst sind und im Interesse des Hundes eine Probezeit für nötig gehalten wird, ist dieser Weg sinnvoll. Ansonsten gilt: Häufiger Besitzer- und Umgebungswechsel tut keinem Hund gut!

So sehr diese besondere Art des Kaufes auch für den Hundeinteressenten von Vorteil ist, so birgt sie für den Verkäufer einige Gefahren, besonders in haftungsrechtlicher Hinsicht: Während bei „normalen" Kaufverträgen die Gefahr und damit die Haftung dafür, dass der Hund krank wird oder gar stirbt, mit der Übergabe des Hundes an den Käufer übergeht, haftet bei einem Kauf auf Probe der Verkäufer hierfür bis zur endgültigen Billigung durch den Käufer – und das, obwohl er während der Probezeit keinerlei Einfluss auf den Hund hat. Äußert der Verkäufer derartige Bedenken, könnte die Haftungsfrage vertraglich abweichend geregelt werden. Der Käufer sollte für diese Bedenken des Verkäufers Verständnis haben. Aber Vorsicht: Die Vereinbarung unbedingt schriftlich festhalten!

Der „mangelhafte Hund"

Dieser Abschnitt ist aufgrund einer Vielzahl von Bestimmungen und Erfordernissen in besonderem Maße „juristisch geprägt". Gleichwohl wird unter Voranstellung der wichtigsten gesetzlichen Regelungen versucht, das Problem des „mangelhaften Hundes" in möglichst unjuristischer Art und Weise anschaulich zu erläutern.

Trotz aller Sorgfalt und Vorsicht kann es vorkommen, dass der erworbene Hund – juristisch ausgedrückt –

---

459 BGB

„(1) Der Verkäufer einer Sache haftet dem Käufer dafür, dass sie zu der Zeit, zu welcher die Gefahr auf den Käufer übergeht, nicht mit Fehlern behaftet ist, die den Wert oder die Tauglichkeit zu dem gewöhnlichen oder dem nach dem Vertrag vorausgesetzten Gebrauch aufheben oder mindern.
(2) Eine unerhebliche Minderung des Wertes oder der Tauglichkeit kommt nicht in Betracht.
(3) Der Verkäufer haftet auch dafür, dass die Sache zur Zeit des Überganges der Gefahr die zugesicherten Eigenschaften hat."

§ 462 BGB

„Wegen eines Mangels, den der Verkäufer nach den Vorschriften der §§ 459, 460 BGB zu vertreten hat, kann der Käufer Rückgängigmachung des Kaufes (Wandelung) oder Herabsetzung des Kaufpreises (Minderung) verlangen."

§ 463 BGB

„Fehlt der verkauften Sache zur Zeit des Kaufes eine zugesicherte Eigenschaft, so kann der Käufer statt der Wandelung oder der Minderung Schadensersatz wegen Nichterfüllung verlangen. Das Gleiche gilt, wenn der Verkäufer einen Fehler arglistig verschwiegen hat."

„mangelhaft" ist. So genannte Mängel des Hundes sind besonders Krankheiten. Nicht selten kommt es vor, dass der neue Vierbeiner bereits nach kurzer Zeit dem Tierarzt vorgestellt werden musss und dieser leider ein Krankheitsbild diagnostiziert. Neben die anfängliche Freude über den Hund tritt nunmehr die Sorge um seine Gesundheit und in der Regel auch der Ärger über den Verkäufer. Schließlich ist man fest davon ausgegangen, dass der Hund zum Zeitpunkt der Abgabe gesund war, und den Eindruck machte er ja auch auf den Erwerber.

In diesen Fällen stellt sich die Frage nach den juristischen Möglichkeiten für den Käufer. Da auf den „Hundekauf" die für Sachen geltenden Vorschriften anzuwenden sind, greifen auch im Falle des „mangelhaften Hundes" die so genannten Gewährleistungsvorschriften der §§ 459 ff BGB ein.

Anspruchsvoraussetzungen

Stellt sich der neue Vierbeiner als krank heraus, ist zunächst die Frage zu klären, wann die Krankheit ihren Ursprung hatte. Der Tierarzt muss den Hund dahingehend untersuchen, ob die Erkrankung bereits zum Zeitpunkt der Abgabe des Hundes an den Käufer vorlag, oder ob sie erst später, als der Hund schon an sein neues Frauchen oder Herrchen übergeben wurde aufgetreten ist. Entscheidend für etwaige Ansprüche des Käufers gegen den Verkäufer ist der **Zeitpunkt der Übergabe des Hundes an den Käufer** – so wie es in § 459 Absatz 1 BGB ausdrücklich geschrieben steht. Zu diesem Zeitpunkt muss der Hund mangelfrei, das heißt gesund, sein. Anderenfalls haftet der Verkäufer dem Käufer für den Mangel.

Problematisch ist jedoch, dass Krankheiten nicht immer – auch nicht

für Fachleute – erkennbar sind. Bei manchen Krankheiten sind Inkubationszeiten zu beachten. Oder die Krankheit äußert sich erst nach einiger Zeit, obwohl sie zum entscheidenden Zeitpunkt der Übergabe des Hundes schon vorhanden war (klassischer Fall: Hüftgelenksdysplasie (HD)). Das Gesetz ist in diesen Fällen käuferfreundlich: Wenn der Käufer nachweisen kann, dass die diagnostizierte Krankheit ihren Ursprung bereits *vor* Abgabe des Hundes hatte, kann er wegen dieses Mangels gegen den Verkäufer Ansprüche geltend machen. Dieser Nachweis ist selbstverständlich immer nur mit Hilfe eines Tierarztes möglich. In Zweifelsfällen muss ein Sachverständigengutachten eingeholt werden. Besonders hervorzuheben ist, dass der Verkäufer verschuldens*unabhängig* für den Mangel am Hund haftet, das heißt es kommt *nicht* darauf an, ob er Kenntnis von der Veranlagung zum Beispiel zur HD oder zu sonstigen Krankheiten im Hund hatte. Allein die Tatsache, dass die Krankheit bereits zum entscheidungserheblichen Zeitpunkt in dem Hund veranlagt war, ist für seine Haftung ausreichend. Für so manchen verantwortungsvollen und ehrlichen Züchter kann dies erhebliche Folgen haben, denn letztlich kann auch er nicht in seinen Hund „hineingucken".

Gewährleistungsansprüche

Steht also fest, dass die diagnostizierte Krankheit des Hundes bereits bei seiner Abgabe an den Erwerber vorlag, stellt sich nunmehr die Frage, welche

Ansprüche der Käufer gegen den Verkäufer hat.

Nach dem Gesetz bestehen zwei Möglichkeiten: Entweder der Käufer gibt den Hund an den Verkäufer unter gleichzeitiger Rückzahlung des Kaufpreises zurück (so genannte **Wandlung**), oder aber er behält den „mangelhaften Hund" und verlangt die Rückzahlung eines angemessenen Teils des Kaufpreises (so genannte **Minderung**). In der Mehrzahl der Fälle wollen die neuen Besitzer ihren Hund trotz Krankheit nicht wieder hergeben, besonders, wenn der Hund bereits einige Wochen oder Monate im neuen Zuhause gelebt und man sich an ihn gewöhnt und ihn lieb gewonnen hat. Gleichwohl möchten auch diese Hundebesitzer in der Regel ihre Ansprüche gegen den Verkäufer geltend machen, zumal die Behandlungskosten durch den Tierarzt schnell in die Höhe steigen können. Es bleibt dann nur die Möglichkeit der Minderung, das heißt der Herabsetzung des geleisteten Kaufpreises, um zumindest auf diesem Wege die Mehrkosten (z.B. Tierarztkosten) wieder hereinzuholen. Die Berechnung der Minderung erfolgt nach dem Gesetz derart, dass *„der Kaufpreis in dem Verhältnisse herabzusetzen ist, in welchem zur Zeit des Verkaufs der Wert der Sache in mangelfreiem Zustand zu dem wirklichen Werte gestanden haben würde."* (vergleiche § 472 Absatz 1 BGB). Das bedeutet nichts anderes, als dass der Wert des gesunden Hundes dem Wert des erkrankten Hundes gegenüber zu stellen und die Differenz als Minderungsbetrag dem Käufer zu erstatten ist. Im Zweifel ist der zweite Wert zu schätzen.

Etwas anders stellt sich die rechtliche Situation allerdings dar, wenn sich herausstellt, dass der Verkäufer einen Mangel des Hundes kannte und diesen Fehler dem Käufer gegenüber bei Vertragsabschluß unerwähnt ließ. Juristisch gesehen liegt hierin eine **arglistige Täuschung** durch den Verkäufer. Grundsätzlich ist der Verkäufer eines Hundes verpflichtet, den Erwerber auf Mängel des Hundes hinzuweisen, die der Verkäufer kennt oder die er für möglich hält. Eine Aufklärungspflicht besteht nur in den Fällen nicht, in denen die Fehler ohne weiteres auch für den Käufer erkennbar sind, zum Beispiel, wenn der Hund deutlich hinkt oder ähnliches.

Darüber hinaus wird dem Käufer auch oft eine besondere **Eigenschaft** des Hundes seitens des Verkäufers **zugesichert**, zum Beispiel Schussfestigkeit, Leinenführigkeit, Stubenreinheit, grundsätzlicher Gehorsam et cetera, und es stellt sich erst im Nachhinein heraus, dass der neu erworbene Vierbeiner diese Eigenschaften – entgegen der Zusicherung des Verkäufers – gar nicht besitzt.

In diesen Fällen steht dem Käufer ein Anspruch auf **Schadensersatz wegen Nichterfüllung** gemäß § 463 BGB zu. Der Käufer ist letztlich so zu stellen, wie er stehen würde, wenn der Hund die zugesicherte Eigenschaft besäße oder wenn der Hund den Fehler nicht hätte. Mit anderen Worten: Dem Käufer sind alle Kosten zu ersetzen, die aufgrund des Fehlers beziehungsweise aufgrund der nicht vorhandenen – aber zugesicherten – Eigenschaft des Hundes entstanden sind.

Der Schadensersatzanspruch ist damit weiter gehend als die Ansprüche auf Wandelung und Minderung und kann auch nur *statt* dieser beiden Ansprüche geltend gemacht werden, nicht aber daneben. Hat also beispielsweise der Verkäufer bei Vertragsabschluss arglistig verschwiegen, dass der Hund krank ist und wird dies im Nachhinein festgestellt, kann der Käufer den Ersatz sämtlicher Tierarztkosten verlangen. Sollte der Hund sogar an der Erkrankung sterben, ist der Kaufpreis für das Tier zu ersetzen.

Im Falle der zugesicherten Eigenschaften kann der Anspruch noch weitgehender sein: Hat der Verkäufer zum Beispiel Schussfestigkeit zugesichert und der Hund läuft entgegen dieser Zusicherung beim ersten Schuss voller Angst auf eine Straße und verursacht einen Verkehrsunfall, hat der Verkäufer neben den Tierarztkosten alle sonstigen entstandenen Schäden zu ersetzen, wie zum Beispiel Fahrzeugschäden, Insassenschäden und so weiter.

So „verlockend" die dargestellten Ansprüche für den Erwerber eines Hundes auch zunächst sein mögen – für ihre Durchsetzung ist es zwingend erforderlich, dass der Käufer das Vorhandensein des Mangels zum Zeitpunkt der Übergabe des Hundes oder aber die Zusicherung einer konkreten Eigenschaft durch den Verkäufer **nachweisen** kann. Um dieser Beweislast nachkommen zu können, ist jedem Käufer dringend zu empfehlen, einen (oder besser noch zwei) Bekannte(n) oder Freund(e) als Zeuge(n) mit zu den Vertragsverhandlungen zu nehmen.

Der Vollständigkeit halber soll noch darauf hingewiesen werden, dass der Verkäufer selbstverständlich nicht für einen Mangel des Hundes haftet, den der Käufer bei Abschluss des Vertrages selbst kannte, vergleiche § 460 BGB. Der Käufer kennt einen Mangel im Sinne des Gesetzes nur dann, wenn er positive Kenntnis von ihm hat, zum Beispiel wenn der Hund bei Besichtigung durch den Erwerber sichtbar hinkt. Weitere Anforderungen stellt das Gesetz nicht an den Käufer, das heißt es besteht keine Pflicht zur Untersuchung des Hundes.

Eine Haftung des Verkäufers entfällt schließlich auch im Falle eines **vertraglich vereinbarten Haftungsausschlusses.** Viele Verkäufer bestehen auf eine entsprechende Klausel im Kaufvertrag, um sich so vor Mängeln am Hund zu schützen, die ihnen nicht bekannt waren, für die sie aber nach dem Gesetz trotzdem haften. Eine derartige Vereinbarung ist rechtlich zulässig und aus Verkäufersicht wohl auch nachvollziehbar.

Verjährung

Abschließend muss ein Blick auf die Verjährungsvorschriften für die oben dargestellten Ansprüche geworfen werden. Die Ansprüche des Käufers auf Wandelung, Minderung und Schadensersatz wegen Nichterfüllung verjähren grundsätzlich **innerhalb von sechs Monaten,** handelte der Verkäufer arglistig in dreißig Jahren. Verjährungsbeginn ist der Zeitpunkt der Übergabe des Hundes. Ab diesem Zeitpunkt muss der Käufer seine Ansprüche gegenüber dem Verkäufer geltend machen. Wichtig ist, dass es hierfür *nicht* ausreicht, wenn der Käufer den „Mangel am Hund" dem Verkäufer gegenüber lediglich anzeigt, also diesem mündlich oder schriftlich mitteilt! Neben einigen anderen Tatbeständen wird die Verjährung besonders erst durch eine **Klageerhebung** unterbrochen. Wer sich also außergerichtlich nicht mit dem Verkäufer einigen kann, muss innerhalb von sechs Monaten Klage erheben, ansonsten sind die Ansprüche verjährt. Deshalb vorsichtshalber immer die Sechs – Monats – Frist notieren, auch wenn man sich bemühen möchte, die Angelegenheit außergerichtlich zu regeln. Die dreißigjährige Frist wird in Anbetracht der Dauer eines Hundelebens nicht relevant werden.

Die Verjährungsfrist von sechs Monaten seit Abgabe des Hundes an den neuen Besitzer kann in den Fällen Probleme bereiten, in denen sich der Hund erst im Nachhinein als krank herausstellt. Schnell sind dann auf einmal die zu beachtenden sechs Monate abgelaufen, bevor überhaupt eine Diagnose gestellt werden konnte. Viele Käufer fühlen sich in diesen Fällen benachteiligt und meinen, die Verjährungsfrist könne doch gerechterweise erst mit Kenntnis des Käufers von der Erkrankung zu laufen beginnen. Dem ist aber nicht so. Zweifelsohne ist dies ein Nachteil für den Käufer, doch steht dieser Benachteiligung die oben bereits dargelegte, verschuldensunabhängige Haftung des Verkäufers für alle Mängel am Hund zum Zeitpunkt der Abgabe gegenüber. Um diesen „Ungerechtigkeiten" zu entgehen,

steht es beiden Parteien frei, **abweichende Vereinbarungen** zu treffen. So können die Fristen zur Geltendmachung der Ansprüche des Käufers beispielsweise verlängert werden. In der Praxis ist aber davon auszugehen, dass ein Züchter einer Fristverlängerung zugunsten des Käufers kaum zustimmen wird, im Gegenteil: Zumeist wird eine Verkürzung der sechsmonatigen Frist verlangt, um die Haftung für solche Mängel am Hund zu entschärfen, von denen er keine Kenntnis hat (siehe Seite xx). Handelt der Verkäufer allerdings nachweisbar (!) arglistig, hilft ihm auch ein vereinbarter Haftungsausschluss nicht, da der Käufer immer schutzwürdiger ist. Aber auch hinsichtlich der von den gesetzlichen Regelungen abweichenden Vereinbarungen der Parteien untereinander gilt: Alles schriftlich festhalten!

Die dargestellten Grundsätze gelten natürlich sowohl für den Kauf eines Welpen als auch für den **Kauf eines erwachsenen Hundes**. Man sollte sich allerdings darüber im klaren sein, dass der Erwerb eines bereits erwachsenen Hundes oftmals ein größeres Risiko darstellt, als der Kauf eines Welpen, der – so das häufigste Kaufargument – noch „unverdorben" ist. Der Käufer eines erwachsenen Hundes sollte sich davor hüten zu glauben, er könne alle Macken und Unarten seines neuen Hundes als Mangel im obigen Sinne monieren und dann Ansprüche gegen den Verkäufer durchsetzen! Wer einen erwachsenen Hund kauft, erwirbt diesen auch in Kenntnis dessen, dass das Tier bereits einige – gute oder schlechte – Lebenserfahrungen gemacht hat. Infolgedessen ist auch mit einigen besonderen Eigenheiten des Tieres zu rechnen. Beruft sich der Erwerber insoweit auf Nichtkenntnis, wird ihm wohl grobe Fahrlässigkeit vorgeworfen werden müssen. Dieser Hinweis soll den wahren Hundefreund aber nicht davon abhalten, auch dem bereits erwachsenem, aus dem „süßen Welpenalter" herausgewachsenem Hund eine Chance zu geben!

Und wenn der Hund dem Verkäufer gar nicht gehört hat...?

Die Freude am neuen Vierbeiner kann ganz schnell vorbei sein, wenn sich plötzlich eine dritte Person meldet und behauptet, der erworbene Hund gehöre ihr. Für jeden Hundebesitzer ein Albtraum! Die rechtliche Situation ist nach dem Gesetz jedoch eindeutig und differenziert wie folgt:

War der Verkäufer tatsächlich gar nicht Eigentümer der „Sache Hund" stellt sich natürlich die Frage, ob der Käufer überhaupt rechtlich wirksam Eigentum an dem Hund erwerben konnte.

Grundsätzlich ist diese Frage zunächst einmal mit „ja" zu beantworten, es sei denn, der Käufer war bei Übergabe des Hundes „bösgläubig" im Sinne des Gesetzes, vergleiche § 932 Abs. 2 BGB. Hatte der Käufer also Kenntnis davon, dass der Verkäufer nicht Eigentümer des Hundes war, ist er auch nicht schützenswert. Dies ist der Käufer jedoch dann, wenn er der Auffassung war, er erwerbe den Hund vom wahren Eigentümer. Dieser so genannte **gutgläubige Erwerber** wird vom Gesetz in seinem gutem Glauben

---

§ 932 BGB
(1) Durch eine nach § 929 BGB erfolgte Veräußerung wird der Erwerber auch dann Eigentümer, wenn die Sache nicht dem Veräußerer gehört, es sei denn, dass er zu der Zeit, zu der er nach diesen Vorschriften das Eigentum erwerben würde, nicht in gutem Glauben ist. ...
(2) Der Erwerber ist nicht in gutem Glauben, wenn ihm bekannt oder infolge grober Fahrlässigkeit unbekannt ist, dass die Sache nicht dem Veräußerer gehört.

§ 935 BGB
(1) Der Erwerb des Eigentums aufgrund der §§ 932 bis 934 BGB tritt nicht ein, wenn die Sache dem Eigentümer gestohlen worden, verlorengegangen oder sonst abhanden gekommen war. ...
(2) ...

---

geschützt und kann wirksam Eigentum an dem Hund erwerben, auch wenn dieser dem Verkäufer gar nicht gehörte.

Nun drängt sich die Frage auf, was das Gesetz von dem Käufer eines Hundes verlangt, um ihn als bösgläubig beziehungsweise gutgläubig zu bezeichnen. Selbstverständlich wäre es für den Erwerber unzumutbar, umfangreiche Nachforschungen über den Verkäufer und den betreffenden Hund einzuholen. Bösgläubigkeit ist vielmehr erst dann anzunehmen, wenn der Käufer entweder positive Kenntnis vom Nichteigentum des Verkäufers hatte oder aber wenn er „*die im Ver-*

kehr erforderliche Sorgfalt in unge-
wöhnlich hohem Maße verletzt hat.*"
Das wäre der Fall, wenn es sich dem
Käufer hätte aufdrängen müssen, dass
der Verkäufer nicht Eigentum an dem
Hund hat. Soweit er aber ohne besondere Aufmerksamkeit nicht davon
ausgehen musste, gilt er als gutgläubig und kann Eigentum erwerben. Im
Ernstfall kommt es hier immer auf die
Umstände des Einzelfalles an.

Denkt man den oben als Beispiel
herangezogenen Fall zu Ende – ein
Hund wird zur Pflege in die Obhut einer anderen Person gegeben und diese Person verkauft den Hund an einen
gutgläubigen Erwerber – so bedeutet
dies, dass ein Dritter wirksam Eigentum an einem Hund erwerben kann,
ohne dass der vormalige Eigentümer
den Hund zurück verlangen kann. Er
kann lediglich Schadensersatzansprü-

che gegen den Verkäufer geltend machen. Eine für den ursprünglichen Eigentümer des Hundes äußerst harte
Regelung, die aber letztlich daraus resultiert, dass der Hund nach dem Gesetz einer Sache gleich gestellt wird.

Wichtig ist in diesem Zusammenhang noch die Kenntnis des § 935 Absatz 1 BGB. Jeglicher Eigentumser-
werb, besonders auch der oben ge-
schilderte gutgläubige Erwerb, ist
ausgeschlossen, wenn der Hund dem
wahren Eigentümer **abhanden gekommen** ist. Klassisches Beispiel: Der Hund
wurde gestohlen. In diesen Fällen
überwiegt verständlicherweise immer
der Schutz des Bestohlenen gegenüber
einer gutgläubigen Person, so dass ein
Eigentumsverlust an einem abhanden
gekommenen Hund nicht eintritt. Zur
Problematik des entlaufenen/gefunde-
nen Hundes vergleiche Seite 168 ff.

Hundehalterhaftung

Jeder, der einen Hund hält, muss für die von seinem Vierbeiner verursachten Schäden „gerade stehen". Dieser Grundsatz ist der überwiegenden Anzahl der Hundehalter bekannt und für diese auch nachvollziehbar. Ist aber tatsächlich einmal ein Schaden eingetreten, streiten die deutschen Hundehalter über ihre Einstandspflicht erbittert vor den Gerichten. Die nachfolgenden Ausführungen zur Hundehalterhaftung sollen und können Zwischenfälle mit dem Hund, die zu einer Haftung seines Halters führen, nicht vermeiden; dennoch ist es meines Erachtens möglich und auch sinnvoll, durch eine konkrete Darstellung der Haftungsgrundsätze sowie ihrer Ausnahmen „Licht in das Haftungsrecht" zu bringen, um so die oft sehr verhärteten Parteien bei einem Schadensfall einander näher zu bringen. Gleichwohl muss darauf hingewiesen werden, dass es gerade auf dem Gebiet der Hundehalterhaftung sehr auf den Einzelfall ankommt. Die besonderen Umstände des jeweiligen Falles sind meist ausschlaggebend für die „rechtliche Lösung".

Halterbegriff

Der Begriff des Hundehalters ist im Gesetz nicht definiert. Nach der insoweit einschlägigen Rechtsprechung und Gesetzeskommentierung wird diejenige Person als Hundehalter bezeichnet, *„die an der Haltung des Tieres ein eigenes Interesse, eine auch mittelbare und grundsätzlich nicht nur vorübergehende Besitzstellung und die Befugnis hat, über Betreuung und Existenz des Tieres zu entscheiden."*

Das bedeutet zunächst einmal, dass der Halter eines Hundes nicht zugleich auch der Eigentümer desselben sein muss, auch wenn er es in der überwiegenden Zahl der Fälle sein wird. Die Haltereigenschaft wird vielmehr durch rein tatsächliche Verhältnisse, wie zum Beispiel den Besitz, begründet.

Zwei typische Beispiele zur Verdeutlichung der **Abgrenzung Halter/Eigentümer**:

▰▶ Wird ein Hund gestohlen, verliert der Eigentümer des Hundes durch diesen Diebstahl selbstverständlich nicht das Eigentum an seinem Hund. Er verliert dadurch aber seine Eigenschaft als Hundehalter, da er – orientiert man sich an der oben dargelegten Definition – aufgrund der *dauernden* Besitzentziehung keinerlei Möglichkeit mehr hat, über Betreuung und Existenz des Hundes zu entscheiden. Hundehalter ist jetzt vielmehr der Dieb, so unverständlich das in der Regel auch sein mag.

Etwas anders gestaltet sich der Fall des

▰▶ entlaufenen Hundes. Hier ist die Besitzentziehung – im Gegensatz zum gestohlenem Hund – keine dauerhafte, sondern nur eine *vorübergehende*, so dass der Eigentümer (zunächst) auch Halter des Hundes bleibt. Zu den Besonderheiten in diesem Falle vergleiche unter „der entlaufene/gefundene Hund", Seite 168 ff.

Die beiden Beispiele zeigen aber, dass auch der Besitz nicht grundsätzlich die Haltereigenschaft des Besitzers begründet. Dies wird sehr schön deutlich am Beispiel der Diensthunde im Polizeidienst: Die jeweiligen Hundeführer betreuen zwar die ihnen anvertrauten Hunde. Dennoch ist hier die Polizeibehörde Halter der Diensthunde. Die Behörde hat mit „ihren" Hunden überhaupt keinen Kontakt und somit erst Recht keinen Besitz an ihnen, ist aber dennoch Halter der im Dienste der Behörde stehenden Hunde.

Auch mehrere Personen können Halter eines Hundes sein. Relevant wird dies zum Beispiel bei **Ehegatten**, die in einem gemeinsamen Haushalt leben und einen Hund halten. In diesen Fällen ist die Haltereigenschaft beider Ehepartner zwar die Regel, aber trotzdem nicht zwingend. Entscheidend ist vielmehr, ob der Hund im eigenen Interesse *beider* Ehegatten gehalten und von *beiden* betreut und versorgt wird. Zu verneinen wäre dies unter Umständen, wenn die Eheleute eine Wochenend-Ehe führen und der Hund zwangsläufig nur von einem Partner ausgeführt, betreut und versorgt wird. Dann wäre eine Haltereigenschaft beider Ehegatten zu verneinen.

Ein weiteres Beispiel, wann mehrere Personen Hundehalter sein können, sind Familien mit Kindern. Dem steht nicht entgegen, dass die Kinder noch minderjährig sind. Grundsätzlich können auch **Minderjährige** Halter eines Hundes sein. Zur Vermeidung von Wiederholungen wird auf die Ausführungen Seite 138 ff verwiesen, wo bereits ausführlich auf die Möglichkeiten des Erwerbes eines Hundes durch einen Minderjährigen eingegangen wurde. Die dort dargelegten Grundsätze gelten auch hier: Ein Minderjähriger kann Hundehalter werden, sofern die Eltern als gesetzliche Vertreter diesem zustimmen oder es genehmigen (zur begrifflichen Unterscheidung siehe Seite 139). Die Eltern können aufgrund der ihnen zustehenden elterlichen Sorge darüber entscheiden, ob der Minderjährige bereits die notwendige Reife erlangt hat, um die Entscheidungsgewalt über den Hund auszuüben und damit Halter des im Haushalt der Familie lebenden Hundes zu sein. Anderenfalls sind die Eltern die Halter.

In dem eher selten vorkommenden Fall, dass ein Minderjähriger „auf eigene Faust" in den Besitz eines Hundes kommt, wird für die Frage der Haltereigenschaft des Minderjährigen nicht allein das tatsächliche Besitzverhältnis ausreichend sein. Entscheidend ist außerdem, ob er bereits die notwendige geistige Entwicklung und Reife erlangt hat, um auch über die Existenz und den Verbleib des Hundes, nebst dessen Betreuung und Versorgung, zu entscheiden.

Es dürfte deutlich geworden sein, dass der Halterbegriff zwar häufig mit Eigentum und Besitz an einem Hund einhergeht, aber nicht zwingend hiervon abhängt. In Zweifelsfällen muss eine Abgrenzung im oben dargestellten Sinne vorgenommen werden.

An dieser Stelle stellt sich auch die Frage, wie die **vorübergehende Abgabe des Hundes während der Urlaubszeit** rechtlich zu behandeln ist. Insoweit enthält das Gesetz eine besondere Regelung für den Fall, dass der Vierbeiner für die schönsten Wochen des Jahres in einer Tierpension untergebracht wird: Der Hundehalter verliert während dieser Zeit zwar nicht seine Haltereigenschaft. Neben ihn tritt aber der so genannte „Tierhüter", der vor allem in haftungsrechtlicher Hinsicht von Bedeutung sein kann. Die rechtlichen Besonderheiten bei Unterbringung des Hundes in einer Tierpension, die Stellung und Haftung des Tierhüters sowie die Unterschiede zur Abgabe bei Bekannten oder Freunden werden ausführlich unter „Der Hund im Urlaub", Seite 178 ff, behandelt. Gleichwohl soll bereits an dieser Stelle festgehalten werden, dass die vorübergehende Betreuung und Versorgung des Hundes durch eine dritte Person im Einverständnis des Tierhalters keine Auswirkungen auf die Haltereigenschaft hat.

„Scheidungsopfer Hund"

Die Tierheime sind hierzulande voll mit Hunden, die anlässlich der Trennung von „Frauchen und Herrchen" abgegeben wurden. Manche ehemaligen Paare streiten sich aber auch energisch um den Verbleib des Hundes, zuweilen werden sogar die Gerichte damit konfrontiert. Es muss jedoch davor gewarnt werden zu glauben, ein Gericht könne in solchen Fällen immer eine gerechte Entscheidung treffen, mit der dann beide Parteien und das Tier glücklich sind. Von daher sollte unbedingt versucht werden, eine einvernehmliche Entscheidung über den Verbleib des Hundes herbeizuführen, und zwar orientiert an der Frage, wer ihm die besseren Lebensbedingungen (ausreichende Betreuung, Versorgung, Lebensraum et cetera) bieten kann.

Kann eine Einigung nicht gefunden werden, muss anhand der Rechtslage entschieden werden, die sich wie folgt darstellt:

Für die Frage, bei wem der Hund im Falle einer Trennung verbleibt, ist entscheidend, wer rechtlich als Eigentümer des Hundes angesehen wird.

Im Falle von **Ehegatten** ist zu unterscheiden, ob der Hund von einem der Ehepartner bereits mit in die Ehe gebracht wurde oder ob er aufgrund eines gemeinsamen Entschlusses angeschafft wurde.

Im ersten Fall ist die Person Alleineigentümer des Hundes, die ihn mit in die Ehe gebracht hat. Sie allein kann über den Verbleib des Vierbeiners entscheiden, auch wenn sich während der Ehezeit überwiegend der andere Partner um den Hund gekümmert hat.

Im zweiten Fall gestaltet sich die Rechtslage insoweit schwierig, als beide Ehepartner gemeinsames Eigentum am Hund erworben haben. Da der Hund rechtlich als Sache behandelt wird, findet auf ihn in solchen Fällen die so genannte **Hausratsverordnung** Anwendung – wie für alle anderen, gemeinsam angeschafften materiellen Sachen der Eheleute auch. Nach der

Hausratsverordnung soll der eheliche Hausrat nach Billigkeitsgesichtspunkten „gerecht und zweckmäßig" verteilt werden. Bereits an der Wortwahl des Gesetzes wird deutlich, dass eine konkrete Zuordnung der einzelnen, unter den Hausrat fallenden Sachen nicht möglich ist. Es besteht viel Spielraum für die Auslegung der Begriffe „gerecht und zweckmäßig". Konkret bedeutet dies, dass das Gericht entscheiden muss, zu wem der Hund die engere Beziehung hat und wer ihm die artgerechtesten Lebensbedingungen bieten kann. Dass dies für ein Gericht keine einfache, wenn nicht manchmal sogar unmögliche Aufgabe darstellt, dürfte auf der Hand liegen. Waren „Frauchen und Herrchen" nicht verheiratet, sondern lebten sie in Form einer **nichtehelichen Lebensgemeinschaft** miteinander, so gilt zum Teil anderes.

Im ersten Fall (ein Partner bringt den Hund mit in die Lebensgemeinschaft) gilt das zu den Ehepaaren Gesagte: Der Hund gehört allein dem Eigentümer, der auch darüber entscheidet, wo das Tier in Zukunft verbleibt. Wurde der Hund allerdings aufgrund eines gemeinsamen Entschlusses der Partner angeschafft, so findet die Hausratsverordnung auf die nichteheliche Lebensgemeinschaft keine Anwendung. Für diese Form des Zusammenlebens gelten nach dem Gesetz vielmehr die **zivilrechtlichen Vorschriften der Gemeinschaft gemäß §§ 741 ff BGB**. Das Eigentum an der „Sache Hund" steht den Partnern danach zunächst gemeinschaftlich zu. Im Falle der Trennung allerdings hat jeder Partner einen Anspruch auf Aufhebung der Gemeinschaft. Nach dem Gesetz findet diese in Form der „Teilung in Natur" statt, was bei einem Hund jedoch nicht möglich ist. In diesem Fall ist die Aufhebung der Gemeinschaft durch Verkauf des Hundes und jeweils hälftige Verteilung des erzielten Erlöses vorzunehmen.

Haftungsvoraussetzungen

§ 833 BGB

„Wird durch ein Tier ein Mensch getötet oder der Körper oder die Gesundheit eines Menschen verletzt oder eine Sache beschädigt, so ist derjenige, welcher das Tier hält, verpflichtet, dem Verletzten den daraus entstehenden Schaden zu ersetzen. Die Ersatzpflicht tritt nicht ein, wenn der Schaden durch ein Haustier verursacht wird, das dem Berufe, der Erwerbstätigkeit oder dem Unterhalt des Tierhalters zu dienen bestimmt ist, und entweder der Tierhalter bei der Beaufsichtigung des Tieres die im Verkehr erforderliche Sorgfalt beobachtet oder der Schaden auch bei Anwendung dieser Sorgfalt entstanden sein würde."

Diese Vorschrift enthält in ihrem ersten Satz den Grundsatz der so genannten „**Gefährdungshaftung**" für Hundehalter. Der Halter eines Hundes hat demnach *unabhängig von seinem Verschulden* für die durch seinen Hund verursachten Schäden einzutreten. Der Grund hierfür liegt – so der Gesetzgeber – in der „Unberechenbarkeit des tierischen Verhaltens", die zu einer Gefährdung dritter Personen führen kann. Der Hund stellt nach dem Gesetz eine Gefahrenquelle dar, die unberechenbar ist, da es sich eben um ein Tier und damit um kein „vernunftgesteuertes Geschöpf" handelt. Folglich haftet der Hundehalter prinzipiell für die „Gefahrenquelle Hund".

Für diese sehr weit reichende Haftung des Hundehalters muss nach dem Gesetz eine Voraussetzung zwingend erfüllt sein: Der Schaden muss immer *durch den Hund* verursacht worden sein, das heißt durch ein „willkürliches Tierverhalten". Dieses liegt immer dann vor, wenn der Schaden auf der Unberechenbarkeit des tierischen Verhaltens beruht. Wann tut er das nicht? Die gesetzliche Terminologie und Differenzierung ist für den juristischen Laien nur schwer verständlich, deshalb zur Verdeutlichung einige Beispiele: Springt ein Hund an einer anderen Person hoch und beschmutzt deren Kleidung oder schnappt ein Hund nach dem Ball eines Kindes und verletzt dieses oder erschrickt sich ein Hund durch ein Geräusch, läuft auf die Straße und verursacht einen Unfall – immer liegt willkürliches Tierverhalten vor, dass auf der Unberechenbarkeit des Hundes beruht und somit zu einer Haftung seines Halters führt. Eine Haftung des Halters entfällt hingegen in den Fällen, in denen der Hund zwar einen Schaden anrichtet, dieser aber nicht auf einem selbständigen Verhalten des Hundes beruht, sondern vielmehr auf äußeren, außergewöhnlichen Einwirkungen auf das Tier ("höhere Gewalt"). Beispiel: Übertragung von Krankheiten/Ungeziefer.

Bevor auf die Besonderheiten des § 833 Satz 2 BGB eingegangen wird, soll anhand einiger Beispiele erläutert werden, wie weitreichend die Halterhaftung sein kann:

▐▐▐➤ Bei der Begegnung eines Hundes mit einer dritten Person muss es nicht unbedingt *direkt* zu einem Schaden kommen. Möglich ist auch, dass der Hund eine Person erschreckt oder anzufallen versucht, woraufhin diese ausweicht und beispielsweise auf die Fahrbahn gelangt und einen Verkehrsunfall verursacht.

Hier werden manche Hundehalter die Ansicht vertreten, der Schaden sei ja gar nicht unmittelbar von ihrem Hund verursacht worden, sondern beruhe auf einem selbständigen Verhalten der geschädigten Person. Gleichwohl greift auch in diesen **Fällen der mittelbaren Schadensverursachung** die Halterhaftung ein, da die eigenständige Reaktion der geschädigten Person auf einem willkürlichen Tierverhalten beruht, und zwischen diesem Verhalten und dem Schadensereignis ein zurechenbarer Zusammenhang besteht (**OLG Düsseldorf, AZ: 15 W 13/94**).

▐▐▐➤ Verursacht der Hund einen **Schaden in Abwesenheit des Halters** (Beispiel: ein Freund führt den Hund aus) haftet der Hundehalter dennoch für den Schaden – unabhängig davon, ob er anwesend war und damit die Möglichkeit der Einflussnahme hatte oder nicht. Der Hundehalter muss seinen Hund auch während seiner Abwesenheit so überwachen, dass keine Schäden durch ihn verursacht werden. Kann er dies nicht gewährleisten, haftet er für den Schaden.

▶ Der **unerwünschte Deckakt** führt ebenfalls zu Schadensersatzansprüchen des Halters der Hündin gegen den Halter des Rüden. Der Deckakt fällt unter das „willkürliche Tierverhalten" (siehe oben) und begründet somit die Haftung aus § 833 BGB. Allerdings muss sich der Halter der Hündin unter Umständen ein Mitverschulden (vergleiche Seite 155) anrechnen lassen, wenn er nicht in ausreichendem Maße versucht hat, das Ereignis zu verhindern. Die Hündin muss also zum Beispiel während ihrer Läufigkeit angeleint werden und ist darüber hinaus besonders zu beaufsichtigen.

Einige Hundehalter können sich gemäß **§ 833 Satz 2 BGB** von der Haftung befreien, wenn sie ihren Hund als „**Nutztier**" halten. Für die Vielzahl der Hundefreunde, die ihren Hund als reinen Freizeitgenossen und damit als „**Luxustier**" halten, gilt diese Vorschrift nicht. Es bleibt dann grundsätzlich bei der Hundehalterhaftung im oben beschriebenen Sinne.

Anderes gilt für diejenigen, die ihren Hund zur Ausübung des Berufes, zum Zwecke der Erwerbstätigkeit oder der Unterhaltsversorgung halten. Dies betrifft zum Beispiel Hütehunde der Schäfer, Jagdhunde der Förster, Diensthunde der Polizei, Rettungshunde aller Art und auch Blindenführhunde. Richten diese Hunde einen Schaden an, haftet der Halter zwar zunächst unter den gleichen Voraussetzungen wie der Halter eines Luxushundes. Er hat aber die Möglichkeit, sich von dieser Haftung zu entlasten, indem er beweist, dass er bei der Beaufsichtigung des Hundes die im „Verkehr erforderliche Sorgfalt" beachtet hat oder aber der Schaden auch bei Anwendung dieser Sorgfalt eingetreten wäre. Gelingt ihm dieser Beweis, entfällt die Haftung.

Im Falle eines Nutztieres kann der Halter sich also darauf berufen, dass ihn an dem vom Hund verursachtem Schaden kein Verschulden trifft, während es bei der Gefährdungshaftung nach Satz 1 hierauf gerade nicht ankommt. Die Möglichkeit der Entlastung für den Halter eines Nutzhundes besteht im Übrigen immer, also nicht nur hinsichtlich der Schäden, die im Dienst oder im Rahmen der zweckgemäßen Verwendung des Hundes verursacht wurden, sondern auch hinsichtlich solcher, die während der Freizeit eintraten. Entscheidend ist lediglich, dass es sich grundsätzlich um einen Nutzhund im beschriebenen Sinne handelt. Dies wäre zum Beispiel zu verneinen, wenn ein Jagdhund von einer Privatperson zur Jagd genutzt wird oder eine Privatperson einen Wachhund zur Bewachung des privaten Grundstücks hält, denn diese Hunde dienen nicht dem Beruf oder der Erwerbstätigkeit.

Haftungsumfang

Liegen die Voraussetzungen der Hundehalterhaftung vor, stellt sich die Frage, in welchem Umfang der Halter eigentlich haftet. Das Gesetz stellt klar, dass der Hundehalter den entstandenen Schaden zu ersetzen, mit anderen Worten also Schadensersatz zu leisten hat.

Die Haftung umfasst sämtliche Schäden, die durch den Hund verursacht wurden, zum Beispiel:

> **§ 249 BGB**
> „Wer zum Schadensersatz ver-
> pflichtet ist, hat den Umstand herz-
> ustellen, der bestehen würde,
> wenn der zum Ersatz verpflichtete
> Umstand nicht eingetreten wäre.
> Ist wegen Verletzung einer Person
> oder wegen Beschädigung einer
> Sache Schadensersatz zu leisten, so
> kann der Gläubiger statt der Her-
> stellung den dazu erforderlichen
> Geldbetrag verlangen."

▐▐▐▶ **Verletzung eines anderen Hundes**: Ersatz der Tierarztkosten.
Insoweit kann sich die Frage stellen,
ob für einen fremden verletzten Hund
grundsätzlich sämtliche Tierarztkosten
zu erstatten sind. Jeder Hundehalter
wird wissen, wie diese Kosten in die
Höhe schnellen können. Die Frage betrifft die Verhältnismäßigkeit zwischen
dem Wert des Hundes und den Aufwendungen für die tierärztliche Heil-
behandlung. Das Gesetz stellt diesbezüglich in § 251 Absatz 2 Satz 2 BGB
fest, dass *„die aus der Heilbehand-
lung eines verletzten Tieres entstandenen Aufwendungen nicht bereits
dann unverhältnismäßig sind, wenn
sie dessen Wert erheblich übersteigen."* Dieser Grundsatz bedeutet aber
nicht, dass es bei der Erstattung von
Tierbehandlungskosten überhaupt
nicht auf deren Höhe ankommt. Vielmehr gibt es auch bei Tieren eine
Obergrenze, jenseits derer Heilkosten
unverhältnismäßig sind. Wo die Grenze der Erstattungspflicht letztlich zu
ziehen ist, bestimmt sich nach dem
Einzelfall. Zu berücksichtigen sind zum
Beispiel Alter und Gesundheitszustand

des Hundes, Heilungschancen sowie
die zu erwartende Lebensdauer. Auf
der anderen Seite berücksichtigen einige Gerichte aber auch die gefühls-
mäßigen Bindungen des Halters zu
seinem Vierbeiner. Die Praxis der Gerichte geht mittlerweile dahin, dass
der Ersatz von Tierarztkosten auch in
hohem Maße zugesprochen wird, so
dass insgesamt eine großzügige Handhabung seitens der Gerichte zu beob-
achten ist (vergleiche zum Beispiel **LG
Mannheim, AZ: 20 S 127/94**). Gleichwohl kann nicht jeder Hundehalter
fest damit rechnen, dass er immer die
gesamten Behandlungskosten für sein
verletztes Tier erstattet bekommt. Unter Umständen bleibt er auf einem
Restbetrag sitzen. Für finanziell
schwächere Halter stellt sich damit die
nachvollziehbare Frage, mit welchen
Mitteln sie ihren verletzten Hund weiter behandeln lassen sollen. Besonders
unter Berücksichtigung der Vorschriften des TierschG, wonach die ausreichende Gesundheitsfürsorge durch
den Halter gesetzlich vorgeschrieben
ist, erscheint diese Konsequenz be-
denklich. Die Diskrepanz resultiert aus
der rechtlichen Behandlung des Hundes als Sache, so dass es zunächst den
Gerichten überlassen bleibt, dieses
Problem zu lösen.

▐▐▐▶ **Schädigung fremder Sachen**
(zum Beispiel Kleidung): Ersatz des
Wertes

▐▐▐▶ **Verletzung eines Menschen** (zu
den strafrechtlichen Konsequenzen
vergleiche unter „Strafbares Verhalten
des Hundehalters, Seite 158 f): Ersatz
der Arztkosten, unter Umständen auch
Erstattung des Verdienstausfalles,
wenn die geschädigte Person aufgrund

der erlittenen Verletzung krank geschrieben wurde. Ist die Erwerbsfähigkeit auf Dauer derart beeinträchtigt, dass die Ausübung des Berufes ganz oder zum Teil nicht mehr möglich ist, steht dem Geschädigtem ein Rentenanspruch zu. Darüber hinaus hat die verletzte Person auch Anspruch auf Zahlung eines angemessenen Schmerzensgeldes. Die von den Gerichten zugesprochenen Schmerzensgeldbeträge divergieren von Einzelfall zu Einzelfall sehr stark. Entscheidend sind neben den erlittenen Verletzungen alle Umstände des konkreten Falles, wie zum Beispiel Art des Hundeangriffes, Dauer, psychische Folgen für die betroffene Person et cetera. Sicherlich hat die gezielte Attacke eines Hundes einen anderen Charakter als der „versehentliche Biss" eines Vierbeiners im Spiel. Wen die einschlägigen Entscheidungen der deutschen Gerichte nebst der zuerkannten Beträge interessieren, kann diese in der Schmerzensgeldtabelle von Hacks/Ring/Böhm, erhältlich über den ADAC, nachlesen. Im schlimmsten Falle, das heißt bei Tod eines Menschen, sind neben den Kosten der Beerdigung auch Unterhaltszahlungen an bedürftige Kinder/an den Ehepartner des Getöteten zu zahlen.

Mitverschulden

Es gibt auch eine Vielzahl von Haftungsfällen, in denen sich der in Anspruch genommene Hundehalter ungerecht behandelt fühlt, wenn er allein für den gesamten Schaden aufkommen muss. Besonders bei Vorfällen, in denen zwei oder auch mehrere Hunde aneinander geraten, heißt es oft *„Der andere Hund hat die Beißerei angefangen, meiner hat nur reagiert"* oder *„Mein Hund ist provoziert worden"*. Hinzu kommen die Eingriffe von Haltern in die Rauferein von Hunden, die Verletzungen des Menschen zur Folge haben.

In all diesen Fällen kann es in der Tat nicht rechtens sein, wenn nur einer der Halter haftet. Hat der Geschädigte seinerseits einen Beitrag dazu geleistet, dass ein Schaden entstanden ist, muss dieses Verhalten – das so genannte Mitverschulden – auch bei der Berechnung des Schadenersatzanspruches berücksichtigt werden. Die einschlägige Vorschrift ist:

---

§ 254 BGB:

„(1) Hat bei der Entstehung des Schadens ein Verschulden des Beschädigten mitgewirkt, so hängt die Verpflichtung zum Ersatz, sowie der Umfang des zu leistenden Ersatzes von den Umständen, besonders davon ab, inwieweit der Schaden vorwiegend von dem einen oder dem anderen Teil verursacht worden ist."
(2) ...

Bei einem Mitverschulden des Geschädigten kann der Ersatzanspruch demnach gemindert oder sogar ganz ausgeschlossen werden. Das Maß des Mitverschuldens hängt hier immer von den konkreten Umständen des Einzelfalles ab. Darüber hinaus ist zu berücksichtigen, dass es sich auch immer um eine Ermessensentscheidung des Gerichts handelt, das heißt ein Fall kann von unterschiedlichen Gerichten auch unterschiedlich entschieden werden.

Der „Klassiker" unter diesen Fällen ist das **Streicheln eines fremden Hundes**: Wer sich einem ihm unbekannten Hund zu vertrauensselig nähert und dann gebissen wird, ist zumindest teilweise selber schuld. Diese schon in der Vergangenheit herrschende Rechtsprechung wurde erst kürzlich vom **OLG Frankfurt/Main (AZ: 7 U 91/99)** erneut bestätigt: Der Kläger war bei einem Bekannten zu Besuch und versuchte, dessen ihm unvertrauten Rottweiler zu streicheln, der daraufhin zubiss. Dem Kläger wurden nur 50% des ihm entstandenen Schadens als erstattungsfähig zugebilligt. Das Gericht war der Meinung, dass der Geschädigte nicht etwa das Opfer einer für ihn unbeherrschbaren Situation geworden sei, sondern dass er sich durch sein Verhalten freiwillig der Gefahr ausgesetzt habe.

Beißerei zwischen Hunden

Streitigkeiten zwischen Hunden kommen immer wieder vor, und in der Regel verlaufen sie harmlos. Wird doch einmal ein **Hund verletzt**, ist die Behandlung vom Halter des anderen Hundes gemäß § 833 BGB zu ersetzen.

So einfach ist es in der Realität meistens nicht: In vielen Fällen lässt sich im Nachhinein nicht mehr eindeutig feststellen, welcher Hund die Rauferei angefangen hat. Es stellt sich dann die Frage, wer für welchen Schaden in welcher Höhe haftet.

Gem. **§ 254 BGB** hängt die Verpflichtung zum Schadenersatz besonders davon ab, *„inwieweit der Schaden vorwiegend von dem einen oder dem anderen Teile verursacht worden ist."* Trifft den Geschädigten also ein **Mitverschulden** an der Entstehung des Schadens – wovon bei Streitereien unter Hunden in der Regel auszugehen ist –, ist es für den Ersatzanspruch entscheidend, wer den Schaden in welchem Maße verursacht hat. Um die Verschuldensfrage eindeutig klären zu können, ist es erforderlich nachzuweisen, von welchem Hund die Beißerei ausging (zum Beispiel durch Zeugenaussagen). Gelingt dieser Nachweis nicht oder nicht eindeutig, nehmen die Gerichte eine **Quotierung** vor. Im Rahmen dieser müssen sich beide Halter ihre eigene Tiergefahr gemäß § 833 BGB *„entsprechend dem Gewicht, mit dem die Gefahr beider Hunde im Verhältnis zueinander wirksam geworden ist"*, anrechnen lassen. Das **AG Schwetzingen** (AZ: 5 C 179/95) entschied beispielsweise im Falle einer Rauferei zweier etwa gleich großer und starker Mischlingshunde auf eine Haftungsverteilung von 50:50, da sich nicht mehr aufklären ließ, von welchem Hund die Streiterei ausging. Wird ein frei laufender von einem angeleinten Hund verletzt, muss sich der Halter des freilaufenden Hundes ein Mitverschulden anrechnen lassen, da davon auszugehen ist, dass er seinen Hund nicht ausreichend unter Kontrolle hatte. Das **AG Frankfurt** (AZ: 32 C 4500/94-39) entschied sogar auf ein alleiniges Verschulden des Halters des freilaufenden Hundes, so dass er alleine für sämtliche Kosten aufkommen musste.

In diesem Zusammenhang sind auch die **Fälle des Eingreifens der Hundehalter** zu erläutern. Erleidet ein Halter dabei Verletzungen, hat er selbstverständlich gegen den Halter des angreifenden Hundes einen Schadensersatzanspruch. Aber auch hier stellt sich das Problem des Mitverschuldens, wenn sich der Vorgang nicht mehr zweifelsfrei aufklären lässt. Im Falle einer Verletzung durch eigenes Eingreifen wird wohl regelmäßig ein gewisses Maß an Mitverschulden auf Seiten des Eingreifenden zu berücksichtigen sein, da ihm die mögliche Gefahr einer Verletzung bewusst sein musste. Allerdings entscheiden die konkreten Umstände des Einzel-falles: Das **LG Flensburg** (**AZ: 1 S 119/95**) entschied, dass den eingreifenden Halter eines sehr kleinen, angeleinten Hundes kein Mitverschul-den trifft, wenn er den Angriff eines großen, frei laufenden Hundes mit bloßen Händen abwehrt und dabei ein Fingerglied verliert. Dies gilt nach Auffassung des Gerichts auch dann, wenn sich nicht mehr ermitteln lässt, welcher Hund letztlich zugebissen hat – entscheidend sei, dass für den Halter keine andere Möglichkeit bestand, seinen *deutlich* unterlegenen Hund zu schützen. Meines Erachtens kann diese Begründung aber nur für Ausnahmefälle herangezogen werden. In der Regel ist von einem Mitverschulden auszugehen (so auch das AG Köln, AZ: 130 C 84/00)

Wird ein Halter allerdings *eindeutig* von seinem *eigenen* Hund verletzt, scheiden Schadensersatzansprüche gegen den anderen Halter aus.

Abschließend sei noch die **Selbstgefährdung** erwähnt: Greift bei einer Rauferei von Hunden ein völlig unbeteiligter Dritter ein und wird verletzt, so handelte er nach Auffassung des **OLG Koblenz** (**Urteil vom 18.10.1978, AZ: 1 U 924/77**) ohne Not. Für die Person lag keine Notlage vor, die ein eigenes Eingreifen erfordert hätte, so dass Schadenersatzansprüche gegen die Hundehalter ausscheiden. Gleiches gilt beim unerlaubten Eindringen auf fremde Grundstücke: Wird auf einem nicht frei zugänglichen Grundstück ein Hund gehalten, dringt jemand trotz entsprechender Warnschilder ein und wird vom Hund verletzt, überwiegt das eigene Verschulden des Eindringlings. Das bloße Anbringen von Warnschildern lässt die Haftung des Hundehalters allerdings nicht entfallen, solange das Grundstück frei zugänglich ist! Er ist darüber hinaus verpflichtet, entsprechende Sicherheitsvorkehrungen gegen einen Zutritt Dritter zu treffen.

Tierhalter-Haftpflichtversicherung

Die Ausführungen zum möglichen Umfang der Halterhaftung sollten spätestens jetzt jeden Hundehalter dazu veranlassen, seinen Vierbeiner zu versichern. Bei der Tierhalter-Haftpflichtversicherung handelt es sich um eine **freiwillige Privathaftpflichtversicherung**, die sich von der „normalen" Privathaftpflichtversicherung, wie sie in jedem Privathaushalt vorkommt, unterscheidet. Die gängige Haftpflichtversicherung umfasst zwar Haustiere im Sinne von Kleintieren, wie Hamster, Meerschweinchen, Kleinvögel und ähnliches, *nie* aber Hunde, auch nicht die kleinen Rassen. Deshalb muss für den Hund immer eine gesonderte Versicherung abgeschlossen werden.

Bei der Wahl der Versicherung lohnt es sich, zu vergleichen. Die zu zahlende Prämie hängt von der Deckungssumme ab. Im Zweifel sollten vorab verschiedene Angebote eingeholt werden.

Nach der **neuesten Rechtslage** ergeben sich für bestimmte Hunderassen und Hunde bestimmter Größen erhebliche Probleme im Hinblick auf die Tierhalter-Haftpflichtversicherung:

Ein Teil der neuen Landeshundeverordnungen hat für Hunde bestimmter Rassen oder Größen eine **Pflichtversicherung** eingeführt. Diese Hunde dürfen ohne den Nachweis einer Tierhalter-Haftpflichtversicherung nicht mehr gehalten werden. Grundsätzlich ist eine solche Regelung begrüßenswert, denn nicht selten bleibt die geschädigte Person auf hohen Tierarztkosten sitzen, weil der Schädiger selber finanziell nicht in der Lage ist, die Kosten zu erstatten und eine Haftpflichtversicherung für den Hund nicht bestand. Dennoch macht die neu eingeführte Pflichtversicherung den Haltern der entsprechenden Hunde erhebliche Probleme. Nicht alle Versicherungen versichern diese Hunde oder nur noch unter erschwerten Bedingungen. So wird meist ein Prämienzuschlag gefordert, verbunden mit einer Reihe von Auflagen, wie die konsequente Beachtung der gesetzlichen Bestimmungen. Darüber hinaus muss sich der Hundehalter oft dazu verpflichten, im Scha-

densfalle eine nicht geringe Selbstbeteiligung zu tragen. Diese Eintrittsbedingungen kommen in der Regel aber nur den Haltern zugute, die bei der entsprechenden Versicherung bereits andere Versicherungen abgeschlossen haben. Für Neukunden kann die Lage fast ausweglos sein. Sie bleiben bei manchen Versicherungen unberücksichtigt und werden mit der Begründung abgelehnt, das Risiko sei in Anbetracht des unbekannten Hundehalters zu groß.

Die Konsequenz für die Halter und ihre Hunde ist dramatisch, denn nach den aktuellen gesetzlichen Bestimmungen drohen seitens der Behörden Haltungsverbote, wenn der Halter den erforderlichen Pflichtversicherungsnachweis nicht führen kann.

Eine Lösung wäre die Pflichtversicherung für *alle* Hunde, ohne Einschränkung. Dann nämlich *müssten* die Versicherungen Hunde jeder Rasse und Größe versichern.

Die gesetzliche Einführung einer obligatorischen Haftpflichtversicherung für Hunde konnte bislang nicht erreicht werden.

Strafbares Verhalten des Hundehalters

Beißt ein Hund eine andere Person, führt dies nicht nur zu den auf Seite 156 dargestellten Schadenersatzansprüchen. Der Halter eines Hundes kann im Falle der durch seinen Hund verursachten Verletzung oder Tötung eines Menschen auch strafrechtlich zur Verantwortung gezogen werden. Ungeachtet des gezielten und damit vorsätzlichen Hetzens von Hunden auf Menschen kommt dies auch dann in Betracht, wenn der Halter den Schaden an einer anderen Person gar nicht beabsichtigt und gewollt hat, denn auch die **fahrlässige Körperverletzung** ist bereits strafbar.

---

§ 229 StGB
„Wer durch Fahrlässigkeit die Körperverletzung eines anderen verursacht, wird mit Freiheitsstrafe bis zu 3 Jahren oder mit Geldstrafe bestraft."

Entscheidend ist, ob dem Halter ein **fahrlässiges Verhalten** vorgeworfen werden kann. Dies ist immer dann der Fall, *wenn der Halter die erforderliche Sorgfalt bei der Beaufsichtigung seines Hundes außer Acht gelassen hat*. Wer also zum Beispiel um die Bissigkeit seines Hundes weiß und das Tier dennoch ohne Maulkorb führt, muss sich im Falle der Verletzung Dritter ein fahrlässiges Verhalten vorwerfen lassen. Geht eine offensichtlich körperlich ungeeignete Person mit einem großen, kräftigen Hund spazieren und reißt sich dieser

los, wodurch ein Verkehrsunfall verursacht wird, ist ebenfalls von einem fahrlässigen Verhalten auszugehen (**OLG Hamm, Beschluss vom 05.01.1996, AZ: 2 Ss 1035/95**). Wie man sieht, sind die Anforderungen an solche Pflichtverletzungen oft gar nicht so hoch – wer aber macht sich dabei schon Gedanken über eine mögliche Strafbarkeit seines Verhaltens? Auch wenn die Verletzung dritter Personen nicht gewollt ist, so sollte man sich klar machen, dass die Schwelle zur Strafbarkeit schnell einmal überschritten werden kann – mit erheblichen Konsequenzen! Wird durch einen Hund gar ein Mensch getötet, muss sich der Halter unter Umständen wegen **fahrlässiger Tötung gemäß § 222 StGB** verantworten, die mit Freiheitsstrafe bis zu fünf Jahren oder mit Geldstrafe geahndet wird.

Zu berücksichtigen ist in diesem Zusammenhang auch, dass ein Hundehalter, der bereits strafrechtlich in Erscheinung getreten ist, nach den meisten **aktuellen Landeshundeverordnungen** bereits als unzuverlässig angesehen wird – mit der Konsequenz eines Haltungsverbotes.

Wohnen mit dem Hund

Gemessen an der Zahl gerichtlicher Entscheidungen, handelt es sich bei dem Thema „Wohnen mit dem Hund" um eines der umfangreichsten Rechtsgebiete im Zusammenhang mit der Hundehaltung. Nicht jeder Hundehalter kann sich den Luxus eines eigenen Hauses leisten, durch das sicherlich einige elementare Probleme der Hundehaltung beseitigt werden können. Aber auch hierfür gibt es keine Garantie, denn in kaum einem anderen Land sind Nachbarrechtsstreitigkeiten so beliebt wie in Deutschland. Schon ohne Hund ist das nachbarschaftliche Verhältnis – sei es in der Mietwohnung, in der Eigentumswohnung oder im eigenem Haus – nicht immer leicht; bei Anwesenheit von einem oder gar mehreren Hunden können wahre Kriege zwischen den Nachbarn entstehen, die das Zusammenleben erschweren und manchmal sogar unmöglich machen. In einer heutzutage ohnehin schon sehr eng gewordenen Welt sind wir alle um so mehr auf ein tolerantes Miteinander angewiesen.

Hundehaltung in Mietwohnungen

Wer eine Mietwohnung bewohnt, sollte sich *vor* der Anschaffung eines Hundes über die rechtlichen Gegebenheiten informieren. Da im Gesetz nichts darüber zu finden ist, kommt es deshalb in erster Linie auf den Mietvertrag an. Nahezu jeder Mietvertrag enthält eine Regelung über Tierhaltung in der Mietwohnung, wobei drei verschiedene Regelungsmöglichkeiten zu unterscheiden sind:

Hundehaltung ist ausdrücklich erlaubt

In diesem Fall darf der Mieter in der Mietwohnung Hunde ohne Probleme halten – juristisch also die einfachste und angenehmste Lösung. Allerdings existieren kaum Mietverträge, die eine Hundehaltung in Mietwohnungen ohne weiteres gestatten. Besonders die häufig verwandten Formularmietverträge (vorgedruckte Vertragsformulare) beinhalten eine derartige Regelung nicht.

Manchmal beschränkt der Vermieter die grundsätzlich erteilte Erlaubnis auf eine bestimmte Anzahl von Hunden (in der Regel auf einen Hund) oder/und auf die Größe/Rasse des Hundes. Deswegen sollte zur Vermeidung von Auseinandersetzungen klar definiert werden, welcher Hund nun erlaubt ist und welcher nicht. Besonders die oft verwandten Formulierungen wie *„erlaubt wird die Haltung eines kleinen oder mittelgroßen Hundes"* sollte konkretisiert werden. Wo hört der Hund auf klein zu sein, und ab wann ist er mittelgroß? Auch wenn es anfangs „kleinkariert" wirken mag, hierüber wird im Zweifel später erbittert vor Gericht gestritten.

Letztlich ist auch hier zu beachten, dass alle Vereinbarungen *schriftlich* festgehalten werden sollten. Besonders mündliche Zusagen des Vermieters sollten unbedingt in den schriftlichen Mietvertrag mit aufgenommen werden.

Hundehaltung ist ausdrücklich verboten

Hat der Vermieter durch eine entsprechende Klausel im Mietvertrag die Haltung von Hunden in der Mietwohnung verboten und unterzeichnet der Mieter einen solchen Vertrag, akzeptiert er dieses ausdrückliche Verbot und ist damit auch daran gebunden. Verstößt er gegen die vereinbarte Regelung, muss er mit der Kündigung des Mietverhältnisses seitens des Vermieters rechnen. Er kann in diesen Fällen nicht dahingehend argumentieren, das Verbot der Hundehaltung beschränke ihn in seinem Persönlichkeitsrecht oder anderen Grundrechten – vereinbaren die Vertragsparteien im Mietvertrag ein Verbot der Hundehaltung, ist grundsätzlich auch jede Partei an diese Regelung gebunden! Diesbezüglich gilt in unserem Rechtssystem der **Grundsatz der Vertragsfreiheit**.

Anders stellt sich die rechtliche Situation allerdings im Falle der Verwendung von **Formularmietverträgen** dar. Hier wird dem Mieter ein bereits vorformulierter Mietvertrag vorgelegt, an dessen Ausarbeitung er nicht beteiligt war, so dass er – anders als bei Individualmietverträgen – schutzwürdiger ist. Wird hier ein generelles Hundehal-

tungsverbot eingeführt, enthält dies nach Auffassung des **BGH** eine unangemessene Benachteiligung des Mieters und ist von daher unwirksam (**Urteil vom 20 01.1993, AZ: VIII ZR 10/92**). Eine für Hundefreunde erfreuliche Entscheidung, die von manchen Gerichten auch im Falle eines generellen Hundehaltungsverbotes in **Individualmietverträgen** herangezogen wird. Überwiegend verweist die Rechtsprechung in diesen Fällen aber auf die Vertragsfreiheit: Was die Parteien vereinbaren, ist auch einzuhalten.

Trotz also zum Teil mieterfreundlicher Entscheidungen der Gerichte sollten Individualmietverträge mit einem generellen Hundehaltungsverbot gemieden werden, sofern der Wunsch nach einem Hund in der Mietwohnung ernst ist. Bei allen Gerichtsentscheidungen auf diesem Gebiet handelt es sich um Einzelfallentscheidungen, die von jeweils konkreten Umständen abhängen. Man kann und sollte sich nicht darauf verlassen, dass das Gericht immer im Sinne des Hundehalters entscheidet.

Nur in **Ausnahmefällen** braucht der Mieter ein vertragliches Haltungsverbot nicht zu akzeptieren. Dies gilt dann, wenn der Mieter plötzlich auf die „professionelle Hilfe" eines Hundes angewiesen ist, wie zum Beispiel auf einen Blindenführhund oder einen Rollstuhl begleitenden Hund. In diesen Fällen ist es für den Mieter unzumutbar, auf den Hund zu verzichten und an dem Haltungsverbot festzuhalten (**Urteil des LG Lüneburg vom 11.11.1993, AZ: 1 S 163/93**). Immer muss aber ein „Ernstfall" im Sinne der oben genannten Beispiele vorliegen. Anders wurde in den Fällen entschieden, in denen der Hund „lediglich" aus psychologisch-therapeutischen Gründen gehalten wurde (zum Beispiel bei Depressionen). Nach Ansicht mancher Gerichte ist dann die Haltung anderer (kleinerer) Haustiere, zum Beispiel Kaninchen oder auch Katzen, ausreichend (**Urteil des LG Hamburg, AZ: 316 S 44/94**).

Auch wenn die eigene Haltung eines Hundes nicht gestattet ist, so darf der Mieter dennoch **Besuch mit Hund** empfangen. Das stundenweise Mitbringen eines Hundes durch dritte Personen muss der Vermieter gestatten, die Besuchsdauer darf nur nicht zu einer Umgehung des Haltungsverbots führen, etwa durch die ständige Anwesenheit des Hundes auch über Nacht (**Urteil des AG Hannover, AZ: 525 c 11351/98**).

Hundehaltung ist genehmigungspflichtig

Es besteht ferner die Möglichkeit, dass der Vermieter im Vorfeld noch keine endgültige Regelung hinsichtlich einer vom Mieter beabsichtigten Hundehaltung in den Vertrag aufnehmen möchte und sich deshalb die Entscheidung vorbehält. In der Regel lautet die entsprechende Mietvertragsklausel wie folgt: *„Für die Hundehaltung bedarf es der vorherigen ausdrücklichen Zustimmung des Vermieters."* Damit steht es dem Vermieter grundsätzlich frei, ob er eine Hundehaltung duldet oder nicht. Allerdings besagt eine derartige Klausel auch, dass der Vermieter nicht generell eine Hundehaltung ab-

lehnt, sondern hierüber im Einzelfall entscheiden möchte. Der Mieter kann deshalb davon ausgehen, dass der Vermieter seine Zustimmung erteilen wird, soweit nicht **gewichtige Gründe** dagegen stehen, wie zum Beispiel überdurchschnittlich starke Lärm-/Geruchsbelästigung, Gefährdung der Mitmieter durch einen bissigen Hund und Ähnliches. Willkürliche Entscheidungen des Vermieters müssen also nicht akzeptiert werden. Auf der anderen Seite kann der Vermieter seine Zustimmung von der Anzahl der beabsichtigten Hunde abhängig machen, ebenso von der Größe beziehungsweise Rasse. Werden in dem Mietshaus bereits andere Hunde gehalten, kann der Vermieter einem einzelnen Mieter die Haltung ohne gewichtigen Grund nicht verbieten.

Hat der Mieter einen Hund angeschafft, ohne bei Bestehen einer entsprechenden Klausel die Zustimmung des Vermieters einzuholen, kann der Vermieter die Abschaffung des Hundes verlangen. Dies ist allerdings dann nicht mehr möglich, wenn der Vermieter in Kenntnis des angeschafften Hundes dessen Anwesenheit über längere Zeit geduldet hat, da diese **Duldung** ihm als stillschweigende Zustimmung ausgelegt wird. Die Dauer der hierfür erforderlichen Duldungszeit ist dabei vom Einzelfall abhängig, in der Regel reichen einige Monate (**Urteil des LG Mannheim vom 31.01.1974, AZ: 12 S 71/73**). Eine Rücknahme der (stillschweigend erklärten) Duldung ist dann ohne wichtigen Grund nicht mehr möglich.

Stirbt der Hund des Mieters und will sich dieser einen **Nachfolger** anschaffen, muss er vorher erneut die Zustimmung des Vermieters einholen. Auch hierüber darf nicht willkürlich entschieden werden. Nur bei Vorliegen besonderer Gründe kann eine erneute Hundehaltung verboten werden. Ein gewichtiger Grund liegt in diesen Fällen zum Beispiel vor, wenn der Mieter mit Zustimmung des Vermieters bislang einen Dackel in der Mietwohnung hielt und nunmehr beabsichtigt, einen Schäferhund-Mischling anzuschaffen (**Urteil des LG Berlin vom 26.10.1993, AZ: 64 S 188/93**).

Widerruf der erlaubten/genehmigten/geduldeten Hundehaltung

Ein Widerruf der Hundehaltung durch den Vermieter ist nur im Falle **schwerer Beeinträchtigungen** möglich. Das gilt auch dann, wenn im Mietvertrag festgehalten wurde, dass *„der Vermieter seine Zustimmung zur Hundehaltung jederzeit widerrufen kann."* Welcher Vermieter also glaubt, er könne seine Genehmigung zur Hundehaltung jederzeit nach Belieben wieder rückgängig machen, irrt: Auch eine derartige Klausel befreit den Vermieter nicht von der Notwendigkeit, triftige Gründe vorzutragen, warum vom Mieter die Abschaffung des Hundes verlangt wird. Anderenfalls würde der Mieter in einem unerträglichen Zustand der Rechtsunsicherheit leben. Wann ein gewichtiger Grund für einen Widerruf der Hundehaltung vorliegt, kann nicht pauschal beantwortet werden. Problematisch kann es werden, wenn der Hund übermäßig oft und laut bellt, das Treppenhaus stark verunreinigt oder gar beschädigt wird,

u.Ä. In solchen Fällen kann der Vermieter vom Mieter die Abschaffung des Hundes verlangen. Tut der Mieter dies nicht, besteht die Gefahr der Kündigung des Mietverhältnisses durch den Vermieter.

Der Hundehaltung in Mietwohnungen kann aber auch trotz Genehmigung, Zustimmung oder Duldung Grenzen gesetzt sein, und zwar durch das Verhältnis der Wohnungsgröße zur Anzahl der gehaltenen Hunde. Hier werden **tierschutzrechtliche Aspekte** relevant, die – erfreulicherweise – von den Gerichten mittlerweile in ihren Entscheidungen berücksichtigt werden. So entschied beispielsweise das **AG München** in einer neueren Entscheidung (**AZ: 473 C 30536/2000**), dass vier Hunde in einer 40qm-Wohnung mindestens zwei zu viel seien. Neben zwei Rehpinschern wurden in diesem Fall zwei größere Mischlingshunde gehalten. Das Gericht entschied hier großzügig: Nach Auffassung der Richter dürfte unter tierschutzrechtlichen Aspekten in einer derart kleinen Wohnung nur ein Hund gehalten werden. Da sich aber die beiden Rehpinscher als unzertrennlich erwiesen, durften sie beide bleiben.

Hundehaltung ist vertraglich nicht geregelt

Findet sich im Mietvertrag keine Regelung zur Hundehaltung, sollte zunächst ein Blick in die **Hausordnung** geworfen werden. Sie besteht für die meisten Miethäuser und wird mit Abschluss des Mietvertrages grundsätzlich Bestandteil desselben. Sofern auch diese kein Hundehaltungsverbot beinhaltet, kann davon ausgegangen werden, dass die Hundehaltung erlaubt ist. Die diesbezüglich vorliegende Rechtsprechung ist sich einig, dass die Hundehaltung zum vertragsgemäßen Gebrauch der Mietsache gehört. Sie betrifft den Kernbereich des Wohnens und wird deshalb von der normalen Nutzung des Mietobjekts umfasst.

„Kampfhunde" in Mietwohnungen

Bereits in der Vergangenheit galten für die Haltung von Hunden so genannten „Kampfhundrassen" Ausnahmen von den oben erläuterten Mietrechtsbestimmungen. So sind Vermieter auch ohne mietvertragliche Verbotsregelung über Tierhaltungen oder ohne vertragliche Absprache mit den Mietern über die Möglichkeit einer Einschränkung der Tierhaltung berechtigt, die Haltung eines „Kampfhundes" in der Mietwohnung zu untersagen. Begründet wird diese Auffassung mit der von „Kampfhunden" ausgehenden potentiellen Gefahr für die übrigen Hausbewohner, deren Gefährdung nicht verlässlich ausgeschlossen werden könne. Dies soll unabhängig davon gelten, ob die Gefährlichkeit des einzelnen Hundes sich konkret bereits in irgend einer Art und Weise gezeigt hat (**Urteil des LG München I vom 10 09.1993, AZ: 13 T 14638/93; Urteil des LG Gießen, AZ: 1 S 128/94; Urteil des LG Krefeld, AZ: 2 S 89/96**).

Mit Erlass der Landeshundeverordnungen und der öffentlichen Diskussion um „Kampfhunde" wurde diese Problematik insoweit wieder aktuell, als es Haltern von Hunden dieser Rassen nahezu unmöglich geworden ist, mit ihren Tieren eine Mietwohnung zu bewohnen, da die Vermieter mögliche Konflikte – besonders mit den übrigen Mitmietern – fürchten. In Brandenburg ist es gemäß § 1 Abs. 3 der ordnungsbehördlichen Verordnung über das Halten und Führen von Hunden sogar verboten, „gefährliche Hunde" in Mehrfamilienhäusern zu halten (vergleiche Brandenburg, Seite 36).

Hundehaltung in Eigentumswohnungen

Die Hundehaltung in Eigentumswohnungen ist im Gegensatz zu der in Mietwohnungen gesetzlich geregelt, und zwar im **Wohnungseigentumsgesetz (WEG)**. Konkret enthält zwar auch dieses Gesetz keine Regelung zur Hundehaltung, gleichwohl können sich aus der Teilungserklärung, der Hausordnung oder der Gemeinschaftsordnung – alle richten sich nach dem WEG – entsprechende Regelungen ergeben.

Wird ein Haus in mehrere Eigentumswohnungen aufgeteilt, wird zugleich festgelegt, welcher Teil des Hauses zu welcher Wohnung gehört und damit Wohnungseigentum wird. Daneben bleibt gemeinschaftliches Eigentum bestehen, hinsichtlich dessen alle Wohnungseigentümer einen Miteigentumsanteil erwerben, da es gemeinsam genutzt wird (Treppenhaus, Garten, Keller, Hof et cetera). Der Käufer einer Wohnung erwirbt also das so genannte Sondereigentum an der Wohnung sowie einen Miteigentumsanteil am gemeinschaftlichem Eigentum. All dies wird schriftlich in der

Teilungserklärung festgelegt, die von daher *vor* dem Kauf einer Eigentumswohnung unbedingt aufmerksam gelesen werden sollte! Da in dieser Teilungserklärung sämtliche Rechte und Pflichten der künftigen Wohnungseigentümer festgelegt werden können, kann auch ein generelles Hundehaltungsverbot dort verankert werden. Deshalb unbedingt Einsicht nehmen!

Die **Hausordnung** soll das einträchtige Zusammenleben der Mietparteien in einem Haus regeln. Neben den üblichen Regelungsinhalten wie Reinigungsarbeiten und -intervalle oder Benutzung der Gemeinschaftseinrichtungen kann sie auch besondere Regelungen betreffend einer Hundehaltung beinhalten (zum Beispiel Anlein- und besondere Reinigungspflichten) oder aber sogar die Hundehaltung vollständig verbieten (**OLG Düsseldorf, AZ: 3 W x 459/96**). Also auch hier unbedingt vor Kauf Einsicht nehmen!

Ob die **Wohnungseigentümergemeinschaft** im Rahmen ihrer Beschlüsse die Hundehaltung generell verbieten kann, ist in der Rechtsprechung noch nicht eindeutig geklärt:

Der **BGH** (**Beschluss vom 04.05.1995, AZ: V ZB 5/95**) vertritt die Auffassung, dass ein Mehrheitsbeschluss der Wohnungseigentümer, der ein **generelles Hundehaltungsverbot** beinhaltet, rechtlich wirksam und damit für alle Wohnungseigentümer bindend sei. Der BGH berücksichtigte in seiner Entscheidung die Tatsache, dass in dem entschiedenen Fall der entsprechende Beschluss der Wohnungseigentümergemeinschaft von keinem der Eigentümer innerhalb der gesetzlich vorgeschriebenen Frist angefochten wurde. Er weist darauf hin, dass Beschlüsse der Wohnungseigentümergemeinschaft nur dann wirksam sind, wenn alle Eigentümer ihre Zustimmung gegeben haben. Da aber in dem entschiedenen Fall der Beschluss unangefochten blieb, habe man sich mehrheitlich auf ein generelles Hundehaltungsverbot geeinigt. Hierin liege auch kein Verstoß gegen geltendes Recht, da sich Beeinträchtigungen der übrigen Wohnungseigentümer durch Schmutz oder Lärm – verursacht durch die Hundehaltung – niemals völlig ausschließen lassen würden.

Diese Meinung stößt allerdings auf Kritik. Nach Ansicht anderer Gerichte liegt hierin ein Verstoß gegen das GG, da die Hundehaltung wesentlicher Inhalt des Wohnungseigentums und somit auch über Art. 14 GG geschützt sei. Das **Kammergericht (KG) Berlin** beispielsweise vertritt genau die gegenteilige Rechtsauffassung. Es entschied, dass ein die generelle Hundehaltung untersagender Mehrheitsbeschluss der Wohnungseigentümer unwirksam sei, selbst wenn er nicht angefochten wurde (**Beschluss vom 13.01.1992, AZ: 24 W 2671/91**). Zur Begründung führt das KG aus, dass bei ordnungsgemäßer Hundehaltung die Beeinträchtigungen für die anderen Eigentümer so gering gehalten werden könnten, dass eine nennenswerte Belästigung nicht erwachse. Die Hundehaltung gehöre schließlich zum Kernbereich des Wohnungseigentums sowie zur freien Entfaltung der Persönlichkeit. Ein absolutes Verbot sei damit ausgeschlossen.

Rechtlich zulässig sind hingegen nach Ansicht beider Gerichte Beschlüsse mit dem Inhalt einer **Beschränkung** der Hundehaltung.

Hundehaltung im eigenem Haus: Nachbarschaftsrecht

Wer den Luxus eines eigenen Hauses genießen kann, dem bleiben eine Menge Probleme erspart. Dennoch garantiert auch dies leider nicht immer ein unbeschwertes Leben mit dem treuen Vierbeiner: Die Interessen und Belange etwaiger Nachbarn sind auch hier zu wahren. Solange keine Beschwerden hinsichtlich des gehaltenen Hundes ausgesprochen werden, kann grundsätzlich jeder auf seinem Grundstück und in seinem Haus machen, was er will. Wenn der Hund den gesamten Tag bellt, die Nachbarn dies aber nicht stört und sie sich nicht beschweren, besteht kein Handlungsbedarf. Wer das Glück hat, auch noch hundefreundliche Nachbarn zu haben, der kann tatsächlich ein sorgenfreies Leben mit seinem Hund genießen.

Problematisch kann die Situation hingegen werden, wenn sich die Nachbarn über den vierbeinigen Freund beschweren. Es stellt sich dann die Frage, was geduldet und hingenommen werden muss und wann eine wesentliche Beeinträchtigung der Belange der Nachbarn vorliegt.

Das nachbarschaftliche Verhältnis ist durch das **Gebot der Rücksichtnahme** geprägt. Es wird einerseits durch gesetzliche Normen geregelt, andererseits enthält es aber auch als ungeschriebenen Rechtsgrundsatz die Pflicht zur gegenseitigen Rücksichtnahme.

Dies vorangestellt, soll das Augenmerk im folgendem auf die klassischen Streitpunkte im Nachbarrecht gerichtet werden, nämlich übermäßig lautes und/oder langanhaltendes Bellen sowie Bellen zu „Unzeiten". Darüber hinaus gibt es sicherlich eine Vielzahl weiterer Auseinandersetzungen, die an dieser Stelle aber nicht alle erläutert werden können.

> **§ 906 BGB**
> „(1) Der Eigentümer eines Grundstücks kann die Zuführung von Gasen, Dämpfen, Gerüchen, Rauch, Ruß, Wärme, Geräusch, Erschütterungen und ähnliche von einem anderen Grundstück ausgehende Einwirkungen insoweit nicht verbieten, als die Einwirkung die Benutzung seines Grundstücks nicht oder nur unwesentlich beeinträchtigt. ...
> (2) ...
> (3) ..."

Diese Vorschrift beinhaltet den Grundgedanken, dass aus dem nachbarschaftlichen Miteinander heraus bestimmte Störungen des Eigentums hinzunehmen sind, um eine sinnvolle Nutzung des jeweiligen Eigentums zu ermöglichen. Unter gleichzeitiger Heranziehung des Gebots der Rücksichtnahme ergeben sich für unwesentliche Beeinträchtigungen **Duldungspflichten**, während im Falle einer wesentlichen Beeinträchtigung **Abwehransprüche** entstehen.

Mögliche Beeinträchtigungen des Nachbarn durch das **Bellen eines Hundes** richten sich nach der zitierten Vorschrift **§ 906 BGB**.

Im Rahmen der Bewertung von Störungen durch Bellen sind verschiedene Kriterien heranzuziehen, wie Häufigkeit, Intensität, Zeitpunkt (besonders Tag/Nacht), Lage der Grundstücke (Stadt/Land, Gebietscharakter) et cetera. Allgemein verbindliche Feststellungen können nicht getroffen werden; es kommt – wie so oft – auf den Einzelfall an. Es ist sicherlich ein Unterschied, ob ein Hund in einer städtischen Wohngegend bellt oder in ländlicher Umgebung, wo in der Regel noch andere Hunde gehalten werden. Ähnliches gilt für die Frage, wann ein Hund bellt. Dass nachts oder spätabends Bellen die Mitmenschen weitaus stärker stört als über Tag, dürfte ebenfalls verständlich sein.

Oft wird an dieser Stelle das Argument angeführt, der sich gestört fühlende Nachbar sei extrem empfindlich und rege sich ohnehin über jedes Vogelgezwitscher und Froschgequake auf. Dies ist insoweit ohne Relevanz, da der Maßstab das **Empfinden eines Durchschnittsbenutzers** des betroffenen Grundstücks in seiner durch die Natur (Wohngegend oder Außenbereich), Gestaltung und Zweckbestimmung (Wohngebiet/Gewerbegebiet) geprägten, konkreten örtlichen Beschaffenheit ist und nicht das subjektive Empfinden des Gestörten (**Urteil des BGH vom 05.02.1993, AZ: V ZR 62/91**). Im Streitfall wird versucht, diese Frage im Rahmen eines so genannten Ortstermins zu klären, an dem sich alle Beteiligten gemeinsam mit dem Richter ein Bild von den Zuständen vor Ort machen. Dass letztlich auch diese Entscheidung subjektiv durch den Richter geprägt sein wird,

liegt auf der Hand. Von daher sollte bei nachbarschaftlichen Streitigkeiten stets versucht werden, die Angelegenheit einvernehmlich zu lösen – schon um des weiteren Zusammenlebens wegen.

Kommt das Gericht zu der Entscheidung, dass eine wesentliche und damit nicht zu duldende Beeinträchtigung vorliegt, steht dem Gestörten gegen seinen Nachbarn ein **Abwehranspruch** zu, das heißt die Störung muss beseitigt werden. Konkret bedeutet dies, dass die Belästigung durch den Hund zumindest auf ein annehmbares Maß reduziert werden muss. Natürlich ist es schwer – wenn nicht nahezu unmöglich – seinem Hund klarzumachen, dass er zu bestimmten Zeiten nicht mehr bellen darf. Es wird aber verlangt, dass das Gebell für die Nachbarn zu bestimmten Zeiten nicht hörbar ist, indem der Hund dann zum Beispiel ausschließlich im Haus gehalten wird (**Urteil des OLG Köln vom 07.06.1993, AZ: 12 U 40/93; Urteil des LG Mainz vom 22.06.1994, AZ: 6 S 87/94; Urteil des VGH Baden-Württemberg vom 28.11.1995, AZ: 1 S 3201/94**). Diese Entscheidungen betreffen im Übrigen auch Störungen durch Hundegebell in ländlichen Bereichen. Lediglich das **OLG Düsseldorf** (**Urteil vom 24.11.1993, AZ: 9 U 111/93**) vertritt eine gegenteilige Ansicht und hat sich gegen die Festlegung von „Bellzeiten" ausgesprochen. Nach Auffassung der Düsseldorfer Richter käme dies einem gänzlichen Haltungsverbot gleich. Leider entspricht diese Rechtsansicht nicht der herrschenden Rechtsprechung.

Der entlaufene/gefundene Hund

Die Erfahrung, die ein Hundehalter durchmacht, dem sein Vierbeiner abhanden gekommen ist, ist niemand zu wünschen. Auch unter den Hunden gibt es notorische Ausreißer, die hin und wieder ihre vollständige Freiheit genießen wollen. Andererseits gibt es viele Situationen, in denen ein Hund, der sonst nicht zum Davonlaufen neigt, das Weite sucht und den Weg nach Hause nicht mehr findet. Die Sorge um das Wohlergehen des Vierbeiners ist dann groß und in der Regel freut sich der Halter, wenn sich ein ehrlicher Finder meldet. An juristische Probleme denkt in solchen Situationen zunächst niemand, doch gibt es auch hier hin und wieder Auseinandersetzungen. An dieser Stelle sei jedem Hundehalter ans Herz gelegt, seinen Hund registrieren zu lassen, um so seine Identifizierung zu ermöglichen. Für viele ist die Registrierung seit Erlass der Landeshundeverordnungen ohnehin zwingend. Aber auch wer der Meinung ist, sein Hund werde nie entwischen, sollte sich vor Augen halten, dass in Deutschland jedes Jahr unzählige Hunde gestohlen werden.

Eigentumsverhältnisse

Wird der entlaufene Vierbeiner von Mitmenschen aufgefunden und mitgenommen, stellt sich in manchen Fällen die Frage, wer nun Eigentümer des Hundes ist. Da der Hund nach dem Gesetz wie eine Sache behandelt wird, sind insoweit die für den Fund geltenden Vorschriften maßgeblich.

§ 965 BGB

„(1) Wer eine verlorene Sache findet und an sich nimmt, hat dem Verlierer oder dem Eigentümer oder einem sonstigen Empfangsberechtigten unverzüglich Anzeige zu machen.
(2) Kennt der Finder die Empfangsberechtigten nicht oder ist ihm ihr Aufenthalt unbekannt, so hat er den Fund und die Umstände, welche für die Ermittlung des Empfangsberechtigten erheblich sein können, unverzüglich der zuständigen Behörde anzuzeigen."

§ 966 BGB

„(1) Der Finder ist zur Verwahrung der Sache verpflichtet.
(2) ..."

§ 970 BGB

„Macht der Finder zum Zwecke der Verwahrung oder Erhaltung der Sache oder zum Zwecke der Ermittlung eines Empfangsberechtigten Aufwendungen, die er den Umständen nach für erforderlich halten darf, so kann er von dem Empfangsberechtigten Ersatz verlangen."

§ 971 BGB

„(1) Der Finder kann von dem Empfangsberechtigten einen Finderlohn verlangen. Der Finderlohn beträgt von dem Wert der Sache (...) bei Tieren drei von Hundert (...).
(2) Der Anspruch ist ausgeschlossen, wenn der Finder die Anzeigepflicht verletzt oder den Fund auf Nachfrage verheimlicht."

§ 973 BGB

„(1)Mit dem Ablauf von sechs Monaten nach der Anzeige des Fundes bei der zuständigen Behörde erwirbt der Finder das Eigentum an der Sache, es sei denn, dass vorher ein Empfangsberechtigter dem Finder bekannt geworden ist oder sein Recht bei der zuständigen Behörde angemeldet hat. Mit dem Erwerb des Eigentums erlöschen die sonstigen Rechte an der Sache.
(2) (...) Der Finder erwirbt das Eigentum nicht, wenn er den Fund auf Nachfrage verheimlicht. (...)"

Die gesetzlichen Vorschriften zum Fund von Sachen und damit auch von Hunden sind recht ausführlich und verständlich gehalten. Dennoch bedarf es einiger Erläuterungen:

Verloren ist ein Hund, wenn er zwar **besitzerlos, nicht aber herrenlos** ist. Dies ist ein feiner, aber sehr wichtiger Unterschied:

Herrenlos ist ein Hund nur dann, wenn *„der Eigentümer in der Absicht, auf das Eigentum zu verzichten, den Besitz der Sache aufgibt"* (§ 959 BGB). Hierzu ist ein zielgerichtetes Handeln des Halters erforderlich, wie zum Beispiel das Aussetzen des Hundes. Unabhängig davon, dass hierdurch gegen tierschutzrechtliche Bestimmungen verstoßen wird, gibt der Halter damit bewusst und absichtlich sein Eigentum und seinen Besitz an dem Hund auf. Die Folge ist, dass derjenige, der einen herrenlosen Hund auf- und damit in Besitz nimmt, Eigentum an dem Hund erwirbt (§ 958 BGB), die so genannte **Aneignung**. Die Vorschriften über den Fund gelten dann nicht.

Mit Ausnahme der Aufnahme eines eindeutig ausgesetzten Hundes (der Hund wurde zum Beispiel irgendwo angebunden) ist es für den Finder eines Hundes in der Regel nicht ohne weiteres erkennbar, ob der Hund herrenlos oder eben nur entlaufen und damit besitzlos ist. Der Finder ist deshalb verpflichtet, den Eigentümer zu informieren, oder – wenn ihm dieser nicht bekannt ist – die zuständige Behörde. Dies kann das nächste Polizeirevier, das Fundamt oder das Tierheim sein. Der Finder kann dann entweder den Hund bei einer der Behörden abgeben (am besten immer direkt beim Tierheim) oder das Tier zunächst behalten, soweit ihm dies möglich ist. Die **unverzügliche Anzeige des Fundes** ist aber auch dann seine Pflicht.

Verbleibt der Hund bei seinem Finder, muss dieser ihn „**verwahren**", das heißt ausreichend versorgen, pflegen und beaufsichtigen. Hierfür steht ihm gegen den Eigentümer des Hundes ein **Aufwendungsersatzanspruch** (Futter-, Tierarztkosten und ähnliches) zu, ferner für sonstige Auslagen wie zum Beispiel Telefon- oder Anzeigekosten.

Auf der anderen Seite muss der Finder unter Umständen mit Schadensersatzansprüchen seitens des Eigentümers rechnen, wenn er seine Verwahrpflicht verletzt.

Konnte der Eigentümer des Hundes ermittelt werden, ist der Finder selbstverständlich verpflichtet, ihn an sein rechtmäßiges Herrchen/Frauchen herauszugeben. Dem Finder steht dann ein **Finderlohn** zu, es sei denn, er hat die Anzeigepflicht verletzt oder den Fund auf Nachfrage verheimlicht. Die Höhe des Finderlohns beträgt nach dem Gesetz drei Prozent des Wertes des Hundes. Die Wertermittlung eines Hundes ist problematisch und nicht einheitlich geregelt. Als Orientierungspunkt kann der Kaufpreis eines Welpen herangezogen werden. Bei einem „normalen Mischlingshund" greift all dies natürlich nicht, so dass Finder und Eigentümer auf anderem Wege eine Einigung erzielen müssen.

Problematisch kann es dann werden, wenn der Eigentümer eines entlaufenen Hundes erst nach längerer Zeit ermittelt wird. Nicht selten befindet sich der Hund dann bereits seit Monaten bei dem Finder, dem der Vierbeiner ans Herz gewachsen ist, und der sich unter Umständen sogar weigert, den Hund nach so langer Zeit wieder herauszugeben. Das Gesetz hat hierfür eine klare Regelung getroffen: Wenn nach Ablauf von **sechs Monaten nach Anzeige des Fundes** der Eigentümer des Hundes nicht ermittelt werden konnte, wird der Finder Eigentümer. Für viele Hundehalter eine unverständlich harte und unzumutbare Regelung! Sie basiert jedoch darauf, dass die Vorschriften über den Fund ursprünglich ausschließlich für die Zuordnung von Sachen erstellt wurden. Die entsprechende Anwendung auf Tiere hat Konsequenzen, die nicht unbedingt dem Wohle und Schutz des Tieres dienen; anzuwenden sind sie dennoch. Gegen seinen Willen kann allerdings auch der Finder nicht Eigentümer des Hundes werden.

Haftungsfragen

Der Finder eines Hundes wird durch die Aufnahme des Tieres nicht automatisch Halter, so dass die entsprechenden Haftungsvorschriften auf ihn nicht anwendbar sind. Gleichwohl stellt sich die Frage, inwieweit er für Schäden des zugelaufenen Hundes haftet.

> **§ 968 BGB**
> „Der Finder hat nur Vorsatz und grobe Fahrlässigkeit zu vertreten."

Nach § 968 BGB haftet der Finder nur für Vorsatz und grobe Fahrlässigkeit. Seine Haftung ist im Vergleich zu der „normalen" Halterhaftung stark eingeschränkt – zu Recht, denn letztlich nimmt er einen ihm vollkommen unbekannten und von ihm in seinen Reaktionen nicht einschätzbaren Hund bei sich auf. Das Gesetz lässt ihn von daher nur in den Fällen für die vom Hund verursachten Schäden haften, in denen der Finder entweder einen Schaden bewusst und gewollt herbeigeführt hat (**Vorsatz**) oder von ihm die im Verkehr erforderliche Sorgfalt in grobem Maße außer Acht gelassen wurde (**Fahrlässigkeit**). Fängt der Hund also zum Beispiel auf einem Spaziergang plötzlich eine Rauferei mit einem vorbeikommenden Hund an, kann dies dem Finder in der Regel nicht vorgeworfen werden. Anders hingegen stellt sich die Haftungslage dar, wenn er den Hund unangeleint laufen lässt, dieser einen anderen Hund anfällt und dadurch ein Schaden entsteht. In diesem Fall wäre dem Finder grobe Fahrlässigkeit vorzuwerfen. Neben dem Finder haftet der **Halter des Hundes** aber weiter für die von ihm verursachten Schäden gemäß **§ 833 BGB** (vergleiche Seite 151 ff). Das Entlaufen eines Hundes hebt die Haltereigenschaft und damit die Haftungsverantwortlichkeit nicht auf.

Der gestohlene Hund

Immer wieder werden Hunde gestohlen – auch bei uns in Deutschland. In diesen Fällen ist die Chance der Rückkehr des Vierbeiners nur gering, weil nicht auf die Mithilfe eines ehrlichen Finders gehofft werden kann.

Rechtlich handelt es sich um einen Diebstahl, der nach § 242 StGB mit Freiheitsstrafe bis zu fünf Jahren oder mit Geldstrafe geahndet wird. Voraussetzung hierfür ist natürlich, dass der Täter auch ermittelt wurde. Deshalb sollte bei Verlust des Hundes umgehend die Polizei informiert werden.

Selbstverständlich stehen dem Täter keine Aufwendungsersatzansprüche gegen den Eigentümer zu, gegebenenfalls kann dieser aber Schadenersatzansprüche bei Verletzung oder gar Tötung des Hundes geltend machen.

Daneben ist zu beachten, dass – anders als beim entlaufenen Hund – der Dieb Halter des gestohlenen Hundes wird, nicht aber Eigentümer. Da der Dieb die tatsächliche Entscheidungsgewalt über das Tier ausübt, tritt er als Halter an die Stelle des Eigentümers, dem die unmittelbare Verfügungsmacht über den Hund durch die Entwendung verloren gegangen ist. Der Unterschied zum entlaufenen Hund besteht darin, dass es sich dabei um eine vorübergehende Besitzentziehung handelt, während im Falle des gestohlenen Hundes die Besitzentziehung eine dauerhafte ist. Letztendlich eine juristische Feinheit, die aber im Schadensfall von großer Bedeutung ist, da der Dieb als Hundehalter für alle vom Hund verursachten Schäden haftet.

Möglichkeiten der Registrierung

Es bestehen verschiedene Möglichkeiten, seinen Hund kennzeichnen und registrieren zu lassen. Ein gekennzeichneter und registrierter Hund hat die größten Chancen, zu seinem rechtmäßigen Besitzer zurück zu gelangen. Namens- und Adressenhülsen am Halsband können zwar auch hilfreich sein. Doch sollte bedacht werden, dass der Hund auf seinem Ausflug leicht das Halsband verlieren kann und er dann ohne Identifizierungsmöglichkeit dasteht.

Die „traditionelle" Art der Kennzeichnung ist die **Tätowierung** des Hundes im Ohr oder an der Innenseite des Hinterlaufes. Die entsprechende Nummer wird dem Hund unter Vollnarkose tätowiert, was oft schon auf Veranlassung des Züchter geschieht. Der Nachteil besteht darin, dass zum einen die Tätowierung im Laufe der Jahre verblassen kann, und zum anderen professionelle Hundediebe keine Scheu haben, die Tätowierungen zu entfernen, um so einen „sauberen Hund" zu verkaufen.

Daneben existiert eine neuere Art der Kennzeichnung, das so genannte „Chippen". Dem Hund wird hierbei ein winziger **Mikrochip** im Schulter-/Nackenbereich unter die Haut transplantiert, der eine Codierungsnummer enthält, die nur mit einem speziellen Lesegerät abgefragt werden kann. Entsprechende Geräte befinden sich in vielen Tierarztpraxen oder bei zuständigen Behörden. Der große Vorteil des Mikrochips besteht darin, dass er dauerhaft beständig, nicht tastbar und somit unsichtbar ist. Die Kennzeichnung per Mikrochip ist deshalb sicherer und schmerzfreier für den Hund. Darüber hinaus haben einige **Landeshundeverordnungen** die Kennzeichnung bestimmter Hunde mit Mikrochip zur Voraussetzung für die Haltung gemacht. Eine der wenigen Ausnahmen unter den neuen Regelungen, die zum Schutze des Hundes sinnvoll ist! Sowohl bei der Tätowierung als auch beim Implantieren des Mikrochips ist zu beachten, dass diese Kennzeichnung nur dann die Ermittlung des Hundehalters ermöglicht, wenn sie auch registriert wurde; deshalb: **Keine Kennzeichnung ohne Registrierung**! Es bestehen mittlerweile verschiedene Register, in denen der Hund registriert werden kann. Dies gilt grundsätzlich für beide Kennzeichnungsarten. Die

Registrierungen sind alle kostenlos, und der Hund erhält eine besondere Kennmarke.

Registrierungsorganisationen

▷ **TASSO-Haustierzentralregister e.V.**
Frankfurter Straße 20
65795 Hattersheim
Tel.: 06190/93 22 14
Fax:06190/59 67
Tiernotruf: 0700
E-Mail: tasso@tiernotruf.org.
Homepage:
http://www.tiernotruf.org.

▷ **Das Deutsche Haustierregister des Deutschen Tierschutzbundes e.V.**
Baumschulallee 15
53115 Bonn
Tel.: 01805/23 14 14
(zugleich Tiernotruf)
Fax: 0228/60 49 640
E-Mail: bg@tierschutzbund.de
Homepage: http://www.tierschutzbund.de

▷ **LUPO-Suchregister des Deutschen Tierhilfswerk e.V.**
Waldmeisterstraße 95b
86473 Ziemetshausen
Tel.: 01805/84 37 44
Fax: 08284/99 86 20
E-Mail: tierhilfswerk@tierhilfswerk.de
Homepage: http://www.tierhilfswerk.de

▷ **IFTA Internationale Zentrale für Tierregistrierung**
Weiherstraße 8
88145 Maria Thann
Tel.: 0180/511 340 2
Fax.: 0180/511 340 3

Der Besuch beim Tierarzt

Gemäß § 2 TierschG ist der Halter eines Hundes verpflichtet, sich um eine ausreichende medizinische Versorgung seines Vierbeiners zu kümmern. Der erfahrene Hundehalter wird kleinere Verletzungen selber behandeln können. Doch im Laufe eines Hundelebens wird der Tierarztbesuch hin und wieder unumgänglich sein. Darüber hinaus sollte es für jeden verantwortungsbewussten Hundehalter eine Selbstverständlichkeit sein, seinen Hund ordnungsgemäß impfen zu lassen und in regelmäßigen Abständen zu entwurmen.

Rechtsverhältnis zwischen Tierarzt und Hundehalter

§ 611 BGB
„(1) Durch den Dienstvertrag wird derjenige, welcher Dienste zusagt, zur Leistung der versprochenen Dienste, der andere Teil zur Gewährung der vereinbarten Vergütung verpflichtet.
(2) Gegenstand des Dienstvertrags können Dienste jeder Art sein."

§ 1 Bundestierärzteordnung
„Der Tierarzt hat die Aufgabe, Leiden und Krankheiten der Tiere zu verhüten, zu lindern und zu heilen."

Wird der Tierarzt mit der Behandlung eines Hundes beauftragt, entsteht zwischen ihm und dem Hundehalter ein vertragliches Verhältnis. Es kommt ein so genannter Dienstvertrag gemäß § 611 BGB zustande. Der Tierarzt verpflichtet sich zur kunstgerechten Behandlung des Hundes, der Halter zur Zahlung des tierärztlichen Honorars. Der Vertrag muss weder schriftlich noch ausdrücklich abgeschlossen werden. Bittet der Halter den Tierarzt um Untersuchung und Behandlung des Hundes und nimmt der Tierarzt sie vor, ist stillschweigend ein Vertrag zwischen beiden geschlossen worden.

Ausdrücklich sei an dieser Stelle darauf hingewiesen, dass der **Tierarzt keinen Erfolg der Behandlung, also keine Heilung, schuldet**. Auch wenn er selbstverständlich die Untersuchung und Behandlung des Hundes nach den Regeln der tierärztlichen Kunst vornehmen muss, so hängt die Vergütungspflicht des Halters nicht davon, sondern ausschließlich von den geleisteten Diensten des Tierarztes ab. Insoweit gelten die gleichen Regelungen wie in der Humanmedizin auch.

Damit ist auch die oft gestellte Frage beantwortet, ob das tierärztliche Honorar auch dann geschuldet wird, wenn eine Genesung des Hundes nicht eintritt oder dieser stirbt. In allen Fällen sind die geleisteten Dienste des Tierarztes zu vergüten. Eine Ausnahme besteht nur dann, wenn dem Tierarzt im Rahmen seiner Behandlung ein ärztlicher Fehler unterlaufen ist.

Die Haftung des Tierarztes

Der Veterinärmediziner haftet für Fehler in der Behandlung des Tieres oder bei mangelhafter beziehungsweise unzureichender Aufklärung des Halters über Risiken, Vor- und Nachteile einer durchzuführenden Behandlung. In Anbetracht der Tatsache, dass der Hund nach dem Gesetz einer Sache gleichgestellt wird, hat die Rechtsprechung die geltenden Richtlinien der Humanmedizin jedoch nicht in vollem Umfang auf die Veterinärmedizin für anwendbar erklärt.

Hält der Tierarzt weitergehende Behandlungen, besonders operative Eingriffe, für medizinisch notwendig, ist er verpflichtet, den Halter des Hundes über die Risiken und Erfolgschancen aufzuklären. Diese **Aufklärungspflicht** geht nach Auffassung des **BGH** (**Urteil vom 18.3.1980, AZ: VI ZR 39/79**) jedoch nicht so weit wie die eines Humanmediziners, da der „Patient Hund" juristisch eben als Sache angesehen wird und somit auch wirtschaftliche, in erster Linie finanzielle Aspekte zu berücksichtigen sind. Vor der Behandlung muss der Tierarzt den Hundehalter zum Beispiel darauf hinweisen, wie lange seiner Einschätzung nach die weitere Behandlung dauern wird, wie erfolgversprechend und mit welchen Kosten für den Halter sie verbunden sein wird. Der Besitzer des Tieres muss in die Lage versetzt werden zu entscheiden, ob alternative und günstigere Behandlungsmethoden in Betracht zu ziehen sind.

Die Frage, die im Raum steht, aber nur ungern ausgesprochen wird, lautet: „Lohnt sich der Aufwand?. Die Entscheidungsfreiheit des Halters über Behandlungsfragen ist aber auch nicht grenzenlos. Im Zusammenhang mit dem Erlass der neuen Landeshundeverordnungen mehrten sich Berichte von Tierärzten, wonach überforderte Halter von „Anlagenhunden" oder „gefährlichen Hunden" um Einschläferung der vollkommen gesunden Tiere baten. Unabhängig von der moralischen Verwerflichkeit dieses Wunsches darf ein Tierarzt eine solche Behandlung nicht vornehmen. Anderenfalls verstößt er gegen § 17 Nr.1 TierschG, da eine Einschläferung nur bei einem unheilbar erkrankten Hund in Betracht kommt.

Daneben umfasst die tierärztliche Aufklärungspflicht aber auch medizinische Gesichtspunkte, auf die in gleichem Maße hingewiesen werden muss wie in der Humanmedizin. Ist nach tierärztlicher Auffassung zum Beispiel die Narkotisierung des Hundes erforderlich, muss der Halter auf die medizinischen Risiken einer Narkose (zum Beispiel Kreislaufversagen), hingewiesen werden.

Darüber hinaus trifft den Tierarzt die Verpflichtung, die Behandlung des vierbeinigen Patienten nach den Regeln der tierärztlichen Kunst durchzuführen. Wie bereits oben ausgeführt, liegt nicht bereits ein **tierärztlicher Kunstfehler** vor, wenn die vorgenommene Behandlung nicht zur erwünschten Heilung des Hundes führt. Erforderlich für eine Haftung des Tierarztes sind vielmehr medizinische Fehler bei der Diagnose oder der Behandlung. Hierbei ergeben sich ähnliche Probleme wie in der Humanmedizin, denn letztlich muss der Hundehalter dem Tierarzt beweisen, dass dieser einen Fehler gemacht hat und dieser Fehler ursächlich für einen Schaden am Hund geworden ist. Ein schwieriges und langwieriges Unterfangen, dass in der Regel nur durch die Einholung eines (teuren) Sachverständigengutachtens zu bewerkstelligen ist!

Ist dem Tierarzt tatsächlich ein Kunstfehler unterlaufen oder hat er seine Aufklärungspflicht verletzt und führten diese Fehlverhaltensweisen zu einem Schaden am Hund, hat er sich gegenüber dem Hundehalter schadensersatzpflichtig gemacht. Der **Schadenersatzanspruch** beinhaltet Folgendes:

Zum einen entfällt für den Halter die Vergütungspflicht für die (fehlerhaften) Dienste des Tierarztes. Zum anderen hat nach dem Gesetz der zum Schadensersatz Verpflichtete *„den Zustand wiederherzustellen, der vor Eintritt des Schadens bestand."* Erfordert also das fehlerhafte Verhalten des Tierarztes eine weitergehende tierärztliche Behandlung, so muss er diese kostenlos übernehmen oder aber die Kosten für die Behandlung durch einen anderen Tierarzt erstatten. Ist der Hund gar verstorben, hat er den Wert des Hundes zu ersetzen.

Als Orientierungspunkt gilt hier der Kaufpreis des Hundes, der im Falle besonderer Fähigkeiten (zum Beispiel Jagdausbildung) entsprechend zu erhöhen beziehungsweise im Falle hohen Alters oder chronischer Erkran-

kungen entsprechend zu reduzieren ist. Der Schadensersatzanspruch des Hundehalters kann sich aber auch aufgrund eines **Mitverschuldens** auf Seiten des Halters mindern. Dies wäre zum Beispiel dann der Fall, wenn der Halter dem Tierarzt bekannte allergische Reaktionen, Überempfindlichkeiten oder Vorbehandlungen des Hundes verschwiegen hat. Ferner ist der Halter selbstverständlich verpflichtet, die Anordnungen zur medizinischen Weiterversorgung des Hundes zu Hause zu befolgen und etwaige Komplikationen oder Verschlechterungen im Befinden des Hundes umgehend mitzuteilen. Unterlässt er dies und wird die Genesung des Hundes dadurch verschlechtert/verhindert, muss sich der Hundehalter ein Mitverschulden anrechnen lassen.

Kosten

Die Kosten für die Behandlung des Hundes durch den Tierarzt richten sich nach der **Gebührenordnung für Tierärzte** (**GOT**), in der alle Behandlungsschritte aufgeführt sind. Will der Tierarzt die dort festgehaltenen Gebührensätze für seine Tätigkeit überschreiten, muss er dies in schriftlicher Form mit dem Halter vereinbaren (**Honorarvereinbarung**).

Daneben besteht für jeden Hundehalter die Möglichkeit, eine **Tier-Krankheitskostenversicherung** abzuschließen. Grundsätzlich ist der Gedanke des Abschlusses einer solchen Versicherung sinnvoll. Die Prämien sind allerdings in der Regel sehr hoch. Unbedingt informieren sollte man sich vorab über die allgemeinen Versicherungsbedingungen für die Tierkrankenversicherung von Hunden und Katzen (AVTHK). Der Versicherungsschutz umfasst nämlich nicht grundsätzlich alle tierärztliche Maßnahmen: Schutzimpfungen werden beispielsweise nicht erstattet. Bei krankheitsanfälligen Hunderassen kann es zudem Probleme bei der Aufnahme in den Versicherungsvertrag geben.

➽ **Uelzener Allgemeine Versicherungsgesellschaft AG**
Postfach 21 63
29511 Uelzen

➽ **AGILA Haustier – Krankenversicherung AG**
Breite Straße 6-8
30159 Hannover

Erste-Hilfe-Maßnahmen am Hund

Sofortmaßnahmen können für einen verletzten Hund überlebenswichtig sein, so dass die Beherrschung dieser ersten Schritte durch den Halter sinnvoll ist. Entsprechende Kurse bieten mittlerweile einige Tierärzte an. Darüber hinaus führt die Bundestierärztekammer eine Liste von Tierärzten, die derartige Kurse veranstalten.

➽ **Bundestierärztekammer**
Oxfordstraße 10
53111 Bonn

In Vergiftungsfällen rund um die Uhr erreichbar:

➽ **Giftinformationszentrum Nord**
Universität Göttingen
Robert-Koch-Straße 40
37075 Göttingen
Tel.: 0551/19240

➽ **Giftnotruf – Süd**
Medizinische Klinik Rechts der Isar
Ismaninger Straße 22
81675 München
Tel.: 089/19240

Auch auf dem Gebiet der Ersten Hilfe können rechtliche Probleme entstehen. Dies ist meist dann der Fall, wenn ein verletzter Hund aufgefunden wird und sich der Halter nicht sofort ermitteln lässt. In juristischer Hinsicht stellen sich zwei Fragen: Besteht eine Verpflichtung, dem verletzten Tier zu helfen? Was ist mit den Kosten?

Grundsätzlich muss einem verletzten Tier geholfen werden. Wer dies unterlässt, obwohl es erforderlich und der betreffenden Person den Umständen nach auch zuzumuten war, macht sich der **unterlassenen Hilfeleistung** strafbar.

> **§ 323 c StGB**
> „Wer bei Unglücksfällen oder gemeiner Gefahr oder Not nicht Hilfe leistet, obwohl dies erforderlich und ihm den Umständen nach zuzumuten, besonders ohne erhebliche eigene Gefahr und ohne Verletzung anderer wichtiger Pflichten möglich ist, wird mit Freiheitsstrafe bis zu einem Jahr oder mit Geldstrafe bestraft."

Diese Vorschrift ist auch auf ein verletztes Tier anzuwenden. An das Kriterium der Zumutbarkeit der Hilfeleistung sind hohe Anforderungen zu stellen. Da bei verletzten Tieren oft das Problem besteht, dass die von dem Tier ausgehende Gefahr nur schwer einzuschätzen ist, wird in der überwiegenden Zahl der Fälle zwar kein eigenes Eingreifen erwartet, zumindest aber die sofortige Benachrichtigung der Polizei und eines Tierarztes. Wird ein verletztes Tier von einer anderen Person als dem Halter zur Behandlung zum Tierarzt gebracht, tritt diese Person gegenüber dem Tierarzt als Auftraggeber auf und ist somit zunächst auch dazu verpflichtet, die Vergütung zu entrichten. Es handelt sich hierbei um eine so genannte **Geschäftsführung ohne Auftrag gemäß §§ 677 ff BGB**:

Nimmt jemand ungebeten fremde Interessen wahr, so hat er – vorausgesetzt, es entsprach dem mutmaßlichen Willen der anderen Person – einen Anspruch auf Erstattung seiner insoweit getätigten Aufwendungen. Wird also ein verletzter Hund zum Tierarzt gebracht, besorgt der Betreffende ein fremdes Geschäft, da er im Interesse des Hundehalters tätig wird. Damit diese gute Tat letztlich nicht finanziell zu Lasten des Tätigen geht, sichert ihm das Gesetz gemäß § 683 BGB einen **Aufwendungsersatzanspruch** zu – hier in Höhe der Tierarztkosten.

Ein Haken bleibt allerdings: Kann der Halter des verletzten Hundes nicht ermittelt werden oder ist dieser zur Zahlung nicht in der Lage, bleibt der „Retter" auf den Kosten sitzen. In der Regel verzichten aber die behandelnden Tierärzte in solchen Fällen auf ihr Honorar oder die örtlichen Tierschutzvereine übernehmen (teilweise) die Kosten. Auch manche Gemeinden stehen in solchen Fällen hilfreich zur Seite. Der Tierarzt sollte vorab immer darüber informiert werden, dass es sich um ein gefundenes Tier handelt und die Kosten unter Umständen nicht übernommen werden können.

Der Hund im Urlaub

Die schönsten Wochen des Jahres sind für Hundehalter immer mit derselben Frage verbunden: „Kommt der Hund mit in den Urlaub oder nicht?" Wer sich für Ferien mit dem Vierbeiner entscheidet, muss sich nunmehr mit Beförderungsfragen und Einreisebedingungen auseinandersetzen. Wer seinen Hund hingegen nicht mitnehmen kann oder ihm manch strapaziöse Reise nicht zumuten möchte, wird nach einer guten Hundepension oder bereitwilligen Betreuern im Familien- und Bekanntenkreis Ausschau halten. Richtet der Hund während der Abwesenheit von Herrchen und Frauchen einen Schaden an, stellt sich die Frage, wer dafür haftet.

Abgabe des Hundes an Tierpensionen/Tierheime

§ 834 BGB beschreibt die Haftung des so genannten **Tierhüters**. Abzugrenzen hiervon ist der Begriff des Tierhalters, der im Zusammenhang mit der Halterhaftung gemäß § 833 BGB (vergleiche Seite 148 ff) behandelt wurde.

Gibt ein Hundehalter seinen Vierbeiner für die Dauer der Ferien in einer Tierpension ab, überträgt er dieser gleichzeitig auch die Verantwortung für seinen Hund für diese Zeit. Zwischen Hundehalter und Tierpension wird ein Vertrag geschlossen, was in der Regel schriftlich erfolgt. Die Tier-

§ 834 BGB
„Wer für denjenigen, welcher ein Tier hält, die Führung der Aufsicht über das Tier durch Vertrag übernimmt, ist für den Schaden verantwortlich, den das Tier einem Dritten in der im § 833 bezeichneten Weise zufügt. Die Verantwortlichkeit tritt nicht ein, wenn er bei der Führung der Aufsicht die im Verkehr erforderliche Sorgfalt beobachtet oder wenn der Schaden auch bei Anwendung dieser Sorgfalt entstanden sein würde."

§ 421 BGB
„Schulden mehrere eine Leistung in der Weise, dass jeder die ganze Leistung zu bewirken verpflichtet, der Gläubiger aber die Leistung nur einmal zu fordern berechtigt ist (Gesamtschuldner), so kann der Gläubiger die Leistung nach seinem Belieben von jedem der Schuldner ganz oder zu einem Teile fordern. Bis zur Bewirkung der ganzen Leistung bleiben sämtliche Schuldner verpflichtet."

pensionen halten vorformulierte Vertragsformulare bereit, die von jedem Hundehalter unbedingt vor Unterzeichnung aufmerksam durchgelesen werden sollten. Sie enthalten zumeist

Regelungen zum Entgelt, zu den Unterbringungsbedingungen, zu eventuell anfallenden Tierarztkosten et cetera. Oft werden dort auch Haftungsausschlüsse vereinbart, die zur Kenntnis genommen werden sollten.

Die Verantwortung für den zurückgelassenen Hund trägt nunmehr der Besitzer der Tierpension. Er hat die Aufsicht und die Verantwortung für den Hund von dessen Halter vertraglich übertragen bekommen und hat die „Gewalt über den Hund". Er ist damit Tierhüter im Sinne des § 834 BGB. Diese Stellung hat für den Tierhüter einige Konsequenzen, und zwar in haftungsrechtlicher Hinsicht:

Richtet der Hund während seines Aufenthaltes in der Pension einen Schaden an einer dritten Person an, haftet für diesen Schaden *neben* dem Hundehalter der Tierhüter. Der Halter haftet auch in den Fällen seiner Abwesenheit gemäß § 833 BGB für alle Schäden, die durch seinen Hund verursacht werden. Die Abgabe des Tieres in einer Pension befreit ihn nicht von seiner Haftung. Gleichwohl muss natürlich berücksichtigt werden, dass der Halter die Verantwortung für seinen Hund einem anderen, dem Tierhüter, übertragen und ausschließlich dieser die Gewalt über den Hund hatte. An dieser Stelle kommt **§ 834 Satz 1 BGB** zum Tragen. Dem Wortlaut nach würde man vermuten, dass der Tierhüter alleine für den Schaden verantwortlich ist; dem ist aber nicht so. Das Gesetz stellt vielmehr fest, dass *neben* dem Halter auch der Tierhüter für den angerichteten Schaden haftet. Beide haften als so genannte **Gesamtschuldner**, **§ 421 BGB**, das heißt der

Geschädigte kann sowohl vom Tierhalter als auch vom Tierhüter den Schaden ersetzt verlangen, bekommt diesen aber nur einmal erstattet. Der Vorteil für den Geschädigten besteht darin, dass er aufgrund dieser Regelung *zwei* Schuldner hat und er sich an den finanziell besser gestellten wenden kann. Welchen von beiden er in Anspruch nimmt, bleibt ihm überlassen. Nach erfolgter Zahlung müssen die Schuldner den internen Ausgleich unter sich ausmachen.

Die Haftung des Tierhüters entfällt gemäß **§ 834 Satz 2 BGB**, wenn er bei der Beaufsichtigung des Hundes „die im Verkehr erforderliche Sorgfalt" beachtet hat oder der Schaden auch bei deren Beachtung eingetreten wäre. Der Tierhüter haftet also im Gegensatz zum Tierhalter nur im Falle eines Verschuldens, welches allerdings zunächst vermutet wird, es sei denn, er kann sich entlasten. Um sich von der Haftung zu befreien, ist es deshalb erforderlich, dass der Tierhüter den entsprechenden **Entlastungsbeweis** führt. Gelingt ihm dieser, haftet für den Schaden nur noch der Hundehalter aus verschuldensunabhängiger Gefährdungshaftung.

Für die Haftung des Tierhüters ist grundsätzlich zu beachten, dass sie immer die **vertragliche Übernahme der Aufsicht** erfordert. Dies wird immer dann der Fall sein, wenn der Hund bei einer Tierpension abgegeben wird. Gleiches gilt auch bei einer Abgabe an ein Tierheim für die *Urlaubszeit*, nicht aber im Falle der endgültigen Abgabe des Hundes, mangels Vertrags. Darüber hinaus ist zu berücksichtigen, dass die **Tierhüterhaf-**

tung nur **Schäden an Dritten erfasst**, nicht aber zum Beispiel beim Tierhüter selbst. Erleidet dieser durch den Hund einen Schaden, haftet ausschließlich der Halter verschuldensunabhängig gemäß § 833 BGB, wobei aber auch insoweit ein etwaiges Mitverschulden zu berücksichtigen ist.

Abgabe des Hundes an Familienangehörige, Freunde oder Bekannte

Findet sich im persönlichen Umfeld eine Betreuungsperson für den Hund, handelt es sich bei der Aufnahme des Vierbeiners für die Ferienzeit in der Regel um eine **Gefälligkeit**.

Richtet der Hund in solchen Fällen einen Schaden an, haftet weiterhin der Hundehalter verschuldensunabhängig gemäß § 833 BGB. Von einer Haftungsfreistellung des Halters ist auch im Falle der Betreuung des Hundes durch Freunde oder Bekannte nicht auszugehen, es sei denn, sie

---

§ 688 BGB
„Durch den Verwahrungsvertrag wird der Verwahrer verpflichtet, eine ihm von dem Hinterleger übergebene bewegliche Sache aufzubewahren."

§ 690 BGB
„ Wird die Aufbewahrung unentgeltlich übernommen, so hat der Verwahrer nur für diejenige Sorgfalt einzustehen, welche er in eigenen Angelegenheiten anzuwenden pflegt."

---

wurde *ausdrücklich* vereinbart. Umgekehrt bedeutet der Begriff „Gefälligkeit" aber nicht, dass der Gefällige seinerseits von jeglicher Sorgfaltspflicht entbunden ist. Die freiwillige Aufnahme eines Hundes zur Betreuung stellt vielmehr eine gesetzlich geregelte Form der Gefälligkeit dar, die so genannte **unentgeltliche Verwahrung**.

Die Bestimmung der nach § 690 BGB erforderlichen Sorgfalt ist vom Einzelfall abhängig und orientiert sich am gewohnheitsmäßigen Verhalten der betreffenden Person. Es ist also ein **subjektiver Maßstab** anzulegen. Hierdurch wird zugunsten des Betreuers eine Haftungsmilderung erzielt, die dem Grundgedanken einer Gefälligkeit Rechnung trägt. Ihre Grenze findet sie allerdings daran, dass der Betreuer für **grobe Fahrlässigkeit** auf jeden Fall einzustehen hat. Wer also zum Beispiel einen in Pflege genommen Hund trotz deutlicher Hinweise des Halters auf dessen Jagdtrieb im Wald frei laufen lässt und der Hund verursacht einen Schaden, hat die Sorgfaltspflicht in besonders schwerem Maße verletzt.

Wie man sieht, ist eine ausnahmslose rechtliche Absicherung bei Abgabe des Hundes für die Ferienzeit nicht möglich. Wer auf „Nummer sicher" gehen will, sollte auch bei der Beaufsichtigung durch Bekannte oder die Familie vorher durchsprechen, was von der Aufsichtsperson konkret erwartet wird.

Verursacht der in Pflege genommene Hund einen **Schaden bei der betreuenden Person**, haftet der Halter gemäß § 833 BGB. Gleichwohl ist unter Umständen ein **Mitverschulden des Betreuers** zu berücksichtigen mit der Konsequenz, dass ihm der entstandene Schaden nicht in vollem Umfang erstattet wird. So hatte das **OLG Karlsruhe (AZ: 3 U 17/93)** einen Fall zu entscheiden, in dem der in Pflege genommene Hund auf den wertvollen Orientteppich der Aufsichtsperson urinierte. Der Geschädigte musste sich hier ein Mitverschulden von 1/3 anrechnen lassen. Nach Auffassung des Gerichts hätte er mit einem solchen Verhalten des Hundes rechnen können, „da bekannterweise Tiere in fremder Umgebung zu unerwarteten Reaktionen neigen."

Der Hund auf Reisen

Wer seinen Hund bislang mit in den Urlaub nahm, musste sich gegebenenfalls nur über die Einreisebestimmungen ins Ausland informieren. Seit Erlass der Landeshundeverordnungen erscheint das Reisen mit dem Vierbeiner innerhalb Deutschlands weitaus komplizierter als das Reisen ins Ausland. Da jedes Bundesland eigene Regelungen in Bezug auf Leinen- und Maulkorbzwang, Haftpflichtversicherung oder Kennzeichnung hat, sollte die Übersicht der einzelnen **Länderregelungen** immer griffbereit sein.

Bei Reisen ins Ausland sind die Einreisebestimmungen des jeweiligen Landes zu beachten. Ein gültiger Impfausweis muss für jeden Hund vorgelegt werden können, darüber hinaus sind in manchen Ländern Maulkörbe oder Gesundheitsbescheinigungen vonnöten. Die jeweils aktuellen Bestimmungen können zudem auf der Homepage des ADAC (www.adac.de) abgerufen werden.

Die Hundesteuer

Wer in Deutschland einen Hund hält ist auch dazu verpflichtet, Hundesteuer zu zahlen. Je nachdem, in welcher Stadt der Hund gehalten wird, kann die Zahlung an das Finanzamt die Kosten einer Hundehaltung enorm erhöhen. Jede Gemeinde entscheidet selbstständig darüber, ob und in welcher Höhe sie eine Hundesteuer erhebt. Rechtsgrundlage ist das jeweilige Landesgesetz über die Ermächtigung der Gemeinden zur Erhebung einer Hundesteuer in Verbindung mit der örtlichen Hundesteuersatzung.

Auf die immer wieder entstehende Diskussion darüber, warum für Hunde Steuern gezahlt werden müssen, nicht aber für andere Haustiere, soll hier nicht weiter eingegangen werden. Bereits in den 70-er Jahren wurde höchststrichterlich entschieden, dass die Erhebung dieser so genannten **Luxussteuer** nicht verfassungswidrig ist (**BVerwG, Beschluss vom 12.01. 1978, in: NJW 1978, S. 1870**). Bereits damals wurde der Standpunkt vertreten, dass von dem „Haustier Hund" weitaus schwerwiegendere Beeinträchtigungen und Gefahren für die Gesellschaft ausgehen als von anderen gehaltenen Tieren. Die Erhebung einer Hundesteuer könne dazu beitragen, dass die Anzahl der gehaltenen Hunde nicht überhand nimmt. Ob dieses Ziel angesichts der etwa fünf Millionen Hundehalter in Deutschland heutzutage jemals erreicht werden wird, wird zu Recht bezweifelt.

Beginn und Ende der Steuerpflicht

Steuerpflichtig ist der Halter eines Hundes, bei mehreren Haltern alle als Gesamtschuldner. Der Hund muss innerhalb einer festgelegten Frist, in der Regel sind es zwei Wochen ab Anschaffung des Tieres, beim örtlich zuständigen Steueramt unter Angabe der Rasse, des Wurftages, des Geschlechts und des Namens angemeldet werden. Sodann wird ein Steuerbescheid erlassen, in dem der zu zahlende Steuerbetrag für das Kalenderjahr festgesetzt wird. Gleichzeitig bekommt der Halter die Steuermarke übersandt, die vom Hund außerhalb der Wohnung oder des umfriedeten Grundbesitzes gut sichtbar getragen werden muss.

Die Steuerpflicht endet mit dem Tod oder der Abschaffung des Hundes oder bei Umzug in eine andere Stadt/Gemeinde, immer zum Ablauf des Monats. Zuviel entrichtete Steuerbeträge werden erstattet. Wird das Tier weiterveräußert, muss innerhalb der festgelegten Frist (in der Regel ebenfalls zwei Wochen nach Ende der Haltungsvoraussetzungen) die Steuermarke unter Angabe des Erwerbers des Hundes an das Steueramt zurückgegeben werden, bei Wegzug unter Benennung der neuen Wohnanschrift.

Verstöße gegen die Bestimmungen der Hundesteuersatzung können als

Ordnungswidrigkeit geahndet werden. Darüber hinaus kann der strafrechtlichen Tatbestand der Steuerhinterziehung erfüllt sein.

Ermäßigungen/Befreiungen

Eine Ermäßigung der Hundesteuer oder die vollständige Befreiung davon ist in Ausnahmefällen möglich. Auskunft gibt das zuständige Steueramt. In der Regel sind die Halter von Gebrauchshunden wie Blindenführ-, Rettungs- oder Polizeihunden von der Entrichtung der Hundesteuer befreit. Für ausgebildete Jagd-, Schutz- oder Hirtenhunde erfolgt zumindest regelmäßig eine Ermäßigung. Gleiches gilt im Übrigen für Züchter. Handelt es sich um einen „anerkannten Zuchtbetrieb", wird für die zur Zucht verwandten Hunde nur die so genannte **Zwingersteuer** erhoben. Diese Steuerermäßigung soll der Förderung der Rassehundezucht dienen. Werden allerdings einfach nur viele Hunde gehalten, ohne dass die Hundezucht im Vordergrund steht, kommt die Steuerbegünstigung nicht in Betracht (**Urteil des OVerwG NRW, AZ: 22 A 2104/94**).

Daneben besteht mancherorts für sozial schwächer gestellte Hundehalter die Möglichkeit, einen Antrag auf Ermäßigung oder Befreiung von der Hundesteuer zu stellen. Entgegenkommend sind letztlich auch manche Gemeinden bezüglich der Haltung von Hunden aus Tierheimen: Um den Anreiz für die Aufnahme eines Tierheimhundes zu erhöhen, erlassen manche Gemeinden dem Halter für begrenzte Zeit – in der Regel einige Monate – die Zahlung der Steuer.

Aktuell: „Kampfhundesteuer"

Im Zusammenhang mit dem Erlass der Landeshundeverordnungen wurde auch die Diskussion um die Erhebung einer „Kampfhundesteuer" erneut aufgegriffen. Viele Gemeinden haben sich unmittelbar nach Inkrafttreten der neuen oder geänderten Landeshundeverordnungen dazu entschlossen, auch die Hundesteuersatzungen zu ändern und Hunde der entsprechenden Rassen mit einer erhöhten Steuer zu belegen.

Diese Tendenz ist jedoch nicht neu. Bereits zu Beginn der neunziger Jahre – mit Erlass der ersten Hundeverordnungen einiger Bundesländer – wurde die Frage der Rechtmäßigkeit dieser Steuererhebung viel diskutiert und den Gerichten zur Entscheidung vorgelegt. Während anfangs einige der angerufenen Gerichte noch zu Gunsten der Hundehalter entschieden, ist sich die Rechtsprechung mittlerweile weitestgehend einig, dass die Erhebung eines erhöhten Steuersatzes für bestimmte Hunderassen rechtens ist, „da ein derartig erhöhter Steuersatz ein geeignetes Mittel darstellt, die Haltung von „Kampfhunden" zu reduzieren (**Urteil des BVerwG vom 19.01.2000, AZ: 11 C 8/99; Urteil des OVG Koblenz, AZ: 6 A 10789/00; Beschluss des OVG Münster, AZ: 14 B 472/01**).

Bestattung von Hunden

Früher oder später kommt der Zeitpunkt, an dem man von seinem treuen Vierbeiner Abschied nehmen muss. Viele Hundehalter wollen ihrem Tier einen möglichst „hundewürdigen" Abschied bereiten und scheuen auch nicht unerhebliche Kosten für eine Bestattung ihres Hundes.

In diesem Zusammenhang muss aber auch deutlich gemacht werden, dass die Entsorgung von Tierkörpern in Deutschland gesetzlich geregelt ist, und zwar im **Tierkörperbeseitigungsgesetz (TierKBG).**

Die Verantwortung eines jeden Tierhalters für sein Tier hört danach nicht mit dem Tod desselben auf, sondern er ist gesetzlich dazu verpflichtet, für eine ordnungsgemäße Entsorgung des Tierkörpers zu sorgen. Die Möglichkeiten der Entsorgung sind ausschließlich im TierKBG geregelt. Ein Verstoß gegen das TierKBG stellt eine Ordnungswidrigkeit dar und kann mit einer Geldbuße bis zu DM 30 000,- geahndet werden. Dahinter steht der Gedanke, dass von unbeseitigten Tierkadavern Gefahren für die Allgemeinheit, besonders für die menschliche Gesundheit, ausgehen. Eine unsachgemäße Beseitigung von Tierkörpern (zum Beispiel bloßes Vergraben) kann zur Verseuchung des Bodens und des Grundwassers führen. Nach dem TierKBG bestehen für den Hundehalter ausschließlich die im Folgenden beschriebenen Möglichkeiten.

Tierkörperbeseitigungsanstalten

Gemäß § 5 Absatz 1 TierKBG sind die Körper von toten Hunden grundsätzlich in speziellen Tierkörperbeseitigungsanlagen zu beseitigen. Die Pflicht des Hundehalters zur ordnungsgemäßen Entsorgung beinhaltet dabei auch die Ablieferungspflicht bei einer Tierkörperbeseitigungsanstalt oder bei einer so genannten Sammelstelle. Einzelheiten können bei der jeweiligen Gemeinde erfragt werden. Die Sammelstellen befinden sich oft direkt beim Schlachthof. Manche Gemeinden erklären sich aber auch dazu bereit, das tote Tier bei seinem Besitzer zu Hause abzuholen, allerdings in der Regel kostenpflichtig. Verstirbt der Hund beim Tierarzt, ist dieser meistens dazu bereit, den Hund kostenpflichtig bei der zuständigen Stelle abzuliefern.

Ausnahme: Begraben auf einem Tierfriedhof oder dem eigenen Grundstück

§ 5 Absatz 2 TierKBG beinhaltet eine Ausnahmeregelung für die Beseitigung von Tierkörpern. Für einzelne, verstorbene Tiere kann eine Ausnahme von der Entsorgung über die Beseitigungsanlage gemacht werden. Damit ist in Einzelfällen eine Beseitigung durch

Vergraben gestattet. Das Vergraben ist nur auf besonders zugelassenen Plätzen – Tierfriedhöfen – zulässig oder aber auf dem eigenem Grundstück. Auch ein gepachtetes Grundstück gehört dazu. Das Gebiet, auf dem der Hund begraben werden soll, darf jedoch nicht in einem Wasserschutzgebiet oder in unmittelbarer Nähe öffentlicher Wege und Plätze liegen. Ferner muss der Tierkörper mit einer ausreichenden, mindestens 50 cm starken Erdschicht, gemessen vom Rande der Grube an, bedeckt sein.

Weitere Voraussetzungen für eine Bestattung des Hundes auf dem eigenen Grundstück bestehen nicht. Besonders bedarf es nicht der Einholung einer Genehmigung oder einer Anzeige bei der zuständigen Behörde. Auch der immer noch verbreitete Grundsatz, *„Kleine Hunde darf man im Garten begraben, große nicht"*, ist unzutreffend. Wer allerdings Bedenken hat, ob sein Grundstück in einem Wasserschutzgebiet oder in der Nähe öffentlicher Wege und Plätze liegt, sollte sich vorsichtshalber bei der Gemeinde informieren.

Zwar hat in der Vergangenheit die Zahl der Tierfriedhöfe zugenommen, dennoch sind sie noch längst nicht überall in Deutschland anzutreffen. Ihre Nutzung ist zudem recht teuer.

Anhang

Der Hundeführerschein

Seit dem Frühjahr 2001 bietet der Berufsverband der Hundeerzieher und Verhaltensberater e.V. (BHV) einen Lehrgang zum Erwerb des Hundeführerscheins an. Für die Abnahme der Prüfung stehen *bundesweit* Prüfer zur Verfügung, weitere werden durch mehrere Fortbildungen und Schulungen vorbereitet. An einem bundesweit einheitlichen Standard des Hundeführerscheins wird an den zuständigen Länderbehörden gearbeitet. Die Prüfung setzt sich aus einem theoretischen (Sachkundenachweis) und einem praktischen Teil zusammen. Zur Vorbereitung auf die Sachkundeprüfung hat der Verlag Eugen Ulmer in Zusammenarbeit mit dem BHV ein Buch zum theoretischen Teil herausgebracht, das auch einen kurzen Abriss über die praktische Prüfung enthält.

Berufsverbandes der Hundeerzieher und Verhaltensberater e.V. (BHV)
Aussiedlerhof Reiterhohl
65817 Eppstein
Tel.: 06198 / 5790036
Internet: www.hundeschulen.de
E-Mail: bhv@bhv-net.de

Was tun, wenn...? Rechtsbehelfsmöglichkeiten

Mit den neuen Landeshundeverordnungen hat der Gesetzgeber eine Vielzahl von Eingriffsmöglichkeiten geschaffen, die letztlich jeden Hundehalter treffen können. Wichtig zu wissen ist, dass gegen jede behördliche Maßnahme – sei es in Form von Bußgeldbescheid, Haltungsuntersagung, Einziehungs- oder Tötungsanordnung – ein **Rechtsmittel** besteht, das heißt grundsätzlich kann die Überprüfung durch ein Gericht herbeigeführt werden. Auf die möglichen Probleme und Schwierigkeiten, die dabei entstehen können, soll und kann hier nicht näher eingegangen werden. Im Ernstfall kann nur jedem Hundehalter geraten werden, anwaltliche Hilfe in Anspruch zu nehmen.

Gleichwohl sollte immer darauf geachtet werden, dass die **Rechtsmittelfristen** eingehalten werden: Jeder behördliche Bescheid enthält eine so genannte **Rechtsbehelfsbelehrung**, aus der sich ergibt, welches Rechtsmittel (zum Beispiel Einspruch, Widerspruch et cetera) gegen den Bescheid innerhalb welcher Frist wo einzulegen ist. Diese Belehrung sollte aufmerksam gelesen werden, denn nur bei Wahrung der Frist ist eine weitere Überprüfung des Bescheides möglich! Wird die Frist hingegen versäumt, kann

auch der Rechtsanwalt nicht mehr helfen. Der Bescheid wird dann ohne inhaltliche Prüfung rechtskräftig.
Maßgebend für die Einhaltung der Frist ist das *Eingangsdatum* des Rechtsmittels bei der zuständigen Behörde. Die Frist *beginnt* mit der *Zustellung* des Bescheides, das heißt sie beginnt auch zu laufen, wenn der Bescheid bei der Post niedergelegt und der Empfänger benachrichtigt wird. Auch die urlaubsbedingte Abwesenheit hindert nicht den Fristbeginn!

Wer eine gerichtliche Überprüfung anstrebt, muss sich auch Gedanken über die **Kosten** eines solchen Verfahrens machen. Diese können bei Einschaltung eines Anwaltes und der Notwendigkeit eines Sachverständigengutachtens schnell bei ein paar tausend Mark liegen. Vor diesem Hintergrund kann sich der Abschluss einer **Rechtsschutzversicherung** empfehlen. Dabei ist darauf zu achten, dass Straf-, Ordnungswidrigkeiten- und Verwaltungsrechtsverfahren grundsätzlich vom Versicherungsschutz mit umfasst werden. Hinzuweisen ist allerdings auf die Besonderheit, dass die Rechtsschutzversicherung in Bußgeld- oder Strafrechtsverfahren, bei denen eine **Vorsatztat** vorgeworfen wird, ihre Eintrittspflicht verweigern wird, weil diese nur für **Fahrlässigkeitstaten** besteht.

Polizeiliches Führungszeugnis

Den Landeshundeverordnungen ist zu entnehmen, dass vom Halter oft die Vorlage eines polizeilichen Führungszeugnisses verlangt wird. Dieses ist bei der für den Wohnsitz zuständigen Polizeibehörde anzufordern. Zur Eintragung in das Führungszeugnis kommen rechtskräftige Verurteilungen zu Geldstrafen von mindestens 90 Tagessätzen und Freiheitsstrafen von mindestens drei Monaten.

Abkürzungen

Abs.	Absatz
AG	Amtsgericht
Art.	Artikel
AZ	Aktenzeichen
BGB	Bürgerliches Gesetzbuch
BGH	Bundesgerichtshof
BVerfG	Bundesverfassungsgericht
BVerwG	Bundesverwaltungsgericht
f	folgende
ff	fortfolgende
GG	Grundgesetz
JagdG	Jagdgesetz
LFoG	Landesforstgesetz
LG	Landgericht
LStVG	Landesstraf- und Verordnungsgesetz
OLG	Oberlandesgericht
OVG	Oberverwaltungsgericht
OwiG	Ordnungswidrigkeitengesetz
StGB	Strafgesetzbuch
TierKBG	Tierkörperbeseitigungsgesetz
TierSchG	Tierschutzgesetz
VDH	Verband für das deutsche Hundewesen
VGH	Verwaltungsgerichtshof
WEG	Wohnungseigentumgesetz

Literatur

BAUMBACH, A., LAUTERBACH, W.: Kommentar zur Zivilprozeßordnung, 59. Auflage, C.H.Beck Verlag, München 2000.

DEL AMO, C., JONES-BAADE, R., MAHNKE, K: Der Hundeführerschein. Sachkunde-Basiswissen und Fragenkatalog, Verlag Eugen Ulmer, Stuttgart 2001.

ERBS, G., KOHLHAAS, M.: Strafrechtliche Nebengesetze, C.H.Beck Verlag, München 2001.

KLEINKNECHT, T., MEYER-GOßNER, R, L.: Kommentar zur Strafprozessordnung, 44. Auflage, C.H.Beck Verlag, München 1999.

PALANDT: Kommentar zum Bürgerlichen Gesetzbuch, 60. Auflage, C.H.Beck Verlag, München 2001.

TRÖNDLE, H., FISCHER, R, T.: Kommentar zum Strafgesetzbuch, 50. Auflage, C.H.Beck Verlag, München 2001.

Bildquellen

IPO, Bildagentur Ingeborg Polaschek, Linsengericht: Umschlag: kleine Fotos Mitte und rechts, Umschlagrückseite: kleine Fotos links und Mitte.

Kuhn, Regina, Stuttgart: Seite 5 und 125.

Stuewer, Sabine, Darmstadt: Umschlag: großes Foto, kleines Foto links, Umschlagrückseite: kleines Foto rechts.

Impressum

Die Deutsche Bibliothek – CIP-Einheitsaufnahme

Ein Titeldatensatz für diese Publikationen ist bei Der Deutschen Bibliothek erhältlich.

ISBN 3-8001-3552-3

© 2001 Verlag Eugen Ulmer GmbH & Co. Wollgrasweg 41, 70599 Stuttgart (Hohenheim)
Internet: www.ulmer.de
Printed in Germany
Lektorat: Dr. Eva-Maria Götz, Valeria Slembrouck
Herstellung & DTP: Silke Reuter
Druck und Bindung: appl, Wemding

Register

Mehr Bücher über Hunde

Dieses Buch entstand in Zusammenarbeit mit dem Berufsverband der Hundeerzieher und Verhaltensberater e. V. Es bietet das gesamte Textmaterial zu den für den Sachkundenachweis relevanten Themen, dazu einen Fragenkatalog zum Üben und zur Lernerfolgskontrolle. Beschrieben wird der praktische Teil der Prüfung, der bereits in verschiedenen Bundesländern für Halter bestimmter Hunderassen gilt.
Der Hundeführerschein. *C. del Amo u.a. 128 Seiten, 20 Fotos, 20 Zeichnungen. ISBN 3-8001-3659-7.*

Mit über 100 Spielideen und Übungen für drinnen und draußen wird in diesem Buch gezeigt, wie man die Langeweile aus dem Hundeleben vertreibt und dem Vierbeiner ganz nebenbei auch den nötigen Gehorsam beibringt.
Spielschule für Hunde. *C. del Amo. 2. Auflage 1999. 190 Seiten, 86 Farbf. ISBN 3-8001-6901-0.*

In diesem Buch wird kompetent und übersichtlich beschrieben, wie man unter den vielen Hunden, die ein neues Zuhause suchen, den für sich passenden findet, sein Vertrauen gewinnt und mit Problemen bei Eingewöhnung und Erziehung umgeht.
Der Hund aus dem Tierheim. *Gwen Bailey. 2001. 160 Seiten, zahlreiche Abbildungen. ISBN 3-8001-3199-4.*

Praxisnahe Darstellung problematischer Verhaltensweisen von Hunden in Training und Ausbildung. Es werden Ursachen, Abhilfemöglichkeiten, Hilfsmittel und Hausaufgaben, Hinweise zur Kursgestaltung, Methodik und Chancen für eine Integration der schwierigen Hunde in die Gruppe beschrieben.
Der schwierige Hund im Training. *M. Schaal, U. Daugschieß-Thumm. 2001. 96 S., 35 Farbfotos, 35 Zeichnungen. ISBN 3-8001-3255-9.*

Tipps zur Hundehaltung.

In diesem Buch gibt es viele Tipps, die Welpen auf das turbulente Leben in der Stadt und mit seinen täglich neuen Situationen bestens vorbereiten. Dazu werden die wichtigsten modernen, welpengerechten Grundbefehle erklärt. Das Buch bietet ferner Denkanstöße für den bevorstehenden Hundekauf, Schritt-für-Schritt-Anleitungen zu Übungen der Früherziehung sowie Übungspläne.
Die Welpenschule. *Der sanfte Weg zum Familienhund. C. del Amo. 2000. 95 Seiten, 51 Farbfotos, 15 Zeichnungen. ISBN 3-8001-3111-0.*

Vor allem Kursleiter, aber auch Hundebesitzer finden hier interessante Anregungen, wie sie die Übungen auf dem Trainingsplatz neu gestalten können.
Abwechslung im Hundetraining. *Monika Schaal, Ursula Thumm.1999. 109 Seiten. 71 Farbfotos, 17 Zeichnungen. ISBN 3-8001-7462-6.*

Dieser Grundkurs hilft dem Hundehalter, Notfälle rechtzeitig zu erkennen, die Übersicht zu behalten und die richtigen Schritte einzuleiten. Wichtige Daten und Abläufe sind in Schaubildern zusammengefasst, allgemeine Behandlungsgrundsätze werden durch Maßnahmen für spezielle Notfallsituationen ergänzt.
Grundkurs Erste Hilfe für Hunde. *Axel Bogitzky. 2000. 111 Seiten, 53 Farbfotos, 27 Zeichnungen. ISBN 3-8001-7473-1.*

Dieses Buch macht mit dem Ausdrucksverhalten der Hunde vertraut und gibt Tipps zum richtigen Verhalten. Zeichnungen veranschaulichen die Elemente der Körpersprache. Die zur Verständigung eingesetzten Körperteile sind hervorgehoben.
Die Körpersprache des Hundes. *F. Ohl. 1999. 111 Seiten, 57 Farbfotos, 22 Zeichnungen. ISBN 3-8001-7445-6.*